유아사회교육

유아사회교육

안영진 · 이영미 · 이옥자 공저

SOCIAL STUDIES FOR YOUNG CHILDREN

동문사

머리말

36여 년간 학교현장에서 미래의 유치원, 어린이집 교사를 위하여 대학에서 강의해 왔다. 현재 4차 산업혁명 시대에 들어서면서 우리 사회 전반에 다양한 변화를 가져오고 있으며, 이러한 변화로 인해 최근 국내외 교육과정도 역량을 중심으로 미래사회에 부응하는 방향으로 나아감으로써 우리 삶의 모습에 많은 변화를 실감하고 있다. 최근 급속도로 변화하는 과학기술의 발달로 현대사회에서는 맞벌이 가정의 증가, 다문화 가정 증가, 저출산율 증가, 핵가족화, 가정의 붕괴, 편모·편부 가정의 증가 등 가족 형태의 변화로 사회적 갈등, 타인과 사회에 대한 무관심과 부적응, 생태환경 문제 등의 사회적인 문제들을 야기하고 있다. 최근 각종 사회 문제와 아동·청소년 문제들은 학교교육이 지적 교육과 학업적 성취에만 초점을 두고, 사회성이나 도덕성 등 공동체의 구성원으로서 갖추어야 할 태도와 지식들을 등한시함으로써 나타나는 필연적 산물이라고 볼 수 있다.

사회화란 한 개인이 인간관계의 모든 측면에서 성공적으로 참여하기 위해 필요한 기술, 가치, 지식을 습득해 가는 과정으로, 일생을 통해 이루어지기 때문에 유아기의 사회관계와 사회교육은 사회화의 가장 핵심적인 역할을 한다. 따라서 교사나 부모들은 유아들이 주변의 물리적, 사회적 환경에 대해 민감하게 반응하고 집단생활에 잘 적응할 수 있도록 지도해야 한다.

본서는 최근 개정되어 2020년 3월부터 시행되는 2019 개정 누리과정에 맞추어 유아의 유아사회교육의 목표 및 방향에 적절한 내용과 현장적용이 가능한 실제 지도방법들을 다양한 관점에서 다루었다. 영유아의 교육을 담당하는 유아교육 현장의 교사, 유아교육 전문가, 대학원생 및 학부생 그리고 학부모들이 공동체의 구성원으로 성장할 아이들을 어떻게 성공적으로 사회화시킬 수 있는지, 왜 그래야 하는지에 대한 이해와 실제 교육에 도움이 되도록 집필하였다. 그러므로 본서는 유아교육과 관련된 수업 지도에 실제적으로 활용될 수 있을 뿐 아니라, 부모의 자녀교육을 위한 좋은 길잡이가 되리라 본다.

또한 이 책에 참여한 집필진은 모두 유아교육 현장에서 오랫동안 유아교육을 연구하고, 다양하고 풍부한 경험을 지닌 유아교육 전문가들로 구성하여 책을 집필하였기에 유아교육 현장의 실제적인 경험과 지식이 담겨있다고 생각한다.

이 책은 자신을 존중하고 더불어 생활하는 태도를 가지며 우리가 사는 사회와 다양한 문화를 존중하고, 21세기 글로벌 미래사회의 주역인 유아와 그들을 가르칠 교사들 그리고 우리 사회의 모든 사람들을 위하여 아주 작지만 소중한 소망을 담고 준비되었다.

이 책을 엮는 데는 필자의 연구 외에도 많은 저서들을 참고하였음을 미리 밝혀둔다.

본 저서는 유아사회교육의 이론과 실제를 포함하여 총 4부 8장으로 구성하였다.

1부는 유아사회교육의 기초 이론을 중심으로 1장에서는 유아사회교육의 이해, 2장은 유아사회성 발달 이론, 3장 유아사회성 발달에 영향을 미치는 요인으로 구성하였다.

2부는 유아사회교육의 내용을 중심으로 4장에서 사회과학적 지식을 위한 유아사회교육에 대한 내용을 다루었다. 3부에서는 유아사회교육의 운영을 중심으로, 5장에서는 유아사회교육과 교육과정, 6장은 유아사회교육의 교수–학습방법, 7장은 유아사회교육의 평가를 제시하였다.

4부에서는 유아사회교육의 실제를 중심으로 8장에서 현장적용이 가능한 유아사회교육의 다양한 실제 활동을 다루는데, 기본생활습관지도 실제, 나를 알고 소중히 여기기, 가족을 소중히 여기기, 다른 사람과 더불어 생활하기, 사회에 관심갖기 등 세부 항목별 내용들을 다루었다. 또한 2019 개정 누리과정의 도입에 따라 내용을 구성하였는데, 개정 누리과정 총론의 구성 방향, 누리과정의 편성·운영, 교수-학습방법, 평가의 내용을 추가함으로써 국가수준의 공통과정의 구성 체계와 형식을 갖추었다. 영역별 목표 및 내용 구성을 보면 5개 영역별로 만 3, 4, 5세를 동일한 목표와 내용을 제시하여 구성하였다.

이 책을 통해 유아교육에 관심이 있는 현장의 교사와 예비 유아교사들이 영유아기의 사회성 발달을 이해하고, 유아교육 현장에서 실제 교육 활동을 해보며 유아사회교육에 대한 학문적 지식을 배울 뿐만 아니라 인생에서 첫 사회관계를 맺는 영유아기에 올바른 사회교육이 이루어질 수 있도록 교사들이 역할의 중요성을 인식하고 직접 실천하는 데 도움이 될 수 있기를 바란다. 영유아기부터 사회교육이 올바르게 이루어질 때 인간은 행복하고 성공적인 삶을 살 수 있으니 미래사회의 변화 속에서 우리 아이들이 행복하고 즐거운 삶을 살 수 있었으면 한다.

본서는 2015년 유아사회교육 책을 많이 참고하였음을 미리 알려둔다. 그리고 이 책을 준비하면서도 마무리를 하는 시점이 되니 여전히 부족한 점이 많음을 절감하며 조금만 더 시간이 있었으면 하는 아쉬움은 여전하다. 그러나 본서를 기다리는 많은 동료 교수님들과 후배 유아교사들을 위하여 다음번을 기약하며 원고를 넘긴다. 저자는 유아교육의 현장에서 어려운 현실에도 불구하고 자신의 역할을 묵묵히 감당하는 교사와 예비 교사들에게 이 책이 작은 도움이 되기를 소망한다. 그리고 궁극적으로 우리의 미래를 감당할 수많은 유아들에게도 마음에 남을 유용한 사회교육이 경험으로 기억되었으면 한다.

끝으로 이 책이 훌륭하게 출판될 수 있도록 많은 분들의 도움이 컸다. 유아사회교육 부분의 집필은 물론 내용 이해를 돕기 위해 다양한 자료 수집에 애써주신 한양여자대학교 이영미 교수님과 이옥자 교수님, 끝마무리를 위해 애써주신 동국대학교 최주원 선생님에게도 감사한 마음을 전하고 싶다. 또한 출판을 맡아주신 동문사 이중수 사장님과 임직원 여러분께도 감사의 인사를 전한다.

마지막으로 항상 나의 버팀목이 되어 주는 가족과 나를 아껴 주는 모든 분들께 감사의 마음을 전하고 싶다.

2020년 2월

대표 저자 안 영 진

차 례

PART 02 유아사회교육의 내용

PART 03 유아사회교육의 운영

PART 01

유아사회교육의 기초 이론

Chapter
01

유아사회교육의 이해

1. 유아사회교육의 필요성 및 개념

인간은 사회적 동물로 더불어 함께 살아갈 때, 올바른 사회인으로 성장할 수 있다. 인간은 환경에 대한 탐구와 관찰을 통해 정보를 습득하고 환경에서 관계를 찾으며, 현재의 지식에 새로운 정보를 통합해 가는 학습과정을 거친다(교육인적자원부, 2007). 하루가 다르게 변화하고, 복잡해져 가는 미래를 살아가야 할 우리 아이들이 사회의 한 구성원으로 살아가기 위해 사회현상을 바르게 이해하고 기본적인 가치가 무엇인가를 고민하며, 새로운 문제에 대처할 수 있는 능력을 갖출 수 있도록 돕는 것은 매우 중요한 교육적 과제이다(이경영, 2011; 정용희, 1985). 특히 유아기는 개인적 자아와 사회적 자아가 발달되는 중요한 시기로, 자기 자신에 대한 이해뿐만 아니라 가족, 또래 집단, 국가의 구성원으로서 자신의 위치를 확고히 해나가는(Meldez Beck & Flectcher, 2000) 중요한 시기이다.

유아사회교육은 유아들의 사회화를 포함하여 사회에 대한 지식과 이해를 통해 세상과 교류할 수 있는 능력을 기르도록 돕는 교과이다(Melandez, Beck & Flectcher, 2000). 유아사회교육을 통해 유아에게 개인의 지식과 가치를 신장시키는 경험을 제공함으로써 자아실현을 도울 수 있고, 책임감의 발달과 함께 보다 바람직한 인간관계에 대한 이해에 접근하게 된다. 이로써 세상에 대한 자신의 생각과 탐구적 능력을 촉진시킬 수 있다. 사회교육을 통해서 유아들은 그들이 살고 있는 넓은 세상—가족, 이웃, 세계 다른 나라—에 대하여 보고, 발견하고, 생각하게 된다.

유아사회교육은 유아가 사회적 문제를 해결할 수 있는 능력을 기르고 가치 판단과 의사결정을 하여 책임감 있는 민주사회 시민이 될 수 있도록 하는 교육이다. 그러기 위해 유아가 살고 있는 사회에 대한 이해를 바탕으로 사회과학의 다양한 지식을 습득하여 실생활에 적용할 수 있는 능력을 기를 수 있도록 해야 한다.

2. 유아사회교육의 목적 및 목표

유아사회교육은 유아가 자신과 주변 세계와의 관계를 탐구하고 판단하는 경험을 통해 사회적 지식, 기술, 태도를 익히고 활용함으로써 유능한 민주시민으로 성장하도록 돕는 교육 영역이다(박찬옥 외, 2010). 사회교육이 이루어지기 위해 현장에서 교사들은 다음과 같은 문제를 고려할 필요가 있다(Walsh, 1980).

- 유아교육 프로그램에서 사회교육이 왜 포함되어야 하는가?
- 유치원이나 어린이집에서 사회교육을 하기 위해 무엇을 가르쳐야 하는가?
- 유아사회교육을 가르치기 위해 어떠한 계획을 할 것인가?
- 유아사회교육을 하기 위해 선정된 내용을 어떻게 조직할 것인가?
- 어떤 학습상황이 다양한 연령의 유아를 위한 최선의 학습상황인가?

유아사회교육의 목표는 유아가 속한 사회나 집단이 추구하는 교육 목적에 따라 각기 다른데, 그 최대의 목적은 민주시민의 양성이라 할 수 있겠다(조순옥 외, 2010). 정리해 보자면, 민주시민의 양성을 위해 요구되는 지식, 가치, 태도에 대한 핵심내용이 곧 유아사회교육의 목표이며, 목적이라고 할 수 있다. Seefeldt(2001)은 학교교육의 모든 교과 중 특히 사회교육 영역이 다른 교과영역에 비해 유아가 가정과 학교, 사회에 참여하고 미래사회의 시민으로서 기능하는 데 필요한 지식, 기술, 태도, 가치를 얻을 수 있도록 돕기에 가장 적합한 교육 영역이라고 하였다.

표 1-1 | 민주시민으로서 갖추어야 할 사회적 지식·기술 및 사회적 태도

지식	• 역사, 경제, 사회, 심리 등 사회·문화와 관련된 지식들 • 환경, 에너지, 남녀평등과 같은 환경·시사와 관련된 지식들 • 교통, 통신, 분배, 소비 등과 같은 기능·수단에 관련된 지식들 • 가정, 이웃, 지역사회, 국가 등의 대인관계에 관련된 지식들
기술	• 자신의 의사를 표현하고 설득할 수 있는 언어적 기술능력 • 집단에 참여하고 결정을 위한 대안들을 선정, 개발할 수 있는 기술능력 • 정보를 수집하고 연구, 평가할 수 있는 연구기술능력 • 자료를 해석하고 풀어나갈 수 있는 해석기술능력 • 사회적 갈등 해결기술능력
태도	• 긍정적인 태도 형성 • 올바른 정의가치 기준 형성 • 민주사회 형성을 위한 가치 형성

출처: 민혜영 외(2017). 유아사회교육. 공동체. p. 17-19.

Seefeldt와 Barbour(1983)는 유아교육에서 사회 영역의 지도와 관련하여 다음의 목표들을 강조하고 있다.

- 자아존중감과 가치를 길러준다.
- 타인과 의사소통하고 협동하며 나눌 수 있는 능력을 길러준다.
- 다른 문화, 민족, 종교에 대한 지식과 이해를 넓혀준다.
- 다른 사람들의 개성과 다양한 문화의 특성들을 존중할 수 있는 능력을 길러준다.
- 역사, 지리, 경제 등 사회과학 영역에서의 개념을 포함하여 사회의 본질과 특성에 대한 이해를 넓혀준다.

유아사회교육에서는 유아의 자아개념발달과 사회관계의 기본개념, 즉 협동, 나눔, 의사소통, 다른 사람에 대한 이해와 존중 등이 강조되고 있다. 그뿐만 아니라 인간과 사회현상을 연구하는 사회과학의 학문분야, 즉 경제, 역사, 정치, 사회학 등으로부터 나온 기본개념들이 유아의 흥미나 발달수준에

기초하여 유아의 일상생활과 관련되어 경험될 때, 유아는 자신이 살고 있는 사회를 이해하고 적응하는 데 유용한 지식을 형성할 수 있다. 결론적으로 유아사회교육은 유아들이 그가 속한 가정과 사회 및 세계의 바람직한 구성원으로서의 역할을 담당할 수 있는 합리적이고 자율적인 시민으로 성장, 발달하는 것을 목표로 한다. 이를 위해 유아교육기관에서는 유아들이 긍정적인 자아개념과 자아존중감을 갖고 대인관계능력 및 친사회적 행동기술을 학습하며, 타인의 마음과 감정 및 행동을 이해하고, 이타심과 배려심을 갖고, 공동체 생활에 필요한 협동과 협력의 자세를 갖도록 하여, 사회구성원으로서 필요한 가치, 태도, 습관 등을 학습할 수 있도록 해야 한다.

3. 유아사회교육의 내용

유아사회교육의 내용과 범위는 다양한 사회문화적 특성에 영향을 받기 때문에 매우 광범위하다. 사회화를 강조하여 모델링 효과와 감정이입 및 역할수행에 관심을 둘 수도 있으며, 사회도덕적 분위기 형성과 도덕성 발달에 초점을 둘 수도 있고, 사회적 자아의 발달과 우정관계, 갈등과 협동 등의 사회적 발달을 주된 내용으로 볼 수도 있다. 이처럼 유아사회교육은 유아 자신에 대한 이해와 자기 주변 사람들과의 관계 그리고 자신이 속한 공동체와 사회 속에서 이루어지는 다양한 관계에 대해서 보다 잘 이해할 수 있도록 하는 데 초점을 둔다.

영역	사회관계		
목표	자신을 존중하고 더불어 생활하는 태도를 가진다.		
내용범주	나를 알고 존중하기	더불어 생활하기	사회에 관심 가지기
내용	· 나를 알고 소중히 여긴다. · 나의 감정을 알고 상황에 맞게 표현한다. · 내가 할 수 있는 것을 스스로 한다.	· 가족의 의미를 알고 화목하게 지낸다. · 친구와 서로 도우며 사이좋게 지낸다. · 친구와의 갈등을 긍정적인 방법으로 해결한다. · 서로 다른 감정, 생각, 행동을 존중한다. · 일상에서 예의를 지켜 행동한다. · 약속과 규칙의 필요성을 알고 지킨다.	· 내가 살고 있는 곳에 대해 궁금한 것을 알아본다. · 우리나라에 대해 자부심을 가진다. · 다양한 문화에 관심을 갖고 문화의 다양성을 존중한다.

그림 1-1 사회관계 영역 내용체계

Schickedanz와 White(1983)는 세부적인 유아사회생활의 교육내용을 조금 큰 틀에서 다음과 같은 내용을 포함해야 한다고 제시하였다.

1) 인간의 기본적 권리의 이해: 자신의 권리, 타인의 권리
2) 책임감의 이해: 공동체 생활에서 자신의 행동에 대한 책임
3) 인간의 욕구 및 요구의 이해: 의·식·주 등의 1차적 욕구, 자아실현 등의 2차적 욕구
4) 공동체 생활에서 필요한 규칙의 이해
5) 지역사회의 이해
6) 경제 및 서비스의 이해
7) 직업의 이해
8) 수송 및 통화의 이해

9) 다양한 문화적 배경을 가진 사람들의 이해
10) 위인과 역사성의 이해

우리나라는 보육과 교육의 이원화된 교육과정을 2012년 3월 만 5세 누리과정의 적용, 2013년 3월 만 3~5세 누리과정으로 확대·적용하였다. 이로써 우리나라 3~5세 유아는 유치원과 어린이집에서 공통교육과정인 누리과정으로 교육받게 됨으로써 생애 초기의 공정한 출발선을 보장받게 되는 큰 의의를 갖게 되었다. 누리과정은 2019년 개정, 2020년 3월부터 개정 누리과정의 내용으로 현장에서 운영된다. 2019 개정 누리과정의 상세 내용은 4장에서 자세히 다루도록 한다.

Chapter

02

유아사회성 발달 이론

1. 사회인지이론

사회인지 영역의 주된 관심은 아이들이 어떻게 타인의 생각과 의도, 감정, 관점들을 이해하고 개념화하는가에 있다. 일반적으로 사회적 자아, 애착, 성 역할, 사회적 조망수용 등에 대한 개념의 이해를 통해서 유아들의 사회인지 발달에 대한 폭넓은 이해를 할 수 있게 된다.

1) 자아와 사회교육

(1) 자아의 획득

자아는 인간행위와 사회적 관계에 관한 상징적 상호작용의 분석에서 중심적 개념이다. 인간은 태어나자마자 자아를 갖는 것은 아니며, 사회적 상호작용과 언어습득을 통하여 자아를 형성해 간다. 그러므로 갓난아기는 자신을 객체로서 행동하지 않으며, 그 행위도 "나(I)"와 "나를(Me)" 간의 대화에 의해서 조절되지도 않는다. 이러한 능력은 시간이 지나면서 갖게 된다.

Mead(1934)에 따르면 인간은 자신의 행동에 대한 타인의 반응을 경험하는 과정에서 자기 자신에 대해 의식화되며, 그 과정 속에서 자아는 타인의 반응에 적응해 가는 호혜적 과정을 통하여 구조화된다고 한다. 따라서 유아는 타인이 자기에 대해 어떤 생각을 갖고 있는지를 조직하면서 점차 안정된 특성으로 자신의 인격을 구성해 나아간다.

Piaget(1981)는 타인이 누군가에 상관없이 자아에 대한 타인의 반응을 통하여 일관적 태도를 형성해 간다는 사회적 반응에 대한 안정된 스키마의 구성에 대하여 언급하였다. 만일 유아가 자신을 이해하기 위해서 자아에 대한 타인의 태도를 적극적으로 수용한다면, 다른 사람의 태도에 나타난 특성이 유아 자신의 '자아특성'을 구성하는 데 필수불가결하다고 볼 수 있다.

인간발달 초기에 있어서 인지적이고 신체적인 성장과 발달도 중요하지만, 생애 초기발달에서 가장 중요한 발달 중 하나는 자아개념을 형성하는 사회성 발달이다. 인간은 성숙을 통하여 인간 집단의 한 구성원으로 살아가는 데 필요한 능력을 얻게 되지만, 자아의 획득이 한 개인을 공동체에 결속시키고 그 공동체를 개인의 일부분으로 만들게 된다(Hewitt, 윤인진 외 공역, 2001).

영아기에도 사회적 상호작용이 일어나지만, 대부분은 외부의 자극에 대한 반응의 방식으로 나타나며 일방적이다. 그러나 4, 5세의 유아들은 영아기와는 다른 방식으로 자신의 외부와 상호작용한다. 이 시기의 유아들은 더 복잡한 행위체계를 갖게 되며 최초로 언어능력을 갖게 된다. 이러한 능력은 인간발달 초기의 인지적이고 신체적인 성장과 발달의 결과이지만, 삶에서 가장 중요한 측면을 형성하는 것, 즉 자아의 발달 때문으로 볼 수 있다.

어린이집과 유치원 및 초등학교 시기는 유아들이 자신과 다른 사람에 대한 기초적인 생각을 형성하게 되는 기간이라고 할 수 있다. 이 시기의 유아들은 긍정적인 자아개념의 형성을 통한 사회성 발달을 통해 사회 속에서 '나'란 존재에 대해 깨닫게 된다. 인간은 성숙을 통하여 한 집단의 구성원으로 살아가는 데 필요한 능력을 얻게 되지만, 자아의 획득이 개인을 집단에 결속시키고 그 집단을 개인의 일부분으로 만들게 된다. 따라서 긍정적인 자아개념의 형성은 유아기뿐 아니라 전 생애에 걸쳐 인간의 삶에 영향을 주는 중요한 사회심리적 과제라고 할 수 있다(장혜순, 2006).

(2) 자아개념과 자아인식

일반적으로 자아개념의 수준이 높은 유아들은 낮은 유아들보다 인지적, 정의적 성취도가 더 높은 것으로 알려져 있다. Wattenbury와 Clifford의 연구에 의하면 아동 및 유아들도 자아에 대한 느낌이 학습의 발달을 예견할 수 있는 지표가 될 수 있다고 하였다(Walsh, 1980).

자아인식(self-awareness)은 자아에 대한 건강성을 의미한다. 건강한 자아개념은 자기중심적이거나 이기적인 것이 아니라 자신을 가치 있는 인간으로 보는 관념이다. 즉, 자신을 긍정적인 관점에서 대상화하는 첫 단계이며 이러한 자기인식은 다른 사람들을 이해하고 좋은 관계를 형성하는 기초가 된다.

이기숙(2000)은 자아인식에 대한 전개 과정을 다음과 같이 소개하고 있다.

① 자아에 대한 개념

유아가 자신과 자신의 능력에 대한 생각 및 미래에 대한 자신의 기대감, 자신과 다른 사람들의 특징과 다른 점 혹은 차이점을 인식하는 것을 의미한다.

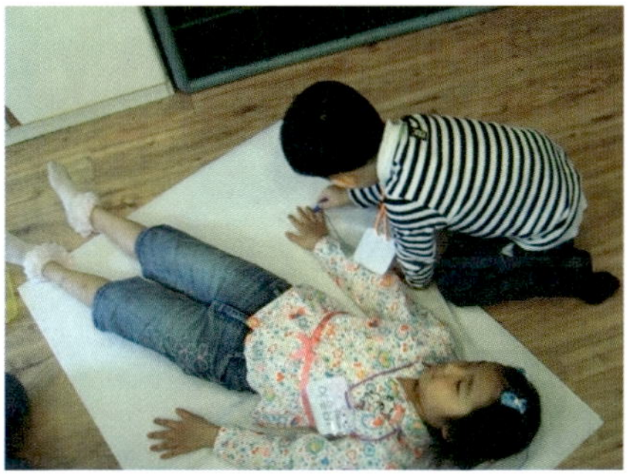

나를 그려봐요

석고로 만든 내 손: 내 손 예쁘죠?

② 공동체 구성원으로서의 자아라는 개념

자기 자신을 한 개인이라는 의식에서의 자아라는 개념에서 사회적인 관계를 의식한 집단에 포함된 자아라는 개념을 갖게 되는 것을 의미한다.

③ 자아존중에 대한 개념

자아존중감이란 자기 자신이 남으로부터 승인을 받고 있으며, 가치가 있으며, 중요한 사람인가를 스스로 평가하는 느낌을 의미한다. 이러한 개념은 유아 자신에 대해 다른 사람이 평가하는 상호작용의 과정에서 형성된다.

긍정적인 자아개념 형성을 위한 유아 교사의 역할

- 유아 스스로 자신에 대해 알아가며 자아를 형성하는 과정에서 자신은 남과 다른 독특하고 소중한 존재임을 깨달을 수 있도록 돕는다.
- 유아가 노력을 기울여 이루어 놓은 행동이나 활동의 결과물에 대하여 수시로 칭찬과 격려를 한다.
- 유아의 이야기를 잘 들어주며 따뜻하고 친절한 표정으로 대한다.
- 훈육이 필요할 경우에는 어떤 행동이 좋고 나쁜지 유아가 의견을 말하고 상황을 판단할 수 있도록 돕는다.
- 유아의 모든 소지품에는 자신의 이름을 써 주고, 일과 중에 다양한 활동을 진행하면서 이름을 다정하게 불러준다.
- 일과에 따라 유아가 자발적으로 활동을 마무리하고 다음 활동을 시작할 수 있도록 돕는다.
- 유아가 자신의 신체나 성에 대한 이야기를 할 때 이를 진지하게 수용하도록 한다.
- 유아가 자신의 사회적·경제적·문화적 환경의 상태를 알고, 다른 사람과의 차이를 인정하고 받아들일 수 있게 지도한다.

출처: 민혜영 외(2017). 유아사회교육. p.118.

(3) 자아존중감과 사회적 자아

자기 객관화의 정서적 차원을 자아존중감(self-esteem)이라고 한다(Hewitt, 윤인진 외 공역, 2001). 즉, 개인이 자신의 자아개념에 부여하는 가치로, 일종의 자기 가치감이다.

일상생활에서 경험하게 되는 기쁨, 슬픔, 분노 등의 정서적 반응은 자아존중감 형성에 영향을 주고, 그 감정의 대상이 자아이기도 하다. 따라서 자아개념을 형성하게 되는 유아기에 유아들은 스스로 자아에 대한 지식을 쌓아나가고, 가족이나 학교 및 여러 사람들을 통하여 받게 되는 반응의 지속적인 동화와 조절의 반복적인 과정을 통해 자아존중감과 사회적 자아에 대한 개념을 형성한다.

사회적 상호작용이 일어날 때 개인들은 자신에 대한 타인의 역할을 취함으로써 자아와 타인에게 대상이 된다. 인간은 자신의 행동의 대상이자 그와 상호작용한 사람들의 눈에 비친 대상이기도 하다. 따라서 자아의 중심 영역은 단순한 개인이 아니라 개인이 타인과 공유하고 있는 사회적 공간이다.

이러한 특성을 갖고 있는 자아는 사회적 세계 속에서 복잡하고 미묘하게 작동한다. 사회화의 출발은 자아개념의 형성으로 볼 수 있는데, 삶의 모든 일들이 자아의 획득에 의존하기 때문에 자아의 획득이 사회화의 가장 중요한 국면이기는 하지만, 그것이 사회화의 끝이라고 볼 수는 없다. 유아는 특정한 상황에서 누구의 딸 혹은 아들, 학생 혹은 친구이며, 그러한 상황에 그 역할을 수행하도록 요구되기 때문에, 자아는 상황적인 사회적 대상이라고 볼 수 있다. 따라서 자아는 개인 혼자서가 아니라 공동체구성원들 간의 사회적 상호작용을 통해서 종합적으로 만들어진 어떤 것으로 끊임없이 변화되는 사회심리적 개념이라고 볼 수 있다.

(4) 자아통제

자아통제란 유아가 자신의 행동을 주변 상황의 요구에 맞게 적절하게 조절하는 것이다. 대부분의 유아의 행동은 부모나 타인의 명령 또는 이들에게서 오는 결과에 의해서 통제된다. 그러나 일부는 유아 자신의 내적 명령, 지시, 때로는 자신이 만든 상과 벌에 의해 통제되기도 한다(최혜순, 2004).

일반적으로 유아의 자아통제는 외적 요인의 영향에 의해 통제되다가 점차 내면화된다고 한다. 2세경이 되면 유아는 많은 자발적 행동을 발달시키며 의도적으로 주위 환경에 어떤 행동을 할 수 있게 된다. 이제 유아는 어떤 것을 성취하기 위하여 스스로 의도한 행동을 할 수 있게 된다. 또한 이 시기의 유아는 타인을 자신의 행동에 관련시키기도 하고, 단순히 외부의 지시를 따르기도 하는데, 이것은 유아가 아직 자신의 행동의 내적 통제보다는 외적 통제에 의해 조절되기 때문이라고 볼 수 있다.

본격적인 자아통제는 유아가 스스로 자신이 무엇인가 하기를 주장하는 3세경에 나타나기 시작한다. 이 시기는 Erickson의 발달이론에 의하면 주도성의 시기이기도 하다. 유아가 경험하는 대부분의 외적 통제는 부모의 언어적 지시에서 오는 것으로, 이제 유아는 자신의 독립을 주장하면서 자신에 대한 통제의 역할도 함께 하게 된다. 이 시기가 지나면, 유아의 자아통제능력은 급격히 촉진되고 정교화된다. 유아는 일상생활에서 접하는 주변의 여러 유혹에 저항하는 전략을 발달시킨다. 또한 유아들은 행동 후에 제시되는 더 큰 보상을 위해 즉각적인 작은 보상을 지나침으로써 만족지연을 학습하게 된다.

2) 애착과 사회교육

(1) 애착의 정의 및 행동 특성

Bowlby는 어머니와 영아를 자기조절적이고 서로 상호작용하는 체계의 구성원으로 보았다. 그에 의하면 애착체계는 부모의 양육체계와 상호작용하는 아동 내의 조절체계이다. 따라서 어머니와 아동의 애착관계는 전체로서의 부모–아동관계와는 다르며, '애착'은 가르치거나 놀이와 같은 다른 측면들을 포함하는 복잡한 관계체계의 한 부분으로 이해할 수 있다(Brisch, 2003).

애착은 영아가 가장 자주 상호작용하는 어머니, 아버지, 영유아교육기관의 교사 등의 주 양육자와 영아 사이에 발달되는 강하고 지속적인 정서적 경험으로, 주로 사랑의 감정인 경우가 많다. 대부분의 경우에 애착은 주로 영아와 어머니와의 관계에서 형성되는 것으로 알려져 왔지만, 영아는 다른 사람들과도 지속적이고 깊은 관계를 통하여 애착을 형성한다. 예를 들면, 영아는 아버지, 형제, 조부모, 영아보육과 교육기관

원숭이의 애착실험(출처: Laura. E. Berk, 2002)

의 교사 등 영아의 삶에서 그들에게 많은 영향을 미치는 중요한 다른 사람들과도 애착을 형성한다.

특히 영아가 위협적인 상황에 처해있을 때, 주 애착대상이 부재하거나, 애착인물과 분리되는 경험을 자주 갖게 된다면, 유아는 슬퍼하면서 울고, 분노를 나타낼 뿐 아니라 적극적으로 애착인물을 찾게 된다(Brisch, 2003). 애착은 단기간에 형성되기보다는 최소한 몇 개월의 시간을 거쳐 서서히 형성된다. 영아기 애착의 관계를 형성하기 위해서는 영아의 주 양육자와 충분한 상호작용을 할 수 있는 기회가 주어져야 하고 친숙해져야 하며, 영아의 요구에 민감하게 반응해준다는 것을 영아가 확신할 수 있어야 한다.

애착은 영아가 정서적 안정감을 형성하는 데 중요한 역할을 한다. 안정된 애착관계를 형성하여 정서적으로 편안한 상황에서 성장하는 영아는 애착관계 형성의 대상인 주 양육자를 자신의 성장과 발달을 위한 안전한 기반으로 여기며 성장한다. 어머니, 아버지, 유아교사 등 주 양육자와의 애착관계 형성으로 인하여 영아는 자신의 주위를 자유롭게 탐색하며 성장할 수 있게 되는 것이다. 따라서 애착인물에게 필수적인 '민감한 행동', 즉 유아의 신뢰와 조화를 이루고 신호의 의미를 정확하게 해석하며, 그것들을 빠르고 적절하게 충족시켜 줄 수 있는 능력을 요구한다. 실제로 이러한 '민감한 행동'은 매일의 상호작용에서 수없이 일어난다(Brisch, 2003).

영아는 어머니 이외에 영유아교육기관의 교사와도 애착관계를 형성하여 정서적으로 편안하게 성장할 수 있다(조순옥 외, 2002). **표 2-1**은 애착에 관한 대표적인 네 가지 이론을 정리한 것이다.

표 2-1 | 영유아의 애착발달에 관한 이론

구분	내용
심리역동적 모델	Freud가 제안하고 동기이론에 기초하는 정신분석이론은 수유를 통하여 영아의 구강욕구와 정서적 욕구가 충족된 결과로, 어머니와 영아 사이에 애착이 발달한다고 설명하였다. Anna Freud(1969)는 그녀의 아버지의 이론을 발달시켜, 어머니에 대한 영아의 애착은 "그들의 정

구분	내용
	신내용을 형성하고 있는 일차적인 본능적 반응을 동반하고 쾌락-고통 경험을 수반하는 어머니 역할의 결과로서 일어난다"고 보고, 아기와 어머니 사이의 관계를 최초의 의존적 관계로 가정하였다.
학습이론적 모델	어머니는 영아와의 상호작용을 통하여 자신이 어느 정도의 멀고 가까움을 원하는가를 영아에게 정확하게 신호한다. 이 과정은 영아에게 전달되는 동시에 인지-정서적 도식으로 영아의 기억 속에 저장된다. 영아의 자기신뢰적, 탐색적 행동에도 동일한 과정이 반복되면서 어머니의 반응을 바탕으로 어느 정도 분리가 허용될 수 있는가를 학습하게 된다. 따라서 영아는 어머니의 행동에 적응하고 실제로 어머니가 좋아하는 정도의 애착과 멀고 가까움에 기초하여 자신의 행동 모델을 학습하게 된다(Brisch, 2003).
Bowlby (1969, 1973, 1980)의 이론	애착을 어린 영아를 위해 요소로부터 보호하는 독특한 현상으로 보고 영아의 보호자에 대한 접근 가능성이라는 사회적 행동체계로 설명하였다. 애착은 영아와 부모 양쪽 행동에 의하여 형성되는데, 보호자에게로의 접근을 시도하고 유지하며 이끌어내는 영아의 모든 행동, 즉 미소짓기, 울기, 매달리기 등의 모든 행동은 바로 애착을 형성하는 행동이다. 영아의 애착행동은 본능적인 것으로 어머니 자체나 어떤 위협을 가하는 상황과 같은 자극이 이러한 본능을 자극하여 이끌어낸다. 영아의 행동이 어머니의 보호적인 반응을 이끌어내는 것이다.
Sroufe와 Waters (1977)의 이론	Bowlby의 이론을 정교화하고 관계의 정서적 요소를 강조하여 정서의 통제라는 어휘로 애착관계를 설명하였다. 영아가 안정된 애착을 형성한 경우 어머니와 다른 주 보호자는 편안함과 안전에 대한 기본 조건이 되며, 영아는 이를 기반으로 주위를 탐색하고 즐기게 된다. 안정된 애착은 영아들의 사회적 기술의 발달을 돕고 영아들이 부모와 타인과의 사회적 상호작용을 즐기게 한다.

(2) 애착유형

애착인물의 민감한 양육행동에 의해 영아의 욕구가 충족될 때 영아는 안정된 애착을 발달시킬 수 있다. 그러나 만약 이러한 욕구들이 애착인물과의 상호작용에서 충족되지 못하거나, 충족된다 할지라도 부분적으로 혹은 일관성 없이 충족된다면—예를 들면, 지나치게 과도한 자극과 반응이 거부나 무시 같은 좌절적인 거절과 예측 불가능하게 교차할 때—불안정한 애착이 발달하기 쉽다(Brisch, 2003).

Ainsworth와 그 동료들(1978)은 낯선 상황(Strange Situation) 절차를 사용하여 애착관계에 대한 연구를 실시하였다. 이 실험은 어머니와 영아 그리고 낯선 사람이 참여하는 것으로, 어머니와 영아는 두 차례 분리되고 짧은 시간 후에 재결합하는 일련의 과정을 경험한다. 그 과정에서 영아의 애착체계가 활성화되고 그때 나타나는 어머니와 영아의 행동을 관찰함으로써 애착의 질적 특성이 다음과 같이 네 가지로 분류되어 평가될 수 있다.

표 2-2 | 영아의 애착유형

애착유형	특성
안정애착	안정애착 집단에 속한 영아는 주위 환경을 탐색하는 과정에서 어머니를 안전한 기지로 여기고 어머니가 잠시 떠났다가 돌아왔을 때 행복한 반응을 나타냈다. 낯선 사람의 존재에 대하여 호기심을 가지고 일시적으로 접근하는 데 망설이는 듯 보이나, 곧 낯선 사람에게 친근한 반응을 보인다.
불안-저항애착	익숙하지 않은 상황에서 어머니가 함께 있는 경우에도 스트레스를 받는다. 어머니가 잠시 나갔다가 돌아왔을 때 화를 내고 매우 스트레스를 많이 받는 듯한 행동을 보인다. 어머니가 안아주려고 할 때 저항한다.
불안-회피애착	안정애착 집단의 유아와 달리 주위를 탐색하지 않는다. 어머니의 존재를 무시하듯이 보이며, 어머니가 보이지 않을 때도 무관심하고 어머니가 잠시 후 돌아왔을 때 어머니와의 접촉을 피한다.
혼란애착	가장 심한 불안정애착의 형태로 회피애착과 저항애착이 결합된 것이다. 영아는 평상시에도 주위 환경에 관심이 없으며, 어머니와의 분리 이후 다시 만났을 때 긴장하고 굳은 표정으로 어머니에게 접근하거나 멍한 표정으로 혼란스러움을 표현하거나, 재회를 철저히 무시하다가도 친밀감을 보이기도 한다.

표 2-3 | Ainsworth의 낯선 상황

장면 번호	등장인물	지속시간	행동기술
1	어머니, 아기, 관찰자	30초	관찰자가 어머니와 아기를 장난감과 여러 가지 놀이기구들이 있는 실험실로 인도한 후 남겨두고 나간다.
2	어머니와 아기	3분	어머니와 아기가 방안을 탐색하도록 놔둔다. 만일 아기가 아무것도 하지 않을 때는 2분이 지난 후 놀이를 하도록 고무한다.
3	낯선 이, 어머니와 아기	3분	낯선 이가 들어온다. 최초의 1분은 침묵, 두 번째 1분은 낯선 이가 어머니와 대화, 세 번째 1분은 낯선 이가 아기에게 접근한다. 주어진 3분이 지나면 어머니가 가만히 방을 나간다.
4	낯선 이 와 아기	3분 또는 보다 짧게	첫 번째 격리장면, 낯선 이의 행동은 아기의 행동에 맞추어 조정된다.
5	어머니와 아기	3분 또는 보다 길게	첫 번째 재회장면, 어머니가 아기를 반기거나 달랜 후, 아기가 다시 놀이를 하도록 도와준다. 그런 다음 어머니가 '안녕'이라고 말하며 나간다.
6	아기 혼자	3분 또는 보다 짧게	두 번째 격리장면
7	낯선 이와 아기	3분 또는 보다 짧게	두 번째 격리의 계속, 낯선 이가 들어와서 아기의 행동에 맞추어 행동한다.
8	어머니와 아기	3분	두 번째 재회장면, 어머니가 들어와서 아기를 반기고 안아준다. 그 사이에 낯선 이는 가만히 방을 나간다.

출처: 최경숙(2006).

다양한 이론과 실험들을 토대로 유아의 애착발달을 다음과 같이 정리해 볼 수 있다(조순옥 외, 2002).

표 2-4 | 영아의 애착발달 단계

단계	내용
1단계 애착 형성 이전 단계 (출생~3개월)	생후 6주 정도가 되면 영아는 울음, 눈맞춤 미소 등으로 애착행동을 나타내면서 양육자와의 접촉을 시도하고 양육자를 자신의 곁에 머무르게 한다. 그러나 이 시기의 영아는 아직 한 사람의 양육자에 대해 일관된 선호를 보이지 않고 대부분의 다른 사람에게도 아주 비슷하게 반응한다.
2단계 애착 형성 단계 (3개월~6, 8개월)	생후 3개월이 되면 영아의 애착행동은 몇 사람의 친숙한 성인에게 한정된다. 영아는 자신을 돌보는 양육자에게 더 많은 미소를 지어 보이고 그가 자신을 떠나면 싫어하는 표정을 짓는다. 낯선 사람을 볼 때는 단순히 응시하기만 한다. 그러나 아직은 한 명의 특정 개인에게 완전히 애착이 형성된 것은 아니다.
3단계 분명한 애착 단계 (6, 8개월~18, 24개월)	생후 6~8개월이 되면 영아는 처음으로 한 명의 특정 개인에게 애착한다. 이 시기의 영아는 기어다닐 수 있기 때문에 양육자를 자기에게로 유인할 수 있을 뿐 아니라 양육자에게 쉽게 접근할 수 있게 된다.
4단계 다양한 인물에 대한 애착 단계(2세 이후)	2세 정도가 되면 한 사람에게만 강도 있게 형성하였던 애착을 형제, 할머니, 할아버지 그리고 자신을 자주 돌보아주는 사람 등에게로 확장시킨다. 이러한 애착은 일차적인 양육자에 대한 애착의 질과 같은 특성을 가진다.

(3) 애착과 양육자의 민감성

영유아의 성장과 발달의 과정에서 중요한 역할을 담당하고 있는 성인들, 즉 어머니, 아버지 그리고 영유아의 교육을 담당하는 교사들은 인생 초기의 정서적 안정감 형성에 있어서 애착형성의 중요성을 인식하여 영아와의 상호작용 과정에서 안정애착형성을 지원할 수 있어야 한다.

양육자의 민감성은 생후 1년 동안 영아가 형성하는 애착의 질적 특성을 결정하는 역할을 한다. 민감성의 개념은 Ainsworth에 의해 처음으로 제안되었다. 그녀는 우간다에서 어머니들과 인터뷰하는 동안 어머니의 민감성을 처음으로 언급하였고, 이후 26명의 영아들을 대상으로 이루어진 볼티모어

연구에서 그 개념을 정교화하였다(Brisch, 2003).

영아의 울음에 대한 양육자의 반응과 상호작용의 양도 영향을 미친다. 영아는 음식을 주고 보살펴 주는 사람과 애착관계를 형성하기보다는 오랜 시간에 걸친 많은 상호작용의 맥락에서 자신의 요구에 민감하게 반응해주는 양육자와 애착을 형성한다. 생후 초기 몇 개월 동안의 부모와 영아의 상호작용과 영아의 신호에 대한 부모의 적절한 반응이 애착의 발달에 많은 영향을 끼친다. 어머니나 교사 등 주 양육자가 영아의 사회적 태도, 요구, 기질 등에 민감하고 반응적이며, 영아의 행동에 적절하게 대처해준다면 영아는 양육자를 필요할 때는 언제든지 다가갈 수 있는 반응적인 존재라고 인식하여 안전한 애착관계를 형성하게 된다. 그러나 보호자가 영아를 좋아하지 않고 신체적 접촉을 하는 데 무관심할 때, 불안-회피적인 애착을 형성하게 된다(Clark-Stewart, 1973; Schaffer & Emerson, 1964).

특히 현대사회의 변화 경향에 따라 태어난지 얼마 되지 않은 영아를 영유아보육기관에 맡기는 부모가 늘고 있는 가운데 다양한 영유아보육기관에서 영유아의 보육을 담당하고 있는 교사가 영아와 민감하게 상호작용하여 안정적인 애착을 형성하는 것은 영아의 앞으로의 성장발달 촉진을 위하여 매우 중요하다고 볼 수 있다(조순옥 외, 2002). Ainsworth와 그의 동료들이 제시하고 있는 어머니의 민감한 양육행동을 정리하면 다음과 같다(Brisch, 2003).

- 어머니는 영아의 신호에 맞추어 행동할 수 있어야만 한다. 자신의 욕구와 편안함에만 몰입해 있는 어머니는 영아의 신호와 조화를 이루지 못한다.
- 어머니는 영아의 관점에서 신호들을 적절하게 해석해야만 한다. 특히 어머니는 아기 울음의 의미를 해독할 수 있어야만 하며(배고픔인가, 질병, 고통 또는 지루하기 때문인가), 어머니 자신의 욕구 때문에 혹은 이러한 욕구를 영아에게 투사함으로써 영아의 신호를 왜곡하거나 잘못 해석할 위험성이 있다는 것을 인식해야만 한다.
- 어머니는 영아의 신호에 적절하게 반응해야만 한다. 예를 들면, 어머니

는 영아에게 제공할 음식물의 양과 달래는 방법을 알고 있어야만 하고, 가능하면 지나치게 많거나 적은 자극으로 어머니-아동 상호작용에 부담을 주는 일 없이 놀이 자극을 제공할 수 있어야만 한다.

- 어머니의 반응은 영아가 좌절을 견뎌낼 수 있는 시간 내에 신속하게 이루어질 수 있어야 한다. 젖을 먹기 위해 영아가 기다릴 수 있는 시간은 생후 1주일 동안은 매우 짧지만 첫 돌이 될 때까지 그 시간은 점점 더 길어진다.

3) 성역할과 사회교육

(1) 성역할의 개념

성역할(sex-role)은 어떤 문화에서 여성과 남성에게 적합하다고 생각되며, 그들이 수행할 것을 기대하는 행동, 관심, 태도, 기술들이다. 전통적 유교관에서 여성들은 대부분의 시간을 아내와 어머니로서의 역할에 헌신하도록 기대되는 반면, 남성들은 돈을 벌어오는 사람으로서의 역할을 하도록 기대된다. 그러한 역할들의 기대 속에는 인성적인 기대들도 포함되어 있다. 최근에 와서는 분명하게 구분된 남녀의 성역할 정체감보다는 양성적인 성역할이 사회적응과 사회생활에 더 타당한 역할 개념으로 간주되고 있다.

한 문화 안에서 남성과 여성의 행동양식을 결정하는 특징은 그 사회와 문화가 어떠한 가치들을 남성적인 것으로 혹은 여성적인 것으로 간주하는가에 따라 좌우된다. 만일 어떤 문화에서 신체적·지적으로 여성을 가정에서 살림을 하는 데에 적절하다고 생각한다면, 가정이라는 사적 영역에서의 역할을 여성의 역할로, 공적 영역에서의 역할을 남성의 역할로 기대하는 것이다. 이처럼 성역할 개념은 문화적 가치에 따라 이루어지는 것이기 때문에 체격·얼굴모양·옷 등의 외모, 언어, 감정과 느낌의 표현방식 등 다양한 면으로 나타나게 되는 것이다(최혜순, 2004).

(2) 성역할 발달에 영향을 주는 요인

성역할 고정화는 자신이 살고 있는 사회의 영향을 받아 이루어지는 것으로서 사회의 여러 요인들, 특히 부모, 형제, 자매, 또래, 교사, 책 그리고 TV가 성역할 유형화에 매우 중요한 역할을 한다고 볼 수 있다. 그 특징들을 살펴보면 다음과 같다.

① 부모

인간이 최초로 상호작용하는 대상은 부모이다. 부모로부터 사랑과 애착을 경험하고 그들의 행동을 모방하며, 필요한 가치들을 내면화하기 때문에, 부모는 유아의 성역할 학습에 결정적인 영향을 미친다. 유아가 부모의 성역할 모델로부터 가장 민감한 영향을 받는 시기는 5, 6세경이며, 그 이후 연령이 증가할수록 부모나 가족보다는 또래 집단이나 대중매체 그리고 교사 등의 영향을 받는다.

부모의 민주적이고 온화한 양육태도 이외에 부모의 교육 수준 역시 유아의 성역할 발달에 영향을 미친다고 한다. 학력이 높은 어머니일수록 남성성이나 중성성이 강하며, 이는 양육 태도에 반영되어서 아이들도 매우 강한 중성성을 나타낸다고 한다(최혜순, 2004). 또한 어머니가 직업을 갖는 것, 아버지가 가사일에 참여하는 것은 성역할의 양성성 등 유아들의 성역할에 대한 개념의 유연성을 기르는 데 도움을 줄 수 있다.

② 형제자매

유아의 성역할 학습에 있어서 형제자매와의 관계도 중요한 영향 요인이다. 성역할에 관한 많은 연구들은 가정 내에서 형제자매의 관계가 유아의 성격발달뿐 아니라 성역할 선호도에 영향을 미친다고 보고하고 있다. 특히 출생순위, 형제자매의 성별이나 터울 등이 영향을 준다.

Koch의 연구에서는 같은 성을 위로 둔 어린이가 반대의 성을 위로 둔 경우보다 일반적으로 자신의 성역할에 적합한 방식으로 발달한다고 보고하였다(최혜순, 2004). 누나를 둔 남아의 경우 형을 둔 남아보다 덜 공격적이고 대담하며 여성적인 요인을 더 많이 보인다. 또한 오빠를 둔 여아는 언니를 둔 여아보다 더 남성적인 경향이 있었다. 이는 형제자매가 옷, 친구, 장난감의 선택, 선호하는 책이나 만화영화 등의 선택에 영향을 주기 때문으로 볼 수 있다. 2명의 아이가 있는 가정에서 2~3세 터울로 오빠가 있는 여아는 언니가 있는 여아보다 좀 더 남성적인 활동과 놀이에 흥미를 갖는 경향이 있다. 이러한 현상 역시 성역할 모델링의 효과가 크게 작동하기 때문으로 볼 수 있다. 그러나 형제자매 간의 터울이 2~3세가 넘을 경우에는 그 영향력이 상대적으로 감소한다.

③ 교사

유아기에 유치원과 어린이집의 교사는 대행 역할을 하며, 유아의 성역할 학습에 교사 모델의 영향력은 매우 중요하다. 최근에는 어린이집이나 유치원 교사들 중 여성의 비율이 월등하게 많기 때문에 남아와 여아 모두의 여성화가 우려되고 있다. 이러한 현상에 대하여 Mccandless와 Trotter는 유아교육기관의 교사들이 대부분 여성이라는 사실 때문이기보다는 교실의 구조와 조직 때문일 것이라고 본다. 의존적 행동과 같은 여성적 행동은 교사로 하여금 유아를 지도하기 쉽게 하며, 학습과 학업 성취를 효과적으로 이룰 수 있게 하기 때문에 기대되는 경향이 있다. 반면에 공격성, 달리기, 시끄러운 활동과 같은 남성적 행동은 교실을 혼란하게 하고 지도에 어려움을 주기 때문에 교사로부터 격려받지 못하며, 이에 따라 남아와 여아 모두는 조용하고, 의존적이며, 공손한 여성다운 행동을 하도록 기대된다는 것이다(최혜순, 2004). 이러한 교사와 기대는 남아에게 갈등을 일으킬 수 있다고 한다. 즉, 사회나 가정에서 남아는 남성다워야 한다는 일반적인 기대와 교사나 학교의 착한 학생에 대한 기대 사이에 역할 갈등을 느끼게 된다는 것이다.

④ 또래

또래관계(출처: Laura. E. Berk, 2002)

유아기 초기에는 상대방에 대한 조망 수용의 관점이 아직 발달하지 않았기 때문에 또래와의 상호작용이 거의 일어나지 않는다. 놀이를 하는 경우에도 혼자놀이나 병행놀이 등 서로 의사소통하는 행위가 거의 일어나지 않는다. 그러나 유아기 말기 즈음에 이르면 점차 또래 간에 관심을 보이며 상호작용과 의사소통이 일어나게 되고, 이러한 상호작용은 유아의 성역할 형성에 영향을 주게 된다.

성역할 형성에서 또래의 영향으로 유아는 친구의 행동을 모방하거나 동일시함으로써 성역할 학습을 하게 된다. 남아이든 여아이든 양성의 또래가 모두 성역할 학습에 영향을 미치지만, Bandura가 모방학습이론에서 밝히고 있듯이 모델링의 효과에 더 큰 영향을 주는 것은 동성일 경우이다.

유아는 보통 자신의 성에 부적절하다고 생각하는 놀잇감은 피하지만, 그것을 가지고 놀고 있는 같은 성의 친구들을 본 후에는 그 놀잇감에 대한 거부반응을 덜 일으키고 관심을 보이게 된다. 반대로 자신의 성에 부적절하다고 생각되는 놀잇감을 거부하는 또래를 관찰한 후에는 이러한 태도가 강화되어 그 놀잇감을 가지고 노는 경향이 감소하며, 이러한 현상은 남아와 여아 모두에게서 나타나지만, 여아보다는 남아에게 더 강하게 나타난다고 한다.

⑤ 도서

많은 연구자들은 유아가 책을 읽는 동안에 그 이야기나 등장인물들을 자신에게 직접 적용해 보기 때문에, 유아들을 위한 책을 선정하는 일은 중요하다고 한다. 빈번하게 유아를 대상으로 한 그림책이나 동화책은 성역할 고정관념을 강조하는 경향이 있다. 이야기책들을 분석해 보면 등장인물이 여자보다 남자가 더 많으며, 대부분의 여아들은 감정적, 의존적, 가정적, 수동적, 복종적이고 능력이 부족한 것으로 묘사되는 반면, 남아들은 합리적이고 창조적이며, 능동적이고 능력 있고 독립적인 것으로 묘사된다. 직업에 대한 유형화를 살펴봐도 여성은 가정이나 직장에서 전통적으로 여성의 역할로 고려되는 직업인 비서, 사서, 스튜어디스, 간호가 등으로 묘사되며, 남성은 대통령, 운동선수, 변호사, 과학자 등으로 제시된다. 물론 최근에 성역할 고정화에 대한 문제점이 제기되면서, 남성적 직업과 여성적 직업에 대한 구분이나 차별화를 지양하고 있기는 하지만, 여전히 이러한 내용이 형식적으로 또는 잠재적으로 제시되고 있다. 따라서 유아가 가까이 하는 책들에 나타난 등장인물들의 성역할은 유아의 성역할 발달에 중요한 영향을 미치므로, 유아를 위한 책을 제작하거나 유아를 위한 책을 선정함에 있어서 최대한 주의를 기울여 편협한 성역할 고정관념이나 선입견을 갖지 않도록 해야 할 것이다.

유아의 독서

⑥ TV, 인터넷 등 대중매체

Bandura의 관찰학습이론의 설명에서도 볼 수 있듯이, 유아기의 아이들은 TV나 비디오시청을 하는 데 많은 시간을 보내고 있기 때문에, 그들이 보는 TV 프로그램이나 광고방송은 아동의 성역할 학습에 중요한 영향을 미친다.

Freuh와 Mcghee가 유치원에서 6학년까지의 중류층 어린이 집단을 대상으로 한 연구에 의하면 1주일에 약 25시간 TV를 본 어린이는 10시간 이내로

TV를 본 어린이보다 성역할 선호도 검사에서 좀 더 성유형화된 행동을 선택하는 경향을 보였다.

4) 사회적 조망과 사회교육

(1) 사회적 조망과 사회생활

Flavell(1975)은 조망수용이란 '자기와 타인 사이의 상호관계를 타인의 눈을 통해 보고 이해하는 능력'이라 했고, Iannotti(1985)는 '조망수용은 다른 사람의 감정뿐 아니라 사고 및 동기까지 이해하는 것을 포함한다'고 하였으며, Selman(1980)은 '조망수용은 자신과 타인의 사회-심리적 조망들을 조정하는 능력'이라 하였다. 그는 일반적 조망수용능력에 사회적 의미를 더 강화하기 위하여 사회적 조망수용이란 용어를 사용하였다. 이러한 조망수용에 대한 정의들을 요약하면 사회적 조망수용이란 '자기와 타인의 심리적 조망들을 구별하고 양자의 상호관계를 조정하는 과정'이라고 할 수 있다(안영진, 1998).

유아는 다른 사람과 관계를 형성하고 유지하는 과정에서 자신의 생각과 다른 사람의 생각이 다를 때 혼동을 경험한다. 이러한 혼동 때문에 다른 사람과의 사회적 문제 또는 어려움에 부딪히게 된다. 한두 살짜리 유아는 가끔 어머니의 화장품에 흥미가 있어 이것을 가지고 놀이를 하려고 한다. 이때 유아는 화장품에 접근하지 못하게 하는 어머니의 시도를 이해하지 못하거나 혹은 고려하지 않기 때문에 어려움에 부딪히게 된다. 또한 세발자전거를 서로 타기 위해

유아들의 TV 시청(출처: Laura. E. Berk, 2002)

싸우는 네 살짜리 유아는 자기의 관점이 다른 사람과 상반되기 때문에 이를 조망하고 이해하지 못하기 때문에 그들과의 원만한 사회적 관계를 유지하는 데 어려움을 경험한다.

Flavell(1975)은 유아는 ① 여러 상황에서의 사람들에 관한 지식과 그들이 하는 행동, ② 다른 사람과의 상호작용 시 타인의 행동 관찰과 해석으로부터 다른 사람들의 의도, 태도, 감정 및 생각에 관한 정보를 종합하는 경험을 통해 이와 같은 사회적 조망능력을 발달시킨다고 하였다. 그러므로 사회성의 근거가 되는 사회적 조망수용력을 증진시킬 때 효율적인 유아 사회생활교육을 보다 잘 수행할 수 있을 것이다.

(2) 사회적 조망수용 발달과 특성

세계 속의 우리(출처: Laura. E. Berk, 2002)

Selman과 Byrne(1974)은 유아기 동안에 네 가지 사회적 조망수용단계가 있음을 밝힌 바 있다. 이들은 사회적 조망수용 단계를 ① 자아 중심적(egocentric) 단계, ② 주관적(subjective) 단계, ③ 자기 반영적(self reflective) 단계, ④ 상호적(mutual) 단계로 나누었다. Selman과 Byrne은 40명의 유아들(자아 중심적 단계 유아 10명, 주관적 단계 유아 10명, 자기 반영적 단계 10명, 상호적 단계 10명)을 면담하고 유아들의 조망능력을 분석하여 조망수용 단계를 범주화하였다.

Selman과 Byrne(1974)의 사회적 조망수용의 단계를 소개하면 다음과 같다.

① 자기 수용적 조망수용: 자신의 세계만 인식

이 수준에 있는 유아는 자신과 타인을 구별할 수 있으나 타인들이 자신과 다른 관점을 가지고 있다는 점을 이해하지 못한다. 이들은 '엄마는 집에 계신다'고 믿을 수 있지만, 다른 또래의 다른 상황(예: 직장이 있는 어머니)을 인식하지 못한다. 이 단계의 유아는 자기 자신만의 현실을 근거로 다른 사람을 조망한다. Selman과 Byrne(1974)의 연구에 의하면 4세 유아의 80%, 6세 유아의 10%가 이 수준에 속하는 것으로 나타났다.

Piaget(1962)는 유아가 다른 사람의 관점을 수용할 수 있는 능력은 자기 중심 상황에 의하여 제한된다는 것을 알았다. 자기중심적 유아는 다른 사람들도 자신과 동일한 방식으로 생각한다고 가정한다. 또한 이들은 자신의 생각이 항상 옳다고 확신한다.

이와 같은 자기 중심적 상황 때문에 모든 것에 대해 그들 자신의 경험을 일반화시키고자 한다.

② 주관적 조망수용: 다른 사람의 세계와 나의 세계의 차이 인식

자기 중심적 성향은 출생 후 대개 4세까지 많이 나타나고, 이후부터 점차 다른 사람의 견해를 인식하고 생각하기 시작한다. 이 단계의 유아는 다른 사람이 동일한 상황을 다르게 생각할 수 있다는 것을 이해하기 시작한다. 유아는 다른 경험 혹은 다른 목표를 가졌기 때문에 사람이 다르게 느끼거나 혹은 다르게 생각한다는 것을 깨닫는다. 그러나 아직도 타인의 행동을 이해하려고 할 때 완벽하게 다른 사람의 입장에 서지 못한다.

이 단계의 유아는 유쾌하거나 불유쾌한 상황과 이에 상응하는 일반적인 정서를 확실하게 이해하지 못한다. 예를 들어, 의사가 유아 옆에 큰 주사기를 가지고 서 있는 상황에서 유아가 웃고 있는 그림을 보았을 때 혹은 생일잔치에서 한 유아가 찡그리고 있는 상황 그림에서 3세 내지 5세 유아들은 정서적 불일치를 잘 인식하지 못하는 경향이 있으나, 6세가 되어가면서 상황에 상응하는 정서를 잘 이해하기 시작한다. 또한 이 시기 유아는 동기와 행동 사이의 관계를 완전히 이해하지 못한다. 예를 들어, 누군가가 우연히 전등을 넘어뜨려 깨는 모습을 본다면, 4세 유아들은 그 사람이 그와 같은 행동을 하기를 희망하고 의도적으로 그 행동을 하였다고 생각한다.

③ 자기 반영적인 조망수용: 다른 사람이 생각하는 것에 대한 나의 관심

이 단계에서 유아들은 사람들이 그들 자신만의 독특한 가치 혹은 동기를 가지고 있기 때문에 유아 자신과는 다르게 생각하고 느낀다는 사실을 알고 있다. 이 단계의 유아들은 다른 사람의 관점을 수용하고 조망할 수 있다. Selman과 Byrne(1974)의 연구에 의하면 4세 혹은 6세의 유아는 이 수준에 있지 않았지만, 8세 아동의 50%와 10세 아동의 60%가 이 단계에 있음을 보고하였다.

이 단계에 속하는 유아들은 의도된 행동과 그렇지 않은 행동의 차이를 이해하며, 어떤 사람이 아무리 의도적인 노력을 기울인다 할지라도 의도되지 않은 긍정적 혹은 부정적 결과들이 일어난다는 것에 대해서도 이해한다. 다른 사람이 나에 대해 어떻게 생각하고 있는가와 같은 이러한 인식은 유아가 다른 사람과 그들의 관계를 어떻게 바라볼 것인가에 대한 생각에 많은 영향을 미친다.

④ 상호적 조망수용: 총체적으로 상황을 인식

이 단계에 속하는 아동은 다른 사람들과의 관계 혹은 상호작용 속에서 발생하는 문제에 대하여 좀 더 객관적으로 인식할 수 있게 된다. 아동들은 상호작용이 계속되거나 문제를 헤쳐나감에 따라서 총체적 상황, 즉 개인들이 문제를 어떻게 보고, 다른 사람이 그 문제를 어떻게 인식하느냐를 객관적으로 볼 수 있다. 그런 다음에 그들은 총체적 상황에 관한 추정에 근거하여 그들의 반응 방향을 결정한다. 이들은 사람들이 다르게 생각하고 느낀다는 점과 동일 상황에 대해 상이하게 다른 관짐에 있을 수 있다는 점이 합리적인 해석일 수 있다는 것을 이해한다. 따라서 한 사건에 대한 조망이 다르다고 해서 관점이 틀리다고 인식하지 않는다. Selman과 Byrne(1974)의 연구에 의하면 6세까지의 유아는 이 수준에 이르지 못하며, 여8세 아동의 10%와 10세 아동의 20%만이 이 수준에 해당됨을 시사하였다.

(3) 공감의 발달

① 공감의 개념

또래와의 갈등(출처: Eva L. Essa, 2005)

공감이란 타인의 감정상태에 대해 그와 유사한 정서적 반응으로 반응하는 것을 말한다(Damon, 조강모 역, 1997). 공감적 반응을 하는 유아는 다른 유아의 기뻐하는 표정에 같이 기뻐하고, 다른 유아의 슬픔에 같이 슬퍼하고 속상해한다. 영아들도 가끔 다른 영아가 울음을 터뜨리는 소리에 울면서 고통을 느끼는 표시를 한다. 이런 영아들이 단순히 다른 영아의 울음을 자기들 자신의 고통으로 착각하고 그러는 것인지 알 수는 없지만, 그런 영아들의 자기중심적 혼동은 그렇다 하더라도 이런 초기의 고통은 타인의 고통을 동정하려는 자발적 경향성이 나타났다는 중요한 증거가 된다(Damon, 조강모 역, 1997).

Hoffman(1982)은 신생아의 공감적 반응을 "총체적 공감(global empathy)"이라고 하였다. 왜냐하면 신생아는 아직 '자신 대 타인'의 감정과 필요의 사이에 명확한 구분을 해내지 못하기 때문이다. 생후 약 1년 동안의 유아들이 타인의 고통을 보고 반응할 때 그 특징은 총체적 공감이다. 그런 반응들은 강렬하고 진심어린 것일 수 있다.

② 공감의 발달

영아 초기의 총체적 공감 단계 이후 1~2세쯤 되면 영아들이 타인들의 고통에 대해 느꼈던 것이 미분화된 불안의 감정이었던 것에 비해, 이 시기에는 미분화된 감정이 진지한 감정으로 성숙된다. 이 단계의 영아들은 타인들이 그들 나름의 독립된 존재이며 그들 나름의 불행을 느낄 수 있는 존재라는 사실을 깨닫게 된다. 더 나아가 영아는 타인의 이런 불행한 감정들이 '나'의 관심과 구원을 필요로 할지도 모른다는 사실을 감지하게 된다. 그러나 영아는 그런 감지의 내용을 효과적 행동으로 아직 옮기지는 못한다(Damon, 조강모 역, 1997).

2세말쯤 아동은 타인들의 필요감정과 자기 자신들의 필요감정을 확실하게 구분하여 파악할 수 있다. 그 후 연령이 높아짐에 따라 유아들은 사람들의 조망이 나름대로 독특한 것이며, 한 상황에 대한 반응도 사람마다 다를 수 있음을 인식하게 된다. 이런 인식을 통하여 유아는 타인의 고통에 적절한 반응을 할 수 있게 된다.

6세경의 유아는 어떤 경우에 불행한 사람이 도움받지 못하고 홀로 남아 있을지 모른다고 생각할 수 있다. 이 시기의 아동은 바로 위로해 주려고 하다가 잠깐 멈칫하면서 그 사람의 자존심 또는 사생활을 건드리지 않는 방법을 찾아서 그 방법으로 제의할 줄 알게 된다. 즉, 이 단계의 유아는 타인의 고통의 원인을 제대로 인식하게 되며, 자기 자신의 입장과 타인의 입장을 바꿔가면서 타인의 필요를 객관적으로 평가할 수 있게 된다(Damon, 조강모 역).

표 2-5 | 공감능력의 발달

수준	연령	내용
포괄적 공감	0~1세	타인의 강한 정서와 비슷한 정서를 만들어 내지만 타인과 자신을 분리하지 못하기 때문에 혼란스럽다. 그러나 서서히 영아는 마치 자신이 경험한 것처럼 행동한다(예: 다른 영아가 상처받았을 때 같이 울거나 엄지손가락을 빨거나, 엄마에게 기어간다).
자기중심적 공감	1~2, 3세	자신이 타인과 분리되어 있음을 안다. 타인의 정서와 비슷한 정서를 이야기하고, 경험하지 못한 것도 알게 된다. 타인이 부정적인 정서를 나타내고 있으면 긍정적인 정서를 표현하도록 노력한다(예: 엄마

수준	연령	내용
		가 화가 나 있거나, 속상해 하거나, 슬퍼보일 때 아이는 자신이 좋아하는 장난감을 가지고 엄마와 놀려고 한다).
타인의 감정을 공감	유아기 및 초등학교 시기	다양한 정서를 구별하고, 자신의 감정과 타인의 감정이 다르게 느낄 수 있음을 안다. 또한 타인의 감정을 쉽게 알아차리고 도움이 필요할 때 도와주기도 한다(엄마가 슬퍼할 때 티슈를 가져다주고, 차를 준다).
타인의 생활조건을 공감	후기 아동기~	정서가 빈곤이나 차별과 같은 생활조건이나 상황에 기인할 수 있다는 것을 알기 시작한다. 타인의 아픔을 공감하며, 특히 어려운 상황에 있는 사람들에게 더 강하게 공감한다(예: 남아는 특히 상처받거나 차별받는 또래에게 특히 공감한다).

출처: Hoffman(1984); 민혜영 외(2017). p. 148.

5) 친사회적 행동과 사회교육

(1) 친사회적 행동의 개념

아동의 놀이에서의 협력(출처: Eva L. Essa, 2005)

친사회적 행동이라는 용어는 학자에 따라 조금씩 다르게 사용되고 있다는 친사회적 행동을 "사회적으로 긍정적인 결과를 가져오는 행동으로 외적인 보상을 기대하지 않고 타인을 이롭게 하기 위해서 자발적으로 수행하는 행동"이라고 정의하고 있다. Mussen과 Eisenberg-Berg(Underwood & Moore, 1982)는 친사회적 행동을 "외적인 보상을 기대하지 않고 자신보다 타인을 이롭게 하려는 명백한 의도를 지닌 행동"이라고 정의하고 있다. Eisenberg(1992)는 친사회적 행동을 "돕기, 나누기, 위로하기 등과 같이 타인을 돕거나 도우려는 어떤 행동의도를 가진 자발적인 행동"이라고 보았다. 이와 같은 친사회적 행동에 대한 다양한 정의들을 종합해 볼 때, 친사회적 행동이란 일반적으로 "나 자신의 관점뿐 아니라 타인의 관점에서 사고하고 행동하며, 사회적 관계에서 긍정적인 대인관계를 유지하고 타인에게 도움이 될 수 있도록 자발적으로 수행되는 행동"이라고 정의할 수 있다(이숙정, 2000). 이는 친사회적 행동경향이 다른 사람의 고통, 곤경 또는 요구를 적어도 어느 정도 의식해야 함을 지적해야 하는 것으로, 그 행동의 원인이 외적, 내적 보상에 기인하든 기인하지 않든 간에 자발적인 행동이 타인에게 긍정적인 결과를 가져오는 행동이라고 할 수 있다.

친사회적 행동범주는 학자들에 따라 광의 또는 협의로 분류되고 있다. 친사회적 행동을 증진하는 프로그램을 장기적으로 실시했던 '아동발달 프로젝트(Child Development Project)'는 친사회적 행동에 돕기, 나누기, 협력하기, 절충하기, 위로하기, 구원하기, 기부하기, 자신의 책임을 수행하기, 친사회적 가치의 지향 등 9가지 범주를 포함시킨다(Victor, et. al., 최윤정, 1998에서 재인용). 이와 같은 광의의 분류와는 달리 친사회적 행동은 좁은 의미에서 나누기, 돕기, 협력하기 등으로 구분할 수 있다.

(2) 친사회적 행동의 발달

① 친사회적 행동의 발달 단계

Bar-Tal과 Raviv(1982)는 일련의 실험연구들을 통해 Piaget의 인지발달 단계, Selman의 조망수용발달 단계, Kohlberg의 도덕판단발달 단계를 분석하고 기타 추론에 대한 문헌들을 검토한 후 다음과 같이 친사회적 행동발달의 6단계를 제시하였다.

- 1단계: 순응-구체적으로 언급되는 강화(compliance-concrete and defined reinforcement)

명령이나 위협을 받음으로써 다른 사람을 돕는다. 아동의 시각은 자기중심적이며, 아동의 행동은 잘 언급되고 구체적인 보상과 벌에 의해 가장 잘 이루어진다.

- 2단계: 순응(compliance)

자신보다 힘이 센 권위자가 요구하면 다른 사람을 돕는다. 실제로 처벌하겠다는 위협은 더 이상 필요하지 않으며, 타인의 요청이나 명령을 수락할 준비가 되어 있다.

- 3단계: 내적주도성-구체적 보상(internal initiative-concrete reward)

자발적으로 행동할 준비가 되어 있지만 가능한 보상을 기대하고 있기 때문에 이기적이다.

- 4단계: 규범적 행동(normative behavior)

도움행동에 관한 사회적 규범을 알고 있으며, 규범의 위반은 벌을 초래한다는 것을 알고 있기 때문에 사회적 승인을 받기 위해 다른 사람을 돕는다.

- 5단계: 일반화된 상호성(generalized reciprocity)

도움행동은 보편적인 상호성의 영향을 받는다. 도움행동을 받은 사람이 언젠가는 보답할 것이라고 믿기 때문에 다른 사람을 도우며 상호호혜적인 사회적 접촉이 돕기행동을 강화한다.

- 6단계: 이타적 행동(altruistic behavior)

순수하게 다른 사람을 위해서 돕는다. 이때의 도움행동은 보상을 바라지 않으며 그 대신 자아존중감과 자기만족감을 향상시킨다. 오로지 다른 사람에게 이익이 되도록 하기 위한 동기로 자발적으로 행동한다.

친사회적 행동발달 단계에서 아동들은 단계가 높아지면서 특별한 상황에 대한 구체적인 보상과 벌로부터 벗어나 권위자와 사회체제가 어떤지 그리고 그들이 우리에게 요구하는 것이 무엇인지를 고려하는 방향으로 나아가며 점진적으로 좀 더 일반적인 사회적 관점을 취하게 된다(Lapsely, 문용린 역, 2000). 이러한 발달을 통하여 아동은 자신의 이익이나 보상을 고려하지 않는 자기 희생적이고 이타적인 행동을 습득하게 된다.

② 친사회적 행동발달에 영향을 미치는 요인

친사회적 행동에 영향을 미치는 요인들은 성, 연령, 기질, 사회계층, 부모의 양육태도, 또래와의 사회적 관계 등 여러 가지가 있다. 이러한 요인들은 보통 친사회적 행동에 영향을 주거나 조절하는 사회화의 수행이나 인지적인 요소가 되는 과정변인, 중재변인의 기능을 한다(Eisenberg & Mussen, 1997).

• 성차와 친사회적 행동

남자와 여자의 성차에 대한 많은 논의에서 남녀의 성격과 사회적 특징들이 매우 다르므로, 친사회적 행동에 있어서 남자와 여자아이들의 행동에 차이가 날 것을 기대할 수 있다. Underwood와 Moore(1982: 40)에 의하면 친사회적 행동에 있어서 성차가 유의미하게 나타난 선행연구들이 있는 반면, 친사회적 행동에 있어서 성차가 없음을 밝히고 있는 연구들도 많다. 친사회적 행동에서 성차가 있음을 보고하고 있는 Eisenberg 외(1996)는 성차가 발생하는 이유를 성역할 정체감, 성역할 사회화 때문으로 보고 있다.

Eisenberg와 Lennon(1980)은 성차가 나타나는 것은 여아들이 남아들보다 더 이타적이라는 성역할 유형이 널리 받아들여져 왔고, 여자아이들이 급우들과 교사들에 대하여 남아들보다 더 친사회적이라는 경향 때문인 것으로 분석하기도 한다. 실제적으로 심리적인 표현인 동정이나 친구를 도와주는 행동과 같은 경우에는 여아들이 더 친사회적인 행동을 보이기도 한다.

성차는 다른 요인들에 의해서도 영향을 받기도 한다. 예를 들어, 여아들에게 있어서 아기를 돌봐주는 행동들은 일반적으로 친사회적 행동발달에 도움이 되는 것으로 밝혀져 있다. 게다가 많은 문화권에서 타인에 대한 도움과 돌봄의 행동들이 남아보다는 여아들에게 더 적합한 것으로 알려져 있다. 따라서 여아들은 보다 자주, 강하게 이러한 사회화된 행동에 보상을 받는다.

전체적으로 볼 때 친사회적 행동에 있어서 성차가 나타나는 것은 단순히 남녀 차이에 의한 것이라기보다는 성역할 사회화, 성역할 정체감에 의해 강화되었기 때문으로 볼 수 있다.

• 연령과 친사회적 행동

여러 학자들의 연구결과에 따르면 친사회적 행동은 학령기 동안에는 연령이 높아질수록 점차 증가하는 경향이 있다고 한다. 특히 도움행동과 같은 친사회적 실천이 아동의 인지수준, 사회적 조망수요능력, 도덕적 판단의 발달과 관련이 있기 때문에 아동기 후반에는 연령에 따라 양적, 질적으로 발달한다(Bar-Tal & Raviv, 1982: 203).

Bar-Tal의 나누기행동에 대한 실험연구에서 유치원 아동의 약 7% 정도가 나누기행동을 보였으며, 상대적으로 2학년은 23%, 4학년은 38% 정도가 같은 조건에서 나누기행동을 보였다. 따라서 연령이 높아질수록 유아들은 보다 자발적으로 나누기행동을 하며 외적 보상에 대한 약속이나 사회적 규범을 상기시키지 않고도 나누기행동을 더 잘한다고 볼 수 있다.

Underwood와 Moore(1982)는 아동의 연령과 친사회적 행동 간에는 정적인 상관이 있다고 보고하고 있으며, 조은진(1997)의 사회인지와 친사회적 행동과의 관계에 대한 연구결과도 친사회적 행동이 비교적 제한된 연령범위에서조차도 연령에 따라 유의한 차이를 보인다고 보고하고 있다.

이타적 관점이 발달하는 아동 중기의 대부분의 아동은 친사회적인 행동을 해야 하는 사회적 상황에서 그들에게 기대되는 행동이 무엇인지에 대하여 명확한 생각을 갖는다. 특히 위기상황의 돕기행동은 초등학교 중반기에는 증가하는 경향을 보이다가, 초등학교 후반기와 고등학교 초반기에는 감소하는 경향을 보이기도 하는데(Staub, 1970), 아동 후기에는 도와줄 능력이 되지 못한다고 판단하기 때문에 도움행동이 줄어든다고 본다. 또한 돕기행동이 줄어드는 경향을 보이기도 하는데, 이는 도와주는 사람으로서의 무능력함이나 자신의 도움행동이 잠재적으로 도움을 받는 사람이 난처함을 당할지 모른다는 생각을 하기 때문에 도움행동이 억제되는 경향이 있다고도 한다(Eisenberg & Mussen, 1997: 58).

이상에서 살펴본 바와 같이 일반적으로 연령이 증가함에 따라 친사회적 행동도 발달한다고 볼 수 있다. 이는 연령에 따른 성숙함과 더불어 역할수용과 감정이입능력, 더 높은 도덕적 추론능력 그리고 세련된 도움행동기술이 풍부해지기 때문이며, 친사회적 반응을 강화할 수 있는 사회화의 경험을 반복적으로 표현할 수 있는 기회가 더 많아지기 때문이라고 보고 있다(이숙정, 2000).

- 부모의 사회경제적 지위 및 양육태도와 친사회적 행동

부모의 사회경제적 지위와 친사회적 행동과의 관계를 분석한 연구들은 일관적인 결과들을 보여주지 못하고 있다. 돕기, 나누기, 협력하기 등의 행동에서 사회계층별로 친사회적 행동에 있어서 집단 간의 차이가 거의 없다고 보는가 하면, 상위계층의 아동들이 더 높은 친사회적 행동을 보인다는 연구결과들이 있다(Eisenberg & Mussen, 1997: 59).

아동은 태어나면서부터 끊임없이 타인과 상호작용을 통해 성장하고 발달하며, 아주 어릴 때부터 다양한 규칙들에 노출된다. 아동기 초기에 부모들은 주로 안전의 문제, 소유물에 대한 존중, 다른 사람들의 권리를 존중하는 것에 관한 문제를 가지고 아이들의 행동을 통제한다. 사회규칙에 대한 이러한 존중은 부모에 대한 아동의 존경과 가족이라는 사회조직체에 기반을 두고 있다.

이러한 과정에서 가장 많은 영향을 받는 것은 가족과의 상호작용이며,

그중에서도 특히 부모의 영향을 가장 많이 받는다고 볼 수 있다. 부모는 아동에게 있어서 사회적 관계의 첫 대상이며 의미있는 모델링의 대상이기도 하다. 따라서 부모가 실제로 아이들을 어떻게 훈육하는가, 부모가 친사회적 행동경향을 얼마나 보이는가에 아동은 많은 영향을 받는다.

Eisenberg와 Fabes는 부모의 양육태도가 아동의 감정이입이나 친사회적 행동의 발달에 영향을 준다고 보고하였다. Rheingold(1982)에 따르면 부모들의 양육태도 방식에 따라 유아들에게 친사회적으로 돕고 협동하는 기쁨을 가르칠 수 있는 기회를 가지게 할 수 있다고 보고 있다. 또한 포크를 놓거나 먼지를 털거나 휴지를 줍는 과정을 통해서 친사회적 행동을 발달시키는 훈련을 받을 수 있다고 한다. 이것이 도덕적 사회화의 한 종류이며, 유아들의 친사회적 기질을 발달시키는 한 가지 방법이 될 수 있다(문용린 역, 2000: 276).

비록 타고나는 것과 환경적인 요소들이 얼마나 친사회적 행동에 일관성있게 영향을 주는지 확실하지는 않지만, 이러한 요소들의 조화와 결함이 아동기부터 성인기에 이르기까지 친사회적 행동의 내적 일관성을 기대할 수도 있다. 친사회적 행동은 자신과 타인의 이해라는 인지적 판단의 발달을 강조한다. 아동의 친사회적 행동발달은 일정한 인지적 과정을 거치게 된다. 친사회적 행동을 하기 전에 먼저 타인의 감정을 이해하고 주변의 상황을 정확히 인식할 수 있어야 하고, 친사회적 행동과 밀접한 관계가 있는 조망수용, 역할수용, 감정이입 등의 능력들이 선행되어야 하기 때문에, 인지발달론적 입장에서 학자들은 친사회적 행동 동기에 관심을 갖고 그 행동의 내적 과정이 무엇인지를 규명하려고 노력해 왔다. 친사회적 행동에 영향을 미치는 과정적, 중재적 변인으로서의 성, 연령, 문화 등의 요인들은 상호복합적으로 작용한다고 볼 수 있다(안영진, 2000).

6) 공격성과 사회교육

유아가 사회적 행동의 규준이나 기대되는 역할, 행동에 맞도록 생활하지 못할 경우에는(예를 들어, 반항적이며 공격적인 행동, 도벽, 거짓말, 지나친 의존심, 싸움 등) 반사회적 또는 비사회적 행동을 한다고 한다. 이와 같은 반사회적·비사회적 행동은 아동이 사회환경에 적응하기 위한 생활능력과 생활기술을 습득하지 못했거나, 성장과정에서 부모의 사랑을 못 받고 방치되거나, 거부 또는 과잉보호됨으로써 일어난다.

유아에게 있어 반항적이거나 공격적인 행동은 자기의 욕구를 만족시키기 위한 수단으로 나타난다. 놀잇감을 차지하기 위해 다른 유아를 밀치거나 때리기도 하고, 자신의 힘이 더 세다는 것을 보여주기 위해 공격적인 행동을 보이기도 하는 것이다. 이러한 자기의 욕구가 만족되는 경험이 강화될수록 유아는 공격적·반항적인 행동을 학습하게 되며, 그 학습을 통해 반항적·공격적 버릇으로 고착될 수 있는 것이다. 또한 아동들은 부모나 교사 및 사회와의 관계 속에서 좌절당하고 실패를 겪기도 하는데, 그런 어려움에서부터 자신을 방어하기 위하여 부정적인 태도를 나타내기도 한다. 성인의 입장에서 보면 아동이 하는 일이 성인의 기준에 미치지 못하거나 바르지 않다고 여겨 계속 못하게 저지하게 되면 아이들은 용기를 잃고 자신이 없어지며 두려움에 사로잡히게 된다. 이런 이유로 아이들은 반항적인 행동을 하거나 공격적인 성격의 소유자가 되기도 하는 것이다(안영진, 2009 재인용).

공격성 중 주로 유아교육현장에서 볼 수 있는 또래 간 사회적 갈등의 이유를 살펴보면 다음과 같다(안영진, 2009 재인용).

① 친구로부터 간접·직접적인 공격을 받았을 때
② 자기 소유의 물건이나 영역이 친구나 형제로부터 침해당하였을 때
③ 친구나 형제가 같이 놀아주지 않거나 놀리는 등 사회적인 욕구가 저지당했을 때
④ 친구나 형제가 약한 사람을 괴롭히거나, 약속을 지키기 않거나, 나쁜 짓을 하는 것을 보았을 때
⑤ 자기나 자기의 친한 친구, 자기의 동생이나 형이 다른 친구나 동네 아이들에게 부당한 대우를 받고 있을 때

⑥ 부모나 교사가 자기보다 자기 친구나 동생 또는 형을 더 사랑하고 있다고 느낄 때

(1) 공격성의 유형

공격행동은 반항이나 공격성이 표현되는 방식에 따라 다음과 같이 세 가지로 분류해 볼 수 있다.

① 언어적 공격

'욕', '비난', '언쟁' 등이 있다. 자신에게 피해를 입힌 사람이나 자기의 욕구를 좌절시킨 사람에게 혹은 단순히 타인을 놀리거나 괴롭히기 위해서 그와 같은 언어적 공격을 나타낸다.

② 행동에 의한 공격

'때리기', '할퀴기', '물어뜯기', '발로 차기', '꼬집기' 등이 있다. 이런 행동들은 보통 분노나 욕구좌절에 대한 반응으로 나오지만, 때로는 아무런 이유 없이 나타나기도 한다.

③ 사람에 대한 공격

사람에 대한 공격을 표현하지 못하는 대신 그런 욕구를 다른 대상에게 표현하기도 한다. 예를 들면, 인형을 때리거나 머리카락을 잡아 뜯는다든가, 잘 쌓아놓은 블록을 넘어뜨린다든가, 유리창을 깨는 행동 등이 있다.

(2) 지도방법

유아의 반항적이고 공격적인 행동은 좌절감, 자기욕구 충족의 수단, 학습

에 기인하는데, 이러한 행동을 지도할 때는 무엇보다 그 행위의 원인이 어디에 있는지 잘 살펴보는 것이 중요하다. 공격성을 지도할 때는 강압적인 지도 방법보다는 근본적인 원인에 기초한 긍정적인 방법을 통한 지도가 필요할 것이다.

① 유아가 감정을 다스릴 수 있도록 돕는다.

유아가 흥분한 상태에서는 자신의 감정을 다스릴 수 있도록 교사는 기다려 줄 수 있어야 한다. 만약 유아 스스로 공격성을 통제하지 못하는 경우 일시적으로 다른 유아로부터 또는 그 상황으로부터 격리시킬 수 있다.

② 공격적인 행동을 묵인하지 않는다.

어떤 상황에서도 공격적인 행동은 안 된다는 것을 유아에게 인식시키는 것이 중요하다.

③ 관심과 칭찬을 제공한다.

관심을 끌기 위해 공격성을 보인다면 공격적인 행동이 일어났을 때보다 바람직한 행동을 했을 때 더 많은 관심과 칭찬을 제공할 수 있도록 한다. 그리하여 교사가 유아에게 어떤 행동을 원하는 것인지 알려준다. 유아의 공격적인 행동에 대해서는 어떠한 강화도 제공하지 않는다.

④ 부정적인 모델이 있다면 제거해 준다.

공격행동의 모델이 유아 주변에 있다면 제거해 준다. TV나 미디어 등을 통해 공격성을 학습하지 않도록 주의를 하고, 성인이 공격성에 대한 모델을 제공한다면 부모상담 등을 통해 유아가 공격적인 행동을 모델링하지 않도록 한다.

⑤ 감정을 해소할 수 있는 방법을 찾아본다.

자신의 감정을 적절히 해소하는 방법을 모를 때에도 공격성이 생기는 유아가 있을 수 있다. 이때 유아에게 사회적으로 용납될 수 있는 방법으로 안내해 준다. 예를 들면, 화가 났을 때는 친구를 때리거나 옆에 있는 물건을 던지는 행동보다는 찰흙 주무르기, 펀치백 치기, 종이 찢기, 용인된 곳에서 소리지르기 등 자신의 감정을 적절히 표현할 수 있는 방법을 안내하는 것이 바람직하다.

공격행동 관찰지

유아명: (년 월 일생, 년 개월, 만 세)

구 분	관찰내용				
	1회	2회	3회	4회	5회
피해유아					
장 소					
시 간					
원 인					

공격성 체크리스트

다음 제시된 문항은 유아의 공격성에 대한 것입니다. 각 문항을 읽어보신 후 평소 해당 유아를 관찰하신 것에 기초하여 가장 적절하다고 생각되는 곳에 체크(√) 표시하여 주십시오.

번호	문항	전혀 그렇지 않다	그렇지 않다	보통이다	그렇다	매우 그렇다
1	방해받으면 화를 낸다.	1	2	3	4	5
2	자신의 요구를 들어주지 않으면 생일날 초대하지 않는다는 식의 말을 한다.	1	2	3	4	5
3	쉽게 소리치거나 고함을 지른다.	1	2	3	4	5
4	한 유아를 정해서 다른 유아들이 이 유아를 싫어하게 한다(예: 뒤에서 이 유아에 대해 흉을 본다).	1	2	3	4	5
5	다른 유아를 때리고 물거나 발로 찬다.	1	2	3	4	5
6	자신의 요구를 들어주지 않으면 놀이집단에 참여하지 못한다고 말로 협박한다.	1	2	3	4	5
7	교사에게 화가 나면 교사를 때리거나 물건을 부순다.	1	2	3	4	5
8	자신의 부탁이나 요구를 들어주지 않는 다른 유아에게 같이 안 놀 것이라고 말한다.	1	2	3	4	5
9	특정 유아를 지목해서 이 유아와 놀지 말라고 다른 유아들에게 말한다.	1	2	3	4	5
10	다른 유아로부터 놀잇감을 빼앗는다.	1	2	3	4	5
11	한 유아에게 화가 나면 이 유아를 놀이집단에 참여하지 못하게 한다.	1	2	3	4	5

도구의 출처: Crick(1997) 및 Crick & Grotpeter(1995)의 연구에서 사용한 교사 보고용 척도. 5점 Likert 척도. Cronbach's α = .92

하위요인	문항번호
신체적 공격성	1, 3, 5, 7, 10
관계적 공격성	2, 4, 6, 8, 9, 11

시간표집법을 활용한 공격적 행동 관찰서식지

대 상	○승원					생년월일	2016년 10월 9일 (남) (년 개월)					
관찰자						관찰일시	년 월 일 시 분 - 시 분까지					
관찰행동	유아의 공격적 행동											
관찰장면	자유놀이시간에 승원이가 나타내는 공격적 행동들											
기록지침	• 1회에 30초씩 관찰하고 30초씩 기록한다. • 30초 동안 같은 행동이 여러 번 나타나더라도 한 번만 표시한다.											
용어정의	① 물건을 던지거나 뺏음: 물건을 던지거나 다른 유아가 가지고 노는 장난감을 빼앗는다. ② 부정적 언어를 사용하거나 욕을 함: "안 돼", "내꺼야", "나쁜" 등의 부정적 언어를 사용하거나 다른 유아들에게 욕을 한다. ③ 다른 유아를 방해함: 다른 유아가 하는 일을 건드리거나 망친다. ④ 교사의 지시에 불응: 교사가 지시하는 사항이나 요구에 대해 응하지 않거나 "싫어요"라고 말한다.											
시간간격 관찰행동	30초 1회	30초 2회	30초 3회	30초 4회	30초 5회	30초 6회	30초 7회	30초 8회	30초 9회	30초 10회	30초 11회	30초 12회
① 물건을 던지거나 뺏음												
② 부정적 언어를 사용하거나 욕을 함												
③ 다른 유아를 방해함												
④ 교사의 지시에 불응												

출처: 고양보육교사교육원(2014). 2014년 보육교사 1급 승급교육.

2. 사회적 지능이론

1) 다중지능과 사회교육

(1) 다중지능의 개념

Gardner는 인지와 상징체계의 발달과 훼손에 대한 자신의 연구결과를 바탕으로 Piaget의 지능이론에 대한 반기를 들면서 지능의 개념을 다르게 정의하려는 노력을 해 왔다.

Gardner는 과거의 지능이론들이 모두 일차원적인 개념 아래 이루어졌기 때문에 인간의 지적 능력을 모두 파악하는 데 한계가 있다고 보고, 다원적인 측면에서 지능을 이해해야 한다고 주장하였다. 이를 위해서 Gardner는 상징체계적 관점을 채택하고 있다.

상징체계적 관점은 각 상징체계에 작용하는 지적 능력들을 고유한 지적 능력으로 구분하고 있다. 상징체계이론은 문화에 따라 다르게 나타나는 상징체계를 중시하는 이론으로 신경생물학, 유전학, 인류학 등의 학문과 함께 발전되어 왔다(Gardner, 이경희 역, 1993).

상징체계는 문화적으로 형성된 의미체계로 사람들이 주요 정보의 형식을 이해하고 전달할 수 있게 한다. 대표적으로 언어, 그림, 수학은 거의 모든 나라에서 인간의 생존과 생산성에 관련되어 사용하고 있는 주요한 상징체계라고 할 수 있다.

다중지능이론의 몇 가지의 핵심적인 주장을 살펴보면 다음과 같다(Armstrong, 전윤식 외 역, 1997).

첫째, 모든 사람들은 여덟 가지의 지능들을 다 가지고 있으며, 이 지능들이 관련되는 방식은 문화마다 사람마다 다르다.

둘째, 대다수의 사람들은 각 지능들을 적절한 수준까지 발달시킬 수 있다.

셋째, 대개의 지능들은 단독으로 작용하기보다는 복잡한 방식으로 함께 작용한다.

다중지능의 측정을 통하여 아이들의 지적 능력에서 강한 영역과 약한 영역이 파악될 수 있다. 아이들이 자신의 강한 영역에서 성공을 경험하게 될 때 긍정적인 감정을 형성할 수 있으며, 이러한 경험이 학업수행뿐 아니라 독특한 잠재능력을 표현하는 데도 도움이 된다(김현진, 1999).

(2) 다중지능의 구성요소

다중지능이론을 발표할 당시 Gardner는 다중지능의 구성요소를 7가지로 제시하였지만, 최근에는 9가지로 더 확대하였다. 그러나 대표적으로 사용되고 있는 다중지능의 구성요소는 8가지의 다중지능, 즉 공간지능(spatial intelligence), 논리수학지능(logical-mathematical intelligence), 언어지능(linguistic intelligence), 신체운동지능(body-kinesthetic intelligence), 음악지능(musical intelligence), 내성지능(intrapersonal intelligence), 대인지능(interpersonal intelligence), 자연지능(natural intelligence)으로 볼 수 있다. 각각의 지능을 자세히 살펴보면 다음과 같다(Gardner, 1993, 1998).

① 공간지능

공간지능이란 시각적·공간적 세계를 정확하게 지각하는 능력(예: 사냥꾼, 정찰병, 지리 안내원 등)과 그런 지각을 통해 형태를 바꾸는 능력(예: 실내장식가, 건축가, 화가, 발명가 등)을 말한다.

이 지능에는 색, 선, 모양, 형태, 공간과 이런 요소들 간에 존재하는 관계에 대한 감수성이 포함된다. 또 추상적인 것을 구체화하는 시각화능력, 시각적·공간적 아이디어를 기하학적으로 표현하는 능력, 자신을 어떤 공간상에 적절하게 위치시키는 능력 등이 포함된다.

② 논리수학지능

논리수학지능이란 숫자를 효과적으로 사용하고(예: 수학자, 세무사, 통계학자 등) 추론하는(예: 과학자, 컴퓨터 프로그래머, 논리학자 등) 능력을 말한다.

이 지능에는 논리적 유형화능력과 논리적 관계설정능력, 진술문과 명제의 관계추론능력(원인-결과, 만약 ~라면 ~이다), 함수와 기타 이와 관련된 추상적 사고능력, 논리수학적 기억력이나 논리수학적 창의성, 과학능력과 산수능력이 포함된다. 범주화, 분류, 추리, 일반화, 계산, 가설 검증 등이 논리수학적 지능이 작용하는 사고과정의 예이다.

③ 언어지능

언어지능은 논리수학적 지능과 더불어 전통적으로 심리학자들이 '지능'이라고 지칭하는 영역이다. 모든 사람들의 의사소통의 도구가 언어이며, 누구나 언어를 사용할 수 있기 때문에 누구나 갖는 보편적인 것으로 문화를 초월하고 그 발달과정도 거의 일정하다.

언어지능이란 말로 하든(예: 이야기꾼이나 구술작가, 웅변가, 정치가 등) 글로 표현하든(예: 시인, 극작가, 편집자, 기자 등) 언어를 효과적으로 구사하는 능력을 말한다.

이 지능에는 구문론, 음성학, 의미론과 언어의 실용적 차원 혹은 실제 활용 등을 통제하는 능력이 포함된다.

④ 신체운동지능

신체운동지능이란 자신의 모든 신체를 이용해서 어떤 생각이나 감정을 표현하는 능력(예: 배우, 운동선수, 무용가 등)과 자신의 손을 이용해서 사물을 만들거나 변형시키는 능력(예: 장인, 조각가, 외과의사 등)을 말한다.

이 지능에는 자기 자극에 대한 감수성, 촉각적 능력뿐 아니라 협응, 손재주, 유연성, 속도 등과 같은 특정한 신체적 기술이 포함된다.

신체운동지능은 정도의 차이는 있으나 운동선수나 행위예술가뿐 아니라 모든 사람들에게 있는 보편적인 능력이다. 또한 행동을 잘 하지 못하는 실행증은 언어적 장애와 구별되며, 논리적 능력은 결손되었으나 고도의 기술적 근육운동을 수행하는 데 어려움이 없는 신경심리학적 환자들이 있다.

⑤ 음악지능

음악지능이란 음악적 표현형식을 지각하고(음악애호가), 변별하고(음악비평가), 변형하고(작곡가), 표현하는(연주자) 능력을 말한다.

이 지능에는 어떤 음악의 리듬, 음조 혹은 멜로디, 음색 혹은 음절에 대한 민감성이 포함된다. 말은 못하면서도 악기를 연주하는 사람이 있다. 이는 음악지능이 언어지능과 별개의 지능임을 보여주는 한 예가 된다. 음악은 인간사회에서 석기시대부터 중요한 역할을 해왔으며, 누구나 흥얼거리고 노래한다는 점에서 음악지능은 모든 문화권에서 볼 수 있는 보편적인 능력이다.

음악적 능력은 음악적 창의성, 음악적 청각능력도 포함된다. 생후 2개월이 되면서 엄마의 자장가의 가락과 음조를 구별할 수 있게 되며 음악지능은 발달하기 시작한다.

취학 연령 이후에는 기술적인 측면 외의 음악적 능력은 발달하지 않는다. 그러나 가락, 리듬, 소리의 맵시와 음악의 감정을 알아낼 수 있고, 음의 세계에 매우 민감하여 음을 기억하고 창조할 수 있는 능력이 고도로 발달하게 되면 성공한 작곡가, 연주가가 될 수 있다.

⑥ 내성지능

내성지능이란 자기 자신에 대한 객관적 이해 및 지식과 그에 기초하여 잘 행동할 수 있는 능력을 말한다.

이 지능에는 자기 자신에 대한 정확한 이해(자신의 장점과 단점 등), 자기 내면의 기분, 의도, 동기, 기질, 욕구 등에 대한 이해능력뿐 아니라 자기통제와 자기관리능력과 자존감을 유지하려는 의지와 능력이 포함된다.

내성지능은 아주 사적인 것이며 다른 지능들과 혼합되어 나타나는 것이 일반적이므로 내성지능의 구체적인 모습을 파악하는 것이 매우 어렵다. 즉, 음악가가 만든 곡을 통해 그들의 음악지능이 나타나지만, 음악가들 중에서 보다 인간적인 내적 감정에 호소력을 갖는 사람이 있을 것이다. 바로 그런 사람을 내성지능이 뛰어난 사람이라고 할 수 있다.

그러나 누구나 자신의 감정을 느끼고 자신의 존재를 느낀다는 점에서 내성지능은 보편적인 지적능력이다. 가족 중심의 동양사회보다는 개인 중심적인 서구에서 내성지능을 더 강조한다. 문화 간에 다양성이 매우 뚜렷하여 다른 지능에 비해서 그 비교가 더욱 어렵지만, 모든 문화 속에서 인간경험 중에서 느껴지는 영역을 내성지능의 영역으로 간주할 수 있다.

⑦ 대인지능

대인지능이란 타인의 기분, 의도, 동기, 감정을 지각하고 구분할 수 있는 능력을 말한다. 이 지능에는 얼굴표정, 목소리, 몸짓 등에 대한 민감성뿐 아니라 상대방의 기분, 감정, 의도를 읽을 수 있는 단서들을 구분할 수 있는 능력 그리고 그런 단서들에 대해 효과적으로 잘 대응할 수 있는 능력 등이 포함된다. 오늘날 사회에서 중요시 여기는 집단응집력, 지도력, 조직력, 결속력 등의 사회적 능력은 이 지능에 해당된다.

사회적 지식을 다루는데 작용하는 창의적인 대인지능은 동물에게서는 발견되지 않는다. 또한 대인지능은 문화 간의 다양성이 매우 뚜렷하며 비교가 불가능한 측면을 갖는다.

대인지능은 생후 2개월에는 다른 사람의 형태와 얼굴 등을 구분하고, 1세에는 낯가림을 하면서 애착을 형성한다. 2~5세에는 다른 사람의 역할을 재현해 볼 수 있게 되고, 학령기에 이르러서는 사회적 기술, 사회적 지식을 습득하게 되며, 이때 타인의 의도와 생각을 알게 된다. 아동 중기에는 타인의 행동동기를 알게 되고, 위계질서와 타인의 입장을 이해하고 상호관계에 대해 정신적인 조작이 가능하게 된다. 청소년기에는 타인의 숨겨진 욕망, 걱정, 동기에 더욱 민감해지고 사회에 대한 이해가 더욱 세분화되며, 법에 대한 개념을 형성하게 되고 도덕원리인 정의의 중요성을 알게 된다.

⑧ 자연지능

자연지능은 다양한 꽃들이나 풀, 돌과 같이 식물, 동물들을 구분하는 능력과 환경의 특징을 사용하는 능력을 말한다. 모든 사람들은 어느 정도 이 능력들을 가지고 있으나 어떤 사람들은 어린 나이에도 불구하고 이러한 것들을 잘 인식하고 분류하는 예를 볼 수 있다. 예를 들어, 3~4세의 아동이 어른들보다 공룡을 잘 인식하는 경우가 그렇다.

이 능력의 대표적인 과학자로 다윈을 들 수 있다. 그는 살아있는 것들의 특징 하나 하나를 의미있게 보았다는 점에서 뛰어난 인물이다. 이러한 능력은 인간뿐 아니라 동물들에게도 생존에 필요한 능력이라는 점에서 진화적인 증거를 찾을 수 있다(김현진, 1999).

(3) 다중지능을 촉진하기 위한 교육환경 만들기

다중지능이론을 교육현장에 적용하기 위해서는 이론에 대한 개념의 이해뿐 아니라 다중지능에 대한 더욱 더 깊은 이해가 필요하다. 이것이 이루어지고 난 후에 다중지능이론을 현장에 적용한 유치원이나 학교를 만들 수 있다는 미국의 서미트 연구팀의 조사를 기반으로, 다중지능이론의 견해를 반영한 프로그램을 실행하여 성공한 것으로 증명된 학교를 규정지을 기준표를 밝혔다. 그 기준표는 다음과 같다(문용린 역, 2001).

① 준비성

다중지능 개념에 대한 인식을 확립하는 절차와 다중지능 개념을 실행할 방법을 세우는 것이 중요하다. 이러한 절차에는 교직원 세미나, 부모 이해의 밤(부모모임), 다른 다중지능 학교를 방문하는 일 등이 포함된다. 만약 그 학교가 다중지능의 주제나 정신과 최소한이나마 부합하는 신념이나 실행방법을 가지고 있지 않다면 이러한 인식을 확립하는 절차에는 시간이 더 필요할 것이다.

② 문화

다중지능이론의 수행은 다양한 학습자를 지원하고 쉴 새 없이 힘든 작업을 고무하는 상황에서 가장 잘 이루어지는 듯하다.

③ 협력

학교 안에서뿐만 아니라 경험과 관심을 공유할 만한 사람들과 공식적으로든 비공식적으로든 토론할 기회가 많이 있어야 한다. 왜냐하면 논의할 문제점과 의사결정할 일들이 언제나 많기 때문에 변화의 과정이 시작되었다면 이러한 논쟁은 매우 중요하다.

④ 선택

학교는 학생들에게 성장과 학습의 평가뿐 아니라 교육과정에 대한 의미있는 선택지를 제공해야 한다. 이 선택지는 학생들과 더 넓은 지역공동체의 뜻에 맞아야 한다.

교육과정이 너무 엄격하여 융통성이 없거나 단답형의 표준화된 검사와 같은 하나의 평가기준만 존재한다면 '다중지능 환경'은 만들어지지 않는다.

⑤ 도구

다중지능은 우수한 양질의 학생연구를 촉진하는 수단으로 사용해야 한다. 앞서 분석한 바에 따르면 학생의 학업과 그것에 대한 학생들의 이해가 바로 좋은 학교의 증거이다. 다중지능 접근은 모든 사람이 강하게 관심을 갖는 결과가 완전하게 결합될 때 가장 잘 작동된다.

⑥ 예술

예술적인 면이 풍부한 프로그램은 학교에서 중요한 역할을 할 것이다. 그렇지 않다면 학생들과 교사들에 의해 드러나는 지능을 설명하기 어려워질 것이다.

또한 다중지능이론은 학생들의 개별적인 능력에 관심과 초점을 둔다. 즉, 개인에게 맞추어진 교육환경을 말한다. 30~40여 명이 함께 있는 교실에서 학생들이 하나같이 모두 순종적이고 조용한 것이 아니기 때문에 각 개인에게 맞추어진 교육을 생각하는 것은 어려운 일이지만 불가능한 것도 아니다. 이러한 점을 고려하여 Gardner(1999)는 다음과 같은 전략을 세우고 있다(문용린 역, 2001).

- 특정 학생이 어떻게 학습하는지와 교사와 학생이 지식을 어떻게 공유하는지에 대해 가능한 한 많은 자료를 모아라. 연령이 증가함에 따라 아동은 많은 정보를 제공받을 수 있으며, 그들 스스로에게 피드백을 제공할 수 있다.
- 학생들이 몇 년 동안 같은 교사의 지도를 받도록 해서 교사와 학생이 서로 잘 알 수 있도록 하라.
- 교사와 학생에게 각자의 일을 융통성있게 할당하여 교사와 학생이 더 잘 조화를 이루게 하라.
- 학교에서 더욱 효과적인 정보전달체제를 형성하여 다음 해에 교사들이 자신의 새로운 학생들에 대해 가능한 한 많이 알 수 있도록 한다. 또한 교사는 이러한 정보에 가까이 접근할 수 있는 준비를 하고 필요한 정보를 최신의 것으로 바꿀 수 있도록 하라.
- 더 나이가 많은 학생이 어린 학생들과 함께 작업을 하도록 하거나 양립 가능하고 보충적인 학습접근법을 가진 학생들끼리 함께 작업하도록 하라.

2) 정서지능과 사회교육

(1) 정서지능의 개념

가드너가 아동에게 지능검사를 실시하고 있다. (출처: 정옥분 2004)

정서의 정의는 매우 다양하지만, 일반적으로 '어떤 대상이나 상황에 직면했을 때 발생하는 생리적인 변화를 포함한 복잡한 상태'를 정서라고 한다. 정서는 그 자체가 중요한 의미를 갖고 있을 뿐 아니라, 정서가 실제 생활 속에서 나타나면서 그로 인해 발생되는 영향력 때문에 더 중요하게 간주된다(최혜순, 2004).

정서지능은 1990년대 이후에 인간의 성격, 건강, 행동 등에 정서적 요인의 중요성이 강조되면서 등장한 새로운 개념이다. 1990년 미국의 New Hampshire 대학의 심리학과 교수인 John Mayer와 Yale대학의 교수인 Peter Salovey가 주장하였다. 이들은 정서지능을 다음과 같이 정의하고 있다.

"정서지능이란 자신과 타인의 정서를 평가하고 표현할 줄 아는 능력, 자신과 타인의 정서를 효과적으로 조절할 줄 아는 능력 그리고 자신의 삶을 계획하고 성취하기 위해서 그런 정서를 이용하여 활용할 줄 아는 능력이다(Salovey & Mayer, 1990)."

정서지능의 발달에 있어서는 그 개인을 둘러싸고 있는 주위 인적 자원들의 역할이 매우 중요하다. 유아교육기관에서의 교사나 또래들과 어떤 상호작용을 하고 있는가, 가정에서의 부모로부터 어떤 보살핌을 받았으며, 어떻게 상호작용을 하였는가, 모델링을 해 주었는가, 어떤 가치관을 강조하는 교육을 받았는가에 따라 유아의 가치관은 크게 변할 수 있기 때문이다. 따라서 유아교육기관에서의 교사의 역할은 무엇인가를 가르치는 선생님의 역할을 넘어서서, 아동에게 인간적인 본보기가 되어 줌으로써 아동의 인격 형성의 주요 결정 요인이 된다는 의미로 이해되어야 한다.

(2) 정서지능의 구성요소

Goleman은 정서지능을 좌절상황에서도 개인을 동기화시키고 자신을 지켜낼 수 있게 하며, 충동의 통제나 스트레스로 인해 합리적인 사고를 억누르지 않게 하며, 타인에 대해 동감할 수 있고 희망을 버리지 않는 능력이라고 정의하였다. 그는 정서지능의 구성요소를 정서인식능력, 감정조절능력, 자기동기화, 감정이입, 대인관계기술 등으로 보았다(최옥현, 2007)

① 정서인식 및 표현

정서인식 및 표현은 자신에게 일어나는 정서를 명확하게 인식하는 능력이다. 이것은 정서지능의 기초가 되며 자기 자신을 이해하는 데 중요한 역할을 한다. 3~4세경의 유아는 기쁨, 슬픔, 분노, 놀람 등의 비교적 단순한 정서와 이러한 정서를 야기하는 원인에 대한 이해도 증가한다. 유아는 정서를 인식함으로써 자신의 정서뿐 아니라 타인의 정서반응을 이해하고 해석할 수 있으며, 상황에 적절한 정서를 표현할 수 있는 능력도 갖추게 된다.

이러한 경우에는 나 전달법(I message)을 이용해서 교사의 감정을 객관적으로 정확하게 인식시켜 주는 것이 교사의 감정을 알리면서도 기본적으로 유아에게 사랑과 신뢰의 감정은 계속 유지하게 할 수 있다.

② 감정조절 및 충동억제

예를 들어, 규칙을 정할 때에는 유아들과 함께 충분히 이야기한 후에 유아들의 의견을 반영해서 정하도록 한다. 자신의 욕구나 감정을 억제하고 남들처럼 규칙을 지켜야 하는 경우에 왜 그 규칙을 지켜야 하는지의 이유를 정확하게 알거나, 자기 자신도 그 규칙을 정할 때 참여한 경우라면 더욱 쉽게 규칙을 지킬 수 있게 될 것이다.

③ 자기정서의 이용

유아들이 실생활 속에서 자신의 정서를 적극적으로 활용하는 활동을 해보게 함으로써 이런 습관을 몸에 익히도록 한다. 친구의 생일에 카드나 생일파티를 준비해 주면서 자신의 감정을 친구에게 전달하고, 같이 즐거움을 나눌 수 있는 경험을 하게 하고, 적절한 행동을 통해 실생활에서 적용하는 체험을 하는 것도 사회적 관계형성에 도움을 줄 것이다.

④ 타인정서의 인식 및 배려

교사는 자기 자신부터 항상 즐거운 마음과 태도로 유아들을 대하고, 유아들을 인정하고 사랑하는 것이 필요하다. 유아들은 긍정적인 경험을 많이 할수록 정서가 안정된다. 교사는 평소에 유아들이 자신에 대해 자부심을 갖고 긍정적인 자아상을 만들 수 있도록 칭찬을 많이 해주고, 성공경험을 할 수 있는 활동들을 준비해 주는 것이 좋다.

⑤ 교사 및 또래와의 관계

또래와의 상호작용은 친구와 쉽게 사귀고 어울릴 수 있는 능력을 의미한다. 또래와 상호작용을 하는 과정에서 도움을 주고받는 평등한 수평적 관계 속에서 사회적 비교와 사회적 지지를 통한 상호모델링의 효과를 얻을 수 있다. 또래와의 관계는 유아가 사회생활에서 다른 사람들과 어울려 지내는 데 필요한 기술을 습득하기 위한 기초적 관계형성이라고 볼 수 있다. 유아기의 또래관계는 유아들에게 커다란 영향을 미친다. 인간관계기술을 비롯한 사회성 발달, 성격 및 정서발달에 영향을 두고 또래를 단순한 놀이친구가 아닌 신뢰와 공감의 대상으로 삼고 있으며, 또래의 지지는 유아의 사회적 적응에 도움이 된다.

시각장애인을 위해서 우리가 할 수 있는 일에는 어떠한 것들이 있을까요? 생각해 보아요.

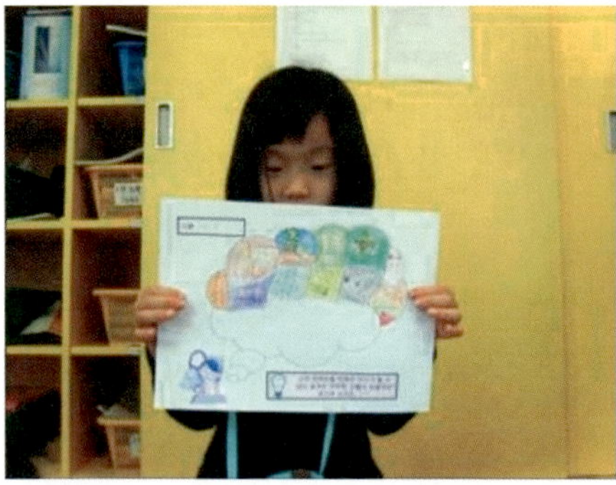

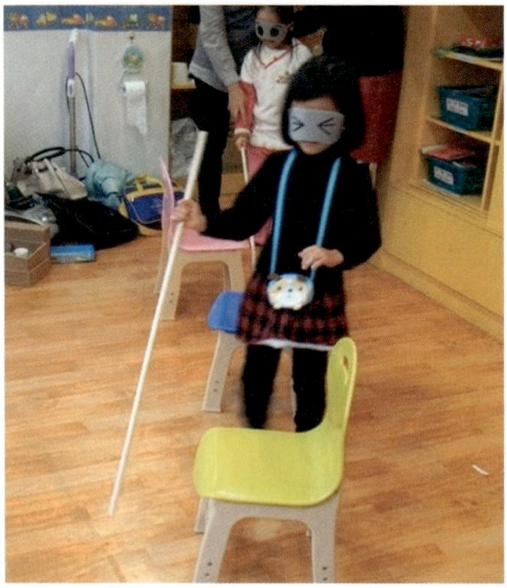

지팡이가 필요해요. 병원에 가요. 수화를 해요. 노래를 불러주어요. 보도블록이 있어요. 점자가 있어요. 로봇을 발명해요. 선물을 줄래요. 현미경을 주면 볼 수 있게 되어요. 파티를 열어주면 안 될까요?

(3) 정서지능을 촉진하기 위한 교육환경 만들기

정서지능은 교육과 훈련으로 상당 부분 길러질 수 있는 능력이다. 김언주 외(2000)는 정서지능을 촉진시킬 수 있는 교육환경을 정의적 측면, 인지적 측면, 행동적 측면의 세 가지로 구분하여 제시하고 있다.

① 정의적 측면

- 인물사진이나 그림을 보고 그 사람의 감성상태를 설명해 보도록 한다.
- 아동 동화책에 나오는 주인공의 감성상태를 설명하도록 한다.
- 거울을 보고 희로애락의 감성상태를 표현해보도록 한다.
- 매일 매일의 감성상태를 여러 가지 색깔로 표현해보도록 한다.
- 우울할 때나 기분 나쁠 때 기분 전환하는 방법을 가르쳐준다.
- 성취하고 싶은 성적이나 하고 싶은 일을 정해놓고 스스로 해내도록 한다.

② 인지적 측면

- 만화영화에 나오는 등장인물이 되어 그들의 느낌을 느껴보도록 한다.
- 모든 일이 잘 될 것이라는 신념을 갖도록 한다.
- TV에서 방영되는 연속극 중 인물들의 생각과 느낌을 설명해보도록 한다.
- 사람들이 화가 나거나 슬플 때 어떻게 행동하는지에 관해 설명해 준다.
- 자신의 느낌을 자신에게 고백하는 식으로 내면적 대화를 하도록 지도 한다.

③ 행동적 측면

- 몸짓, 얼굴표정, 언성 등 비언어적인 행동을 적절하게 표현하는 연습을 시킨다.
- 상대방이 말하는 동안 그의 표정이나 언성 등을 통해 상대방의 감성상

태를 읽어내는 연습을 시킨다.

- 자신의 감성상태를 말로 표현해보는 기회를 준다.

3. 도덕성 발달이론

1) Kohlberg의 정의의 도덕성과 사회교육

도덕성이란 사회가 구성원에게 기대하는 바람직한 행동 형태를 따르려는 심성으로 도덕적 인식과 판단, 실천적 행위, 실천적 행위로 유발되는 정서적 측면 등을 포함한다. 도덕성 발달은 인간으로서 살아가는 데 매우 중요한 과업 중 하나이다. 개인은 사회의 한 구성원으로서 자신이 속한 사회에서 기대하는 바람직한 행동규범에 따라야 하기 때문이다. 여기에서는 Piaget, Kohlberg, Gilligan의 도덕성 발달이론에 대하여 고찰해 보고자 한다.

Kohlberg는 Piaget의 이론을 보다 확장하여 도덕발달 단계와 도덕교육의 실제를 전개하였다. Kohlberg는 Piaget와 마찬가지로 도덕발달은 아동의 인지가 발달함에 따라 점진적으로 이루어지는 것으로 보았다. 그러나 Kohlberg는 도덕발달이 인지발달뿐 아니라 사회적 조건에 의존한다는 것을 강조하였다. 그는 사회적 조건, 즉 외적인 요인이 아동의 도덕적 사고를 조장하고 보다 높은 단계로의 발달을 도울 수 있다는 확신을 가지고 도덕교육의 실제를 위한 틀을 제공하였다(이경우 외, 1989).

Kohlberg의 도덕성 발달단계(출처: 안영진, 1998; 최혜순, 2004)

Kohlberg는 도덕적 사고의 연속적인 발달 양상에 따라 아동기에서부터 성인기까지 6단계로 구분하였으며, 20년간 50여 명의 소년들을 추적, 연구하여 도덕발달의

6단계설을 입증하였다(Blatt & Kohlberg, 197; Brody, 1977).

Kohlberg는 'Heinz의 딜레마' 이야기를 들려주고, 실제로 어떻게 해야 한다는 참가자들의 결정(Heinz가 해야 했던 일)보다 자신의 결정을 정당화시키기 위한 이유(rationale) 또는 '사고 구조'를 알아내기 위해 심층적인 확인 질문을 하였다(David R. Shaffer & Katherine Kipp 저, 송길연 외 역, 2014).

Heinz 이야기

유럽에서 한 여인이 특이한 종류의 암에 걸려 죽음 직전에 와 있었다. 그 여인을 살릴 수 있을 것으로 생각되는 한 가지 약이 있었다. 그것은 같은 도시에 있는 한 약사가 최근에 발견한 것으로 라듐의 한 형태였다. 그 약을 제조하는 데는 비용이 많이 들었다. 그 약사는 약값으로 제조 비용의 10배를 불렀다. 그는 라듐 구입에 200불을 지불하고, 그 약의 소량 처방에 2,000불을 요구했다. 환자의 남편인 Heinz는 돈을 구하기 위해 아는 사람을 모두 찾아다녔지만 약값의 반인 1,000불 밖에는 구하지 못했다. 그는 약사에게 자기 아내가 죽어 가고 있다는 것을 말하고 약을 좀 싸게 팔거나 아니면 약값을 나중에 갚도록 해 달라고 부탁했다. 그러나 약사는 "안돼요. 내가 그 약을 발견했고, 나는 그것으로 돈을 벌려고 합니다"라고 단호히 말했다. 그러자 Heinz는 절망했고 아내를 위해 그 약을 훔치려고 약국을 부수고 침입했다. Heinz는 정당한 일을 하였는가? 만약 정당하다면 그 이유는 무엇인가? Heinz의 행동이 정당하지 않다고 생각하는가? 만약 정당하지 않다고 생각한다면 그 이유는 무엇인가?

Kohlberg의 도덕성 발달이론은 일부 경험적인 검증을 받기도 했지만 인습 이후의 도덕성 발달에 관한 경험적 연구에 대한 지지가 미약하고, 도덕적 행동과 도덕적 판단의 일치성 문제, 여아와 남아의 도덕성 발달에 대한 차이, 도덕적 판단과 도덕적 행동 간의 관계 등에 대한 명확한 설명이 없어서 비판을 받고 있다.

제1수준 전인습적 도덕성

1단계	처벌과 복종 지향: 결과만 가지고 행동을 판단한다. 권위자가 처벌을 하느냐 하지 않느냐가 도덕적 판단의 기준이 된다. [훔치는 것은 벌을 받으므로 훔쳤다는 것은 나쁘다.]
2단계	개인의 도구적 목적과 교환 지향: 자신과 타인의 분화가 시작되면서 자신에게 어떤 욕구나 기대가 있는 것처럼 타인에게도 그러한 욕구나 기대가 있다는 것을 이해하게 된다. [약사는 자신이 원하는 것을 할 수 있고, 하인츠도 자신이 원하는 것을 할 수 있다.]

제2수준 인습적 도덕성

3단계	사람들 상호 간의 동조성 또는 '착한 아이'의 지향: 동기나 의도가 중요하며, 신뢰, 충성, 존경, 감사의 의미가 중요하다. 다른 사람으로부터 인정받기 위해 착한 아이로 행동한다. [약을 훔치더라도 아무도 나쁘다고 생각을 하지는 않겠지만, 가족은 약을 훔치지 않으면 비인간적인 남편으로 생각할 것이다.
4단계	사회질서 유지 지향: 사회질서를 위해 법을 준수하는 행동이 도덕적 행동이라고 생각한다. [법을 어긴 것은 나쁘다. 그러나 부인이 죽을지도 모르는 특별한 상황이므로 완전히 나쁘다고만은 할 수 없다.]

제3수준 후 인습적 도덕성

5단계	사회계약과 기본적 권리: 인간의 기본적 권리와 가치가 법을 능가하는 중요한 가치라고 생각한다. [생명을 얻기 위해 그가 약을 훔쳤다는 것은 옳은 행위이다.]
6단계	보편적 도덕원리 지향: 도덕성 발달 단계에서 가장 높은 수준으로서 외부의 권위가 사회의 인습에 얽매이지 않고 가치에 대한 자기 자신의 내적 이해 또는 내적 확산을 토대로 하여 도덕적 갈등을 해소한다. [인간생명과 인격에 대한 존경은 절대적이고 어떤 법보다 중요하므로 그가 약을 훔치는 것은 옳다.]

주) 표에는 질문에 대한 「훔친 것은 옳다」 혹은 「나쁘다」라고 하는 양쪽의 판단을 모두 제시하지 않고 생략함

■ **그림 2-1** Kohlberg의 도덕발달 3수준 6단계

출처: 안영진·장희선(2018). 교육심리학. 동문사. p.128.

2) Gilligan의 돌봄의 도덕성과 사회교육

Caroll Gilligan은 Kohlberg의 미국 하버드대학교에서 박사학위를 취득한 돌봄의 도덕성 연구의 선두적이고 대표적인 학자이다. 1982년 『다른 목소리로』(In A Different Voice)라는 저서를 출간함으로써 서양의 기존 윤리관은 남성 중심적이고 성차별적인 윤리관이라고 비판하고, 특히 Kohlberg의 소년들만을 대상으로 한 도덕성 발달 단계를 강력하게 비판하였다. 그녀는 남성의 도덕성은 정의적 원리를 따르는 반면, 여성의 도덕성은 돌봄의 원리를 따르는 관계지향적 특성을 가지고 있다고 주장하고 '돌봄의 윤리', '배려의 윤리'를 제안하였다.

7세에서 10세 중반까지의 소녀들을 대상으로 한 Gilligan과 동료들의 연구에 따르면 이 시기의 소녀들은 자신의 의견, 신념, 감정을 비교적 솔직하게 표현하지만 여성의 행동을 가로막는 인습적 벽에 부딪치게 되면서 이에 저항하려 하면서도 자신들이 갖고 있는 감정이나 신념을 솔직히 표현하는 것을 억제하는 것으로 나타났다. 즉, 사회적 인습 때문에 여아들은 인습에서 기대하는 착한 아이가 되기 위해서 자신을 돌보기보다는 타인을 위해 헌신적으로 봉사하고 배려해야만 하는 것이다. Gilligan과 그의 동료들은 다양한 연구를 통하여 도덕성 발달 단계를 다음과 같이 제시하였다(문은식 외, 2007).

(1) 1수준: 자기이익 지향

미성숙한 대인간 도덕적 사고수준으로 아동기에 해당한다. 자기의 이익과 생존에 자기 중심적으로 몰두하는 단계로 어떤 상황이나 사건이 자신의 욕구와 갈등을 일으킬 때에만 도덕적 사고와 추론을 시작하며, 어느 쪽이 자신에게 중요한가가 판단의 준거가 된다. 1수준으로부터 2수준으로의 이행 시 겪게 되는 제1과도기는 이기심으로부터 책임감으로 전환되는 시기로 자신이 하고 싶은 개인적 욕구와 자신이 해야 하는 책임이 구별되기 시작한다. 타인에 대한 관심이 나타나면서 보다 성숙한 도덕적 추론이 시작된다.

(2) 2수준: 타인에 대한 책임으로부터 선의 선별

사회적 조망이 발달하는 도덕성 시기로 청년기에 해당된다. 자신의 욕구나 복지는 미루고 타인의 복지에 초점을 맞추고 타인의 요구에 응하려는 시도를 하며, 타인에 대한 배려와 책임감, 자기희생을 지향하며 이를 선한 것으로 간주한다. 자신과 타인의 관계를 고려하고 타인에 대해 책임감을 느낀다. 2수준으로부터 3수준으로 이행하는 시기에 겪게 되는 제2과도기에 개인적 욕구와 타인에 대한 배려, 책임감의 균형에 대해 필요성을 깨닫기 시작하면서 선함의 본질에 대한 새로운 인식이 시작된다.

(3) 3수준: 자신과 타인과의 역동

대인간 도덕적 추론의 마지막 단계로서 개인의 권리주장과 타인에 대한 책임이 조화된다. 자신을 무력하거나 수동적인 존재로 고려하지 않고 의사결정과정에 적극적으로 참여한다. 3수준 도덕성의 주요 지표는 비폭력, 평화, 박애 등으로서 개인적 권리와 타인에 대한 배려가 조화를 이룬다. 자신과 타인의 상호성에 대한 올바른 인식과 책임감의 균등한 분담이 이 단계에서 습득해야 할 과제이며, 어느 한쪽만을 고려하는 것이 궁극적으로 양쪽 모두에게 해로운 것이라는 도덕적 태도를 내면화한다.

이를 토대로 유아교육기관과 돌봄의 도덕교육과의 연계를 위한 네 가지 연속성을 제시하면 다음과 같다.

첫째, 목적의 연속성 – 유아교육기관이 돌봄의 중심이 되어야 하며, 유아교육기관의 첫 번째 목적은 서로에 대한 돌봄이어야 한다. 이것은 유아들이 인간적인 돌봄의 본질적인 문제에 주의를 기울이고 특정 영역에서 자신의 능력을 개발시킬 수 있도록 도움을 주는 것을 포함한다.

둘째, 유치원 생활의 연속성 – 유아들은 공동체 생활 등 유아교육기관에서의 소속감을 획득하기에 충분한 시간동안 유아원 및 유치원에서 다른 원아들과 함께 생활해야 한다.

셋째, 교사와 학생의 연속성 – 교사는 유아들과 충분한 관계를 형성하기 위해서 수년 동안 함께 생활해야 한다.

넷째, 교육과정의 연속성 – 공동체 생활과 사회도덕교육을 위해서 이와 관련된 다양한 프로그램을 제공함으로써 인간의 돌봄과 존중이 사회생활에서 필수적인 요소임을 수업과정을 통해서 체득할 수 있게 한다.

3) 유아의 도덕발달

첫째, 유아는 유익한 사회관계에 참여함으로써 유아들은 공정성, 정직, 책임감, 친절, 복종 등의 도덕문제에 당면한다.

둘째, 유아의 도덕적 의식은 자연적인 정서적 반응에 의해 형성된다. 그런 반응들은 영아기에 이미 시작된다.

셋째, 유아들은 부모, 교사 등의 성인들과 대인관계를 갖게 됨으로써 중요한 사회적 규범, 규칙, 인습 등을 배우게 된다.

넷째, 유아들은 또래들과의 관계를 통해서 직접적 상호성의 규범을 배우고, 나눔행동, 협동성, 공정성 등의 규범을 학습하게 된다.

다섯째, 유아의 도덕성은 사회적 영향을 받음으로써 형성되기 때문에 사회적 경험에 따라 도덕적 성향이 달라질 수 있다.

여섯째, 유치원이나 학교생활 속에서의 도덕발달도 그 밖에서의 생활과 똑같은 발달과정을 거친다.

Chapter

03

유아사회성 발달에 영향을 미치는 요인

1. 가정과 유아의 사회화

유아가 태어나서 가장 먼저 상호작용하는 부모와의 관계는 유아의 삶을 결정짓는 가장 중요한 관계이다. 유아는 부모가 제공하는 다양한 상호작용과 자극을 통해 가치관과 생활규범을 익히면서 점차 사회를 배워간다. 따라서 부모는 유아에게 없어서는 안 될 절대적이고 중요한 양육환경이며, 유아기 성장환경에서 부모는 유아의 성장과 발달에 중대한 의미를 가진다(김길자, 2006).

유아기 사회성 발달은 성인이 되었을 때의 사회적 관계와 사회적 행동 등의 근간이 되며, 한 개인의 행복한 삶의 가장 중요한 구성요소라고 할 수 있다. 초기 사회성 발달은 가정 내에서의 상호작용을 통하여 이루어지며, 가족의 사회정서적 환경과 부모자녀 간의 의사소통은 유아기 이후의 사회적 적응이나 사회적 유능성의 중요한 변인이다. 사회적으로 유능하다고 평가되는 가족 간의 상호작용은 유아의 사회성 발달에 긍정적인 영향을 미친다(민혜영, 1993).

1) 부모와의 관계

유아의 사회성 발달에 중요한 영향을 끼치는 요인의 하나는 부모와 자녀와의 상호작용 또는 자녀에 대한 부모의 양육태도이다. 사회적으로 유능하다고 평가되는 가족 간의 상호작용은 유아의 사회성 발달에 긍정적인 방식으로 영향을 미친다(Bullock & Pennington, 1988; Lavee, McCubbin & Olson, 1987; Vandvick & Eckbald, 1993; 한명숙, 2007 재인용).

가족구성원 간의 상호작용과 사회성에 관련된 변인으로 유아의 자아존중감의 관계를 연구했던 Cooper 외(1983)도 가족관계에 대해서 유아가 지각하는 가족의 응집성이 유아의 자아개념에 중요한 영향을 미친다고 하였다.

Robertson과 Simons의 연구에서도 부모–자녀간 상호작용의 유형이 거부적이었던 부모의 자녀들이 더 낮은 자아존중감을 나타냈으며, 지나친 부모의 비평이나 창피주기, 구타 등이 자녀의 자아존중감에 결정적인 예언 요소가 된다(민혜영, 1997 재인용).

유아에 대한 부모의 태도가 사랑, 애정, 수용, 동화, 이해 그리고 관용적일수록 유아와 부모 간의 관계는 편안해질 것이고, 이는 다시 자녀가 부모를 대하는 태도 역시 수용적이고 온화하게 될 것이다. 많은 연구결과에서 자녀에 대한 부모의 관심이 높을수록 유아의 사회성 발달과 정적인 상관관계가 나타날 것이고, 아버지의 자녀 양육태도에 대한 관심이 높을수록 자녀의 사회성 발달은 긍정적인 방향으로 성장하였다는 결과도 있다(김소연, 2005; 조성자, 2003; 함용선, 2003).

특히 아버지의 양육태도와 관련된 연구들을 살펴보면 Langlois와 Down(1980)은 아버지가 남아와 여아를 각각 다른 방식으로 사회화시키기 때문에 또래 친구나 어머니보다 더욱 중요한 사회화의 매개자라고 주장하였다. 아버지의 놀이 참여도와 자녀의 사회성 발달을 연관지었던 많은 연구들(임영환·백지은, 1998; Pederson & Robson, 1963) 역시 아버지와의 상호작용이 많을수록 자녀의 사회성이 높고 친사회성이 원만하다고 보고하였다. 또한 신체적 놀이를 많이 해준 아버지의 유아가 친구들 사이에서 인기가 높고, 아버지가 언어적 자극을 제공할 때 동료와의 상호작용이 안정되었다고 보고하였다(MacDonald & Parke, 1984).

이러한 연구들은 아버지의 적극적인 양육행동 및 참여도가 유아의 사회성 발달에 영향을 미치며, 부모로서 어머니와는 다른 존재로 유아의 사회성 발달에 기여한다는 것을 시사한다.

부모는 사회성 발달의 결정적 시기인 생후 초기부터 유아의 사회성 발달에 지대한 영향을 주는 사람이다. 영아기 부모와의 상호작용과 정서적 관계는 후의 사회적 관계에서 유아가 갖는 기대와 반응을 형성하게 된다. 뿐만 아니라 문화의 믿음, 가치, 태도 등이 주관적인 부모의 선택에 의해 길러져 유아에게 제시된다. 나아가 유아의 사회화과정을 돕는 부모의 구체적 기술에 따라서 유아의 사회성 발달에 차이가 있다.

부모는 유아의 성장과 발달을 위한 지원체계의 핵심이므로 그 중요성에 대하여 숙고해 보아야 할 때이다. 부모의 이해나 참여 없이는 유아교육의 효과를 지속적으로 유지시키기 어렵다는 측면에서 부모는 유아교육의 중요한 인적 자원임을 인정하고, 부모가 교육 현장에 참여할 수 있는 다양한 방법들이 모색되어야 할 것이다(안영진·고연경, 2007).

2) 형제와의 관계

유아는 자라면서 형제와 많은 시간을 같이 보낸다. 유아양육에 관한 많은 문헌들이 형제관계를 질투심이나 경쟁관계로 보아 왔으나, 최근의 연구들은 형제관계가 이보다 더 복잡한 상호작용관계임을 지적하고 있다.

형제들은 서로 모방을 하는데, 특히 동생이 형을 더 모방하는 것으로 나타났다. 뿐만 아니라 형은 동생이 좋아하는 것, 원하는 것, 의도하는 것, 느끼는 것 등에 대해 언급을 자주 하였으며, 동생의 심리적 상태에 대해 관심과 이해를 나타냈다. 이때 동성의 형제들은 이성의 형제보다 서로 더 다정했으며 모방을 더 하였다. 그럼에도 불구하고 형제간에 이율배반적 감정이 종종 나타남을 알 수 있었다. 예를 들어, 형은 동생에게 적대적 감정을 나타내면서도 어머니한테 대항할 때는 동생의 편이 되었다.

형제들의 관계에 영향을 주는 것 중 하나가 유아와 어머니의 관계이다. 예를 들어, 어머니가 동생에 관하여 형과 의논을 할 경우(아기의 반응이라던가 아기를 돌보는 것에 대한 결정과 토의에 형을 참여시킴. 아기를 그냥 울게 할까? 아니면 과자를 줄까? 동생이 원하는 것이 무엇이라고 생각하니?) 형제간에 부드러운 관계가 형성된다. 또한 동생에 대해 어려서 관심을 보이는 유아는 커서도 보다 긍정적인 사회성 행동을 동생에게 보인다.

취학전 연령에 이르면 형은 모든 상호작용을 시도하고 이끌어 가면서 동생에게 간섭을 하고 공격적일 뿐만 아니라 도움을 주고 협동적으로 된다. 장남은 장녀보다 동생을 지배하는 데 힘을 더 사용하며, 장녀는 장남보다 설명이나 요청 같은 방법을 더 많이 사용한다. 이 연령에서도 동생이 형을 더 모방하며, 동성일 경우 모방의 정도가 크다.

이와 같이 형제관계에서 유아의 사회화에 미치는 형제의 영향은 다음과 같이 두 가지로 생각할 수 있다.

하나는 앞에서 언급한 것처럼 형, 특히 동성의 윗사람에 대한 모방이다. 이러한 모방의 영향은 여러 연구에서 밝혀지고 있는데, 예를 들어 형이 있는 남아는 언니가 있는 여아보다 남성성에 더 많은 관심을 갖는다. 그리고 오빠가 있는 여아는 보다 야심적이고 공격적이며 남아 같은 특성을 나타내며, 언니가 있는 여아보다 지적능력검사에서 더 우수하다.

또 하나는 교사로서의 형제의 영향을 생각할 수 있다. 누나나 언니는 오빠나 형보다 학업문제에 있어서 더 도움이 된다. 즉, 누나나 언니는 남아들보다 직접적이며 귀납적인 방법을 사용하여 설명을 많이 하며 피드백을 더 많이 해준다.

그리고 가정에 가장이 없는 경우 형은 남아의 성 유형화에 효과적인 모델이 된다. 아버지가 안 계신 남아의 경우 부모 밑에서 자라는 남아보다 덜 남성적이고, 보다 의존적이며 학업에 있어서도 비교적 덜 성공적이다. 그러나 아버지는 안 계시나 형이 있는 가정에서 자란 남아는 아버지가 안 계시면서 누나가 있는 남아보다 행동에 있어 보다 남성적이고 덜 의존적이며 학업성취가 더 높다(Brown & Dunn, 1996; Dunn et al., 1995; 송길연·김수정·이지연·양돈규 역, 2000 재인용).

2. 또래와 유아의 사회화

또래는 가족과 마찬가지로 유아의 발달과 성장에 중요한 역할을 한다

(Erwin et al., 1999).

유아가 일차적으로 만나는 대상은 부모 또는 형제이며 성장함에 따라 교사나 또래와 같은 이차적 타인을 의미있는 타인으로 갖게 된다. 또래는 단순히 연령이 같다는 사실에 초점을 맞추어 정의하지 않고, 행동의 복잡성이 동일한 수준에서 상호작용하는 사회적 동격의 존재로서 정의된다(이윤경, 1993).

또래와의 경험은 유아발달에 있어 중요한 환경을 제공하며 유아의 전 생애에 걸쳐 영향을 받을 수 있는 경험, 태도, 기술을 획득하게 한다. 특히 또래와의 성공적인 상호작용은 유아발달에 있어 사회성, 언어, 인지능력을 획득하기 위한 맥락과 기제를 제공한다. 또래 상호작용을 통한 모델링 효과는 유아에게 서로 영향을 주어, 긍정적인 행동을 촉진하고 부정적인 행동을 감소시키는 등 사회화과정에서 중요한 역할을 하게 된다(Bijou, 1993; Shaffer, 2000; 최혜영, 2004 재인용).

또래 상호작용은 유아가 성장함에 따라 더욱 빈번하게 나타나며(Rubin et al., 1998), 또래 상호작용이 유아발달의 중요한 기준이 되고(McEvoy & Yoder, 1993), 유아기의 사회적 기술 개념의 발달이 이후 생애발달을 예견할 수 있다는(Ladd, 1981; Oden & Asher, 1977) 점에서 그 중요성이 더욱 강조된다(송윤옥, 2000 재인용).

또래와의 상호작용이 유아의 사회화에 어떠한 영향을 주는지에 대해서 '강화자로서의 또래'와 '사회적 모델로서의 또래'의 두 가지로 살펴볼 수 있다(이영자 외, 2002).

1) 강화자로서의 또래

또래집단은 유아발달에 어떠한 영향을 미치는가? 강화나 벌 모델로서의 역할을 통하여 성인이 유아의 사회성 발달에 영향을 주듯이 또래들도 '강화자'로서, '모델'로서 영향을 준다. 또한 또래는 유아의 자기 자신을 평가하는 데 있어 기준이 되기도 한다.

유아가 성장함에 따라 또래는 강화자로서, 모델로서의 역할을 점점 더 하게 된다. 그러므로 많은 부모들이 자녀가 성장하면서 부모의 현명한 충고는 듣지 않고 또래들의 행동을 모방하는 일이 증가한다고 걱정하게 된다. 심지어 유아기 동안에도 또래들이 서로 강화하는(보상하는) 빈도가 증가하고 있음을 알 수 있다. 4세 아이들은 3세 아이들에게, 연령에 구애됨이 없이 남아는 남아에게, 여아는 여아에게 강화를 주는 경향이 두드러진다. 이러한 경향은 취학 전 유아들이 동성의 또래들과 상호작용하는 것을 더 선호한다는 것을 나타내준다.

유아들의 상호관계에서 보면 상호호혜적인 유형이 가장 공통적인 것이지만 때로는 상호보완적인 유형도 나타난다. 어떤 유아들은 친절하게 웃거나 애정적인 방식으로 활동에 참가하거나 활동을 제안한다. 반면에 요구하거나 소리를 지르는 유아도 있으며, 힘으로 참가하도록 강요하는 유아도 있다. 또 어떤 유아들은 징징거리거나 자주 울며 놀이에 적극적으로 참여하지도 않고 소심하게 지켜보기만 한다.

유아들은 이러한 또래의 행동에 대하여 어떻게 반응할까? 유아들은 대부분 친절한 유아의 제의에 따라가고 그들을 놀이에 끼워 준다. 그러나 징징거리는 유아는 대부분 등한시되고 강요하는 유아는 매를 맞거나 명령과 같은 강압적이며 특히 신체적으로 위협적인 반응을 당하게 된다.

또래와의 상호작용에서 유아가 사용하는 강화의 유형은 가정 배경에 따라서도 다르다. 이는 가정에서 사용하는 강화가 유아들에게 모델이 되기 때문일 것이다. 사회계층에 따라 가정에서 주로 사용하는 강화를 살펴본 한 연구 결과에 의하면, 하류층의 유아는 중류층의 유아에 비해 부정(적) 강화를 더 사용하는 것을 알 수 있었다. 미국의 경우 중류층 사회에서는 긍정(적) 강화(positive reinforcement)를 많이 사용하는 반면에, 하류층에서는 부정(적) 강화(negative reinforcement)를 더 많이 사용하기 때문이라고 볼 수 있다(이영자 외, 2002).

2) 사회적 역할모델로서의 또래

또래는 강화자로서 서로에게 영향을 줄뿐 아니라 '사회적 모델'로서도 영향을 준다.

또래한테 배우는 것 중에는 긍정적인 것, 예를 들면 성숙한 도덕 판단을 한다든가, 유혹을 물리친다든가, 겁내지 않게 된다든가 하는 것뿐만 아니라, 바람직하지 않은 공격적인 행동, 불복종, 이기심 등도 배우게 된다. 이 경우에도 유아들은 정적이며 보상을 주는 유아나, 힘이 있고 여러 행동이나 활동의 통제원이 되는 유아, 다른 유아들로부터 보상을 받거나 자기와 비슷한 유아 등을 모방하게 된다. 이때 유아 자신이 이전에 강화를 받은 경험과 그 모델과의 관계가 모방의 주요 결정 요인이 된다. 인기 있는 유아는 자기를 과거에 보상한 유아의 이타적 행동을 모방하는 반면, 인기가 없는 유아는 그들에게 보상을 준 것이 없는 유아를 모방하곤 한다(이영자 외, 2002).

사회적 모델로서 또래의 역할에는 비교준거로서의 역할도 포함한다. Festinger(1954)에 의하면 우리는 행동결정이나 판단에 있어서 자신과 비슷한 사람을 비교집단으로 삼는다. 만약 한 유아가 자신이 싸움을 잘하는지를 알고 싶으면 자기 또래 중에서 싸움을 잘한다고 생각하는 유아를 비교 대상으로 삼게 된다. 또래를 자기의 평가수단으로 삼는 것은 초등학교 저학년부터 급격하게 증가하며, 또래와의 사회적 관계를 통하여 유아들은 자신의 자아개념과 자아상(self-image)을 형성하고 또래에게 어떻게 지각되는가를 인식하게 된다.

3. 유아교육기관과 유아의 사회화

1940~1950년대 유아교육기관의 핵심적인 목표는 유아의 원만한 성격형

성과 사회적 적응능력을 길러주는 것이었다. 이러한 경향은 주로 Freud와 Erickson과 같은 발달이론가들의 영향에 의한 것으로, 1960년대 후반 지적 능력의 조기교육이 강조될 때까지 유아교육의 현장이나 연구분야에서 지배하는 사회적 행동도 다양하게 나타날 수 있다. 뿐만 아니라 교육기관에서의 교사의 특성, 교육기관의 크기, 유아들이 갖게 되는 상호작용의 양과 질에 따라 사회적 행동도 달라진다(구광현·이희경, 2006; 최혜순, 2004).

1) 유아의 교육경험

유아교육 경험이 아동의 사회적 적응이나 행동발달에 미치는 영향에 관한 연구는 일찍부터 많이 이루어졌다.

Walsh(1981)의 연구에 의하면 약 6개월 간 유아학교에서 교육경험을 받은 아동들은 받지 않았던 아동에 비하여 자발성(initiative), 독립성(independence), 자기주장(self-assertion), 자신감(self-reliance), 호기심(curiosity), 환경에 대한 관심(interest in the environment) 등의 행동 특성에서 유의하게 높은 발달을 이루었음을 확인할 수 있었다고 한다.

Hattwick(1936)의 연구에 의하면 유아학교에서의 경험이 아동의 사회적 적응능력이나 일상적인 습관을 기르는 데 효과가 있었으며, 특히 낯선 사람에 대한 이상한 반응, 긴장감, 하던 작업을 마무리짓지 못하는 버릇, 다른 사람과의 접촉 기피, 다른 사람들의 주의가 집중될 때 움츠러드는 것, 야뇨증 등의 신경증적 습관을 감소시키는 것 등에 좋은 효과를 나타내었다고 보고하였다.

유아가 유아교육을 받음으로 해서 변화 또는 새로이 습득되었다고 교사들이 관찰보고한 구체적인 사회적 행동을 요약해 보면 대체로 기본적인 생활습관의 형성, 독립심, 자기표현과 자기주장, 대인관계, 과업에 대한 성취욕구, 집단생활의 적응, 규칙 따르기 등과 같은 바람직한 사회적 행동들이다.

2) 교사와 유아의 관계

유아교육기관에서 교사는 가정에서의 부모의 역할을 대신하는 사람으로 유아가 접하는 가족 이외의 최초의 성인이다(김미화, 1997; 손인숙, 2001). 이는 유아교육기관에서 교사와의 긍정적 관계 형성이 유아에게 있어서 매우 중요하다는 것을 의미한다. 유아와 교사의 안정적 관계는 유아의 지속적 애착 및 유아교육기관에서의 경험을 극대화하는 데 도움을 주는 자산이 될 수 있다. 즉, 이러한 유아-교사관계는 유아에게 사회에서 맺는 성인 파트너의 가치를 전달하고, 유아교육기관에서 유용한 사회적 자원을 취할 수 있다는 자신감을 줄 뿐 아니라 교사의 사회화 방식에 더 잘 따르게 한다(Demuller et al., 2000).

박지희(1996)는 일정 기간 지속적으로 이루어지는 유아와 교사의 사회적 상호작용은 유아로 하여금 부모가 아닌 다른 사람과 형성하게 되는 제2의 애착을 형성하게 하며, 이러한 애착이 형성되는 과정에서 필수적인 안정감과 신뢰감의 정도는 애착의 질과 그에 따른 유아의 행동에도 많은 영향을 줄 수 있다고 하였다(김정주, 2005 재인용).

유아교육기관에서 일정 기간 지속적으로 이루어지는 유아-교사 간의 사회적 상호작용은 유아로 하여금 부모가 아닌 다른 사람과의 제2의 애착을 형성한다는 의의가 있다. 민혜영(1998)의 연구에서 교사와 유아간 따뜻하고 긍정적인 관계를 형성하는 유아들이 부정적인 유아들에 비해 부모, 교사, 또래로부터 더 높은 사회성 발달 평정을 받았으며, 교사-유아간 상호작용이 긍정적인 유아들이 부정적인 유아들에 비해 더 높은 사회적 기술을 보였다.

부모와 마찬가지로 교사도 유아의 성역할의 모델이 되는데, 최근에 와서 동·서양을 막론하고 유아교사나 초등학교 교사의 90% 이상이 여성으로 남아의 적응이나 사회화에 있어 문제시되고 있다. 예를 들면, 남아가 여성화되어가는 경향이 있다고 지적된다. 여성 교사들은 전통적으로 여성적이라 여겨지는 활동, 즉 조용하고, 순종적이고, 고분고분하고 수동적인 행동을 남아·여아 모두에게 강화하는 경향이 있다고 한다. 유아들은 동성의 교사를 역할 모델로 받아들이는데, 남아의 경우 여교사를 역할 모델로 하므로 점점 더 여성화되어 가는 경향이 발생하는 것으로 생각된다(이영자 외, 2002).

3) 학급의 크기

유아가 다니고 있는 학급의 크기도 유아의 사회적 발달에 영향을 미친다. 교사의 설명이나 지도 방식은 학급의 크기에 따라 다양해진다. 많은 유아들이 있는 큰 학급의 교사는 자신의 교육 방식을 공식화 또는 형식화시키는 경향이 있으며, 유치원의 생활규칙을 강조하면서 통제적, 구속적, 직접적인 지도방법을 사용하는 경향이 있다. 이와는 대조적으로 적은 수의 유아들로 구성된 학급에서의 교사는 자유로운 분위기를 비교적 쉽게 조성할 수 있으며, 유아들과 자주 상호작용하면서 유아교육기관의 생활에 구속적인 규칙을 비교적 적게 만든다. 유아의 수가 적은 학급에 있는 유아들은 많은 학급의 유아들보다도 교육 프로그램에 따른 여러 활동에 보다 능동적이고 적극적으로 참여하며 '소외되는 사람'이 적다. 학급의 크기가 적을수록 유아들은 교육활동에 모두 참여하여 유아 개인의 능력을 발달시키고 신념을 갖게 되며, 자신에 대한 개념을 형성하고 성취감을 맛보는 기회를 가질 뿐 아니라 다른 사람과 더불어 잘 지낼 수 있도록 더 많은 도움을 받을 기회를 갖게 된다(최혜순, 2004).

교사의 모델링

실제로 유아교육기관마다 프로그램의 목적, 교육방법, 이론적 배경이 되는 철학에 따라 학급 크기와 교사 대 유아의 비율은 달라질 수 있으나, 대체로 유아교육 프로그램의 질적 수준과 개인의 발달 단계를 최대로 고려하기 위해 적절한 교사 대 유아의 비율을 권장하고 있다. NAEYC에서는 적절한 교사 대 유아 비율과 학급 크기를 2~3세의 경우 12명 이하, 비율은 1:6 이하이고, 4~5세는 학급 크기가 20명 이하, 비율은 2:10 이하로 제안하고 있다.

우리나라 영유아보육법 별표2(개정 2005.12.12)에서는 보육시설에 두어야 하는 보육시설종사자와 그 수를 명시하고 있는데, 만 1세 미만의 영아 3인당 1인, 만 1세 이상 만 2세 미만의 영아 5인당 1인, 만 2세 이상 만 3세 미만의 영아 7인당 1인, 만 3세 이상 만 4세 미만의 유아 15인당 1인을 원칙으로 하고 있다.

교사 대 유아의 비율은 유아의 언어적 상호작용과 놀이 참여 및 유아에 대한 교사의 보호적·교육적 상호작용에 많은 영향을 미친다.

4. 지역사회와 유아의 사회화

현대사회는 다양한 생활양식이 공존하고 있기 때문에 유아 자신이 속한 사회의 여러 가지 현상과 환경에 관심을 가지는 것이 중요하다(교육부, 1998). 유아는 자신의 세계를 점점 확대해 감으로써 사회와 환경에 관심을 넓히고 자신이 속한 가정, 학교, 지역사회, 나아가 세계 속에 참여하는 책임있는 구성원이 되는 데 필요한 삶의 태도, 가치, 기술의 틀을 형성하게 된다(이은화·김영옥, 1993; 김연숙, 2006).

학급에서 교사와의 상호작용

다른 사람과 사회적 관계를 맺는

유아의 개념은 처음에는 가족에서 시작되고 점차 가까운 이웃으로 확장된다. 유아들은 이웃과의 공동생활에 참여하게 됨으로써 가족 내에서의 경험과는 다른 다양한 경험을 하게 된다(최혜순, 2007).

오늘날에는 지역사회에서 주최하는 음악회나 연주회, 인형극회, 어머니합창단 활동 등 다양한 문화적 행사들이 있어 유아들의 경험을 넓게 해 줄 수 있는 기회가 많아졌다.

지역사회의 문화 자원을 이용한 체험활동은 공동체성을 강조하며 교사의 자율성을 확대시킨다. 지역사회 문화교육은 학습에 대한 유아의 자발적 동기 유발과 자주적 학습 태도를 기르게 한다(정미라 외, 2004).

효과적인 사회교육과정을 계획하려면 지역사회에서 어떤 일이 일어나는지에 대한 내용이 포함되어야 한다. 지역사회에서 정보를 모을 수 있는 몇 가지 방법은 다음과 같다(Melendez et al., 2000).

- 지역사회를 방문한다.
- 부모나 가족, 다른 지역사회의 주민과 면담을 하거나 이야기를 나눈다.
- 지역사회에 살고 있는 다른 다양한 구성원과 교류할 수 있는 기회를 갖는다.
- 지역사회의 신문을 읽는다.
- 학교 지역사회와 연결되는 인물과 이야기를 나눈다.
- 지역의 도서관을 방문한다. 이때 지역사회에서 일어나는 사건이나 일들이 게시판에 광고되어 있는 경우가 많다.
- 유아들이 자신들의 지역사회에 대하여 이야기하는 것을 잘 듣는다.

이외에도 지역사회의 행사에 직접 참여하거나 조사, 관찰, 탐구활동, 사진, 슬라이드, 지도 만들기 등을 통하여 지역문화를 경험할 수 있다(최혜순, 2007).

지역사회의 구성원과 상호작용하고 학습하는 과정을 통해 자기 주변의 지역사회에 대한 이해가 높아지고, 그 사회 고유의 삶의 양식, 생활양식 등 문화적인 체험을 하게 하여 궁극적으로 유아들의 사회화를 돕고 사회적응력을 향상시킬 수 있어 그 필요성은 더욱 요구되고 있다(김연숙, 2006).

5. 대중매체와 유아의 사회화

매스미디어는 인간의 의사소통을 용이하게 해주는 하나의 수단에 불과한 것이었지만, 오늘날 도리어 인간의 의사소통을 지배하는 요인이 되기도 하였다. 과거에 사람들은 세상을 알기 위해 집밖으로 나가야 했지만 매스미디어로 인해 지금은 집안으로 들어와야 세상을 더 잘 알 수 있게 되었다. 더욱이 매스미디어의 영향력은 사실의 전달에만 그치는 것이 아니라 사회구성원들에게 세상에 대한 그림을 제공하고 설명해 주는 역할을 한다. 따라서 우리가 TV 속 현실을 너무나 자연스럽게 우리의 현실인 것처럼 인식하게 한다(최혜순, 2004).

1) 텔레비전과 유아

유아에게 있어 텔레비전은 정보의 보고이자, 가장 재미있는 오락매체이고 사회화를 대비한 뛰어난 교육매체이다(오연숙, 1997). 텔레비전을 보는 데는 책을 읽는 것과 같은 문자해독력이 필요하지 않고, 텔레비전에 계속적이고 반복적으로 노출되어 있다는 것과 텔레비전을 볼 때는 의도적이지 않은 우연적 학습이 일어나기 때문에 어릴 때부터 텔레비전으로부터 받는 영향은 매우 크며 지속적이라 할 수 있다.

특히 유아는 성인에 비해 가치판단과 자주성이 결여되어 있기 때문에 외부의 영향을 쉽게 받아들이며(남명자, 1995) 텔레비전에서 본 것을 중재할 수 있는 직접적인 현실경험도 부족해서 어느 시기보다 텔레비전으로부터 받는 영향이 절대적임을 알 수 있다.

유아가 텔레비전으로부터 받는 영향에 대한 연구를 살펴보면 유아의 언어, 인지발달과 친사회적 행동에 긍정적인 효과가 있다. 특히 유아들에게 교육적이며 긍정적 가치를 가르칠 수 있게 특별히 제작된 프로그램에서 현저한 효과가 있는데, 유아교육 프로그램인 "Sesame Street"를 본 아동은 보지 않았거나 적게 본 아동보다 더 많은 어휘를 알았다(Rice et al., 1990).

또한 가정환경이 불우한 유아가 이 프로그램을 보고 이름을 쓰고, 글자와 수의 형태를 아는 것과 같은 몇몇 인지기술에서 가장 큰 성과를 보였다는 연구도 있다(Bogatz & Ball, 1970; 1972). 나누기, 친절, 돕기를 강조한 프로그램을 시청한 유아는 훨씬 친절하고 돕기를 잘 함을 보여주었다(Murray, 1990). 그 예로, 미국에서는 몇몇 프로그램(Rogers씨의 이웃들, 캡틴 캥거루 등)들은 유아의 친사회적 행동을 증진하였다는 연구보고가 있다.

Stein과 Friedrich(1975)는 'Rogers씨의 이웃들'이라는 프로그램을 비교적 단기간 본 유아들도 그들의 협동, 타인감정의 이해, 나누어 갖기 등의 행동이 증가한 반면, 공격성은 감소하였다고 보고하고 있다. 다른 연구들에서도 자아통제-과제지향성, 규칙의 수용 및 상징적 놀이가 증가하였다고 보고하고 있다.

부정적인 영향으로 가장 많이 연구된 것이 폭력이 유아의 공격성에 미치는 영향인데, 217개의 연구의 분석을 통해 Paik과 Comstock(1994)는 이 둘 간에 일관된 정적 상관이 있음을 밝혔다. Bandura와 같은 사회학습이론가는 모방이론(modeling)을 보더라도 공격하는 장면을 보게 되면 유아들은 모델의 행동을 모방하여 공격적 행동이 증가하게 된다고 한다. 많은 종단적 연구들은 유아기에 시청한 TV의 폭력장면이 성장한 이후에 폭력행동을 강화하는 역할을 한다는 것을 입증한다(Comstoct, 1986). 영화에서의 폭력장면에 반복적으로 노출되면 사람들은 폭력의 희생자에게 무감각해지고 타인을 불신하며 폭력을 적절한 방식으로 지각하게 된다.

성 고정관념에 미치는 영향을 보면 텔레비전에서는 전통적인 성역할을 강조하고 편협적으로 성에 대하여 묘사하는 경우가 많으며(Huston & Alvarez,

1990; Lovdal, 1989; Signorielli, 1989; 한정신 외, 1994) 유아들은 이를 보고 잘못된 성 고정관념(gender stereotype)을 갖는다(홍연애, 1993; Beuf, 1974; Signorielli, 1989). 그리고 빠른 속도로 진행되는 텔레비전 화면의 반복적인 노출은 유아를 매우 자극하고 태만적인 태도를 갖게 하기 쉬우며(Singer & Singer, 1983) 텔레비전 광고를 보고 비싼 장난감과 옷, 설탕이 많이 들어간 음식을 사달라고 부모님을 조르게 된다(Kunkel & Roberts, 1991)는 연구들이 있다.

유아는 전조작기 단계에 있으며, 전조작기 단계의 특성인 물활론, 실제와 환상을 구별하는 데 어려움, 도덕 판단의 혼란, 언어의 문자적 이해, 덜 발달된 비평, 평가기술로 텔레비전의 영향에 더욱 취약하다(Rapaczynaski et al, 1982).

TV매체는 이상과 같이 유아들이 사회에 대한 태도를 형성하는 데 큰 영향을 준다. 특히 왜곡된 측면이 반영되는 경우, 예를 들면 '특정 계층의 고정관념'이나 '여성은 남성보다 전통적 역할에 만족하고 행복해하는 것' 그리고 '범죄자는 반드시 벌 받고', '죄인은 법관의 질문에 쉽게 자백을 하고', '모든 문제들은 한두 시간 내에 해결할 수 있다'는 등의 세상일은 항상 뜻대로 될 수 있다는 편견도 갖게 된다.

최근에는 TV나 영화뿐 아니라 만화나 비디오테이프, 전자오락 등과 같은 다양한 매체들과 함께 범죄가 만연하는 우리 사회의 위기도 많은 영향을 준다고 할 수 있다. 유아들에게 미치는 폭력적 영향을 감소시킬 수 있는 효과적 방법들의 모색과 함께 긍정적 효과를 유도하기 위한 매스미디어 자료들을 개발하여 적절한 시기에 보여 주는 노력이 요구된다.

2) 인터넷 컨텐츠와 유아

컴퓨터는 지구촌사회에 정보화시대를 초래하게 하였다. 가정용 컴퓨터의 보급으로 유아들도 매우 어린 나이부터 이러한 테크놀로지에 노출되고 있다. 컴퓨터의 사용은 교수자료로서뿐만 아니라 모든 학습자에게 필요한 기술이 되었다.

컴퓨터는 다양한 개념을 배우고 연습하는 기회를 제공한다. 놀이에 기초한 소프트웨어와 프로그램도 많이 나와 있다. 그러나 이는 교사가 적절한 안내와 상호작용을 해주어야 유아들에게 이득을 줄 수 있다. 특히 유아들을 위해서는 소프트웨어도 신중하게 선택해야 한다.

최근엔 스마트폰, 태블릿PC(스마트 패드)에 이어 스마트 TV까지 등장하면서 새로운 형태의 서비스가 다양한 단말기를 매개로 제공하는 스마트 미디어 환경이 빠르게 조성되고 있다(홍대식·김성유, 2012). 영유아는 말을 배우기도 전에 스마트 미디어를 통한 인터넷 환경에 익숙해지고 있고, 그 환경 안에서 새로운 디지털기기를 자연스럽게 받아들이고 있는 것이다(황슬하·강진숙 2014). 미디어 사용이 과거 TV에 한정되던 것과 달리 정보통신기술의 발달로 인터넷이 빠르게 확산되면서 컴퓨터뿐만 아니라 스마트폰, 태블릿PC와 같은 스마트기기를 시간과 장소에 구애받지 않고 영유아도 자연스럽게 접하게 되고, 사용하고 있는 추세이다. 성인과 영유아가 공공장소에 있는 경우 대부분의 부모는 아이에게 스마트폰을 보여주곤 한다.

미래창조과학부(2015) 연구에 의하면 만 3~9세 유아와 아동 중 52.0%가 스마트기기를 사용하고 있고, 연령이 증가할수록 이용시간과 횟수가 늘어나는 것으로 나타났다. 스마트 미디어의 대표적인 기기인 스마트폰의 이용시간 및 횟수 역시 만 3~4세 유아 중 50.4%가 하루 평균 52.4분 2.3회를 사용하였고, 만 5~6세 유아 중 51.3%는 하루 평균 72분 3.1회를 사용하는 것으로 조사되었다.

컴퓨터를 하고 있는 유아

과학기술정보통신부와 한국정보화진흥원(2017)은 만 3세 이상 69세 이하 스마트폰(인터넷) 이용자 29,712명을 대상으로 실시한 2017년 스마트폰 과의존 실태조사에서 유아와 아동이 12.4%로 2016년 스마트폰 과의존

위험군으로 유아와 아동이 6.7%였던 것에 비해 큰 폭으로 상승했다고 보고하고 있다. 너무나도 어린 시기부터 인터넷에 노출되면서 인터넷 중독이 나타나기도 한다. 가상세계와 현실세계의 혼돈, 폭력물 및 성충동, 통신언어의 무차별 접근 등 영유아이기 때문에 성인보다 더 큰 후유증을 갖기도 한다. 하지만 전자 미디어의 역기능에 대한 우려 때문에 전자 미디어로부터 영유아를 보호하고자 모든 것을 차단한다는 것은 불가능에 가깝고 제한적인 방법이 아닐 수 없다. 미디어는 어떠한 환경에서 어떻게 사용하느냐에 따라 부정적일수도, 긍정적일 수도 있을 것이다. 교사는 유아들이 미디어를 올바르게 활용하고, 미디어의 유해성으로부터 스스로를 보호할 수 있는 능력과 태도를 갖출 수 있도록 교육해야 한다. 즉, 역기능보다는 순기능을 갖는 미디어로 활용함으로써 현대사회에 적합한 미디어 활용능력을 길러 주도록 해야 한다(박찬옥 외, 2007). 미디어 안전교육은 아직 미성숙한 영유아가 미래사회의 능동적이고 바람직한 미디어 사용자가 되기 위해 밑거름이 될 수 있도록 영유아발달에 적합한 체험적이고 안전교육으로서의 기본 생활교육으로 이루어져야 할 것이다(장은석 외, 2019. 재인용).

인터넷을 통한 접속은 세계를 경험하는 유용한 방법임에는 틀림이 없다. 인터넷의 활용을 통하여 세상 어디에 있는 교사와 유아도 함께 참여하고 협력할 수 있는 기회를 얻게 되었다. 이러한 테크놀로지 기술은 적절히 사용된다면 우리 모두가 속해 있는 '지구촌'의 개념을 더 강화하는 매우 좋은 방법이 될 수 있을 것이다.

인터넷은 시각과 청각을 모두 포함한 멀티미디어적 요소를 가지고 있으며, 유아의 발달특성상 보다 구체적이고 실물적인 매체를 필요로 하는 어떤 다른 매체보다 유아들에게 효율적으로 정보를 전달할 수 있다. 하지만 인터넷의 매체적 특성은 유아와의 활용에 있어서 적합한 요인뿐 아니라 부적합한 요인도 함께 포함하고 있는 것으로 보아야 할 것이며, 인터넷 활용에 있어 유아의 발달적 특성을 고려한 신중한 검토의 활용 방안이 요구된다(강금식, 2006).

PART
02

유아사회교육의 내용

Chapter

04

사회과학적 지식을 위한 유아사회교육

사회과학은 가르쳐서 실제적 지식을 얻게 하는 것보다 사회과학을 통하여 기본개념의 형성을 도와주기 위해 사용된다. 최근 가족 단위의 외출이 일상화되면서 유아들의 버릇없는 행동은 거리나 식당, 버스나 지하철, 극장 등의 공공장소에서 흔하게 목격된다. 이러한 현상은 핵가족화와 한자녀가정의 증가에 따라 '내 아이'만 소중하게 생각하는 그릇된 교육에서 비롯되었다고 볼 수 있다. 따라서 유아들의 사회교육은 다른 사람들을 배려하며 더불어 살아갈 공동체의 구성원으로 성장하게 하는 밑받침이 된다. 사소한 일이라도 고마움과 미안함에 대하여 적극적으로 표현하도록 생활습관을 들이는 것이 중요하다. 다양한 사회과학이론 중 대표적으로 안전교육, 다문화이해교육, 가족구조의 변화, 생태 환경교육, 역사·지리·경제와 사회교육에 대하여 살펴보면 다음과 같다.

1. 안전교육과 사회교육

1) 안전지도의 개념

안전지도란 사고나 재해로부터 자신을 보호하는 행동 또는 능력, 태도를 육성하는 것을 말한다. 특히 유아는 각종 사고나 위험에 노출되어 있으므로 성인은 유아의 안전에 많은 관심을 갖고 위험에 대한 인식이나 대처능력을 지도할 필요가 있다.

유아교육기관에서 발생하는 우발적 사고들은 시설물과 관련된 사고가 많다. 최근에는 종일반 운영 등으로 유아교육기관에 유아가 머무는 시간이 늘어감에 따라 유아교육기관의 안전사고 예방에 각별히 주의를 기울여야 한다.

유아에게 일어나는 우발적 사고들을 예방하기 위한 방법은 안전규칙에 의한 철저한 물적 환경을 정비하고, 성인이 유아를 세심히 보호하는 것도 중요하지만, 유아가 위험이나 사고에 대해 바르게 인식하고 스스로 자신의 안전을 지킬 수 있는 능력을 지니도록 하는 것도 중요하다.

유아교육기관에서 안전사고를 예방하기 위해서는 첫째, 위험이나 사고의 요소를 인식하고, 둘째, 가능한 빨리 그 위험요소를 제거하고, 셋째, 만일 그 위험요소를 제거할 수 없으면 항상 그것에 주의, 경계하며, 넷째, 새로운 위험요소를 첨가하지 않아야 한다.

결론적으로 '안전교육'이란 '영유아들이 일상생활을 영위하며 신체적·정신적·정서적인 피해를 입을 수 있는 사고를 예방하고 위험한 상황에서도 자신을 보호할 수 있도록 돕는 교육활동의 총체'라 할 수 있다(장은석 외, 2019: 12).

2) 안전교육의 내용

① 가정에서의 안전

- 베란다나 창문 곁 침대 위에서 놀지 않기
- 아무것이나 먹지 않기
- 약은 부모 등 보호자, 의사나 간호사가 주는 것만 먹기
- 전기나 전기시설물을 만지지 않기
- 잘 알지 못하는 동물을 따라가거나 만지지 않기
- 놀러나갈 때 반드시 부모님의 허락을 받고 돌아올 시간 약속하기
- 살충제, 락스 등 청소용 약물을 만지거나 먹지 않기
- 성냥이나 라이터로 불장난하지 않기

② 유아교육기관에서의 안전

- 바른 입구 사용하기
- 망가진 놀잇감이나 놀이기구를 사용하지 않기
- 놀이규칙을 꼭 지키기

- 운동할 때 규칙과 기구의 바른 사용법 알기
- 다른 친구에게 피해주지 않기
- 놀잇감을 안전하게 다루기
- 찻길로 나가지 않기
- 물놀이 시 절대 혼자 하지 않고 어른이 보는 앞에서 하기

③ 자연재해 및 화재에 대한 안전

- 천재지변에 대해 알기
- 대피훈련에 적극적으로 참여하기
- 질서를 지켜 훈련하기
- 비상구 표시, 비상기구, 대피장소에 대해 알기
- 불장난하지 않기

④ 교통안전

- 보도에서 안전하게 걷기
- 길을 건널 때는 꼭 건널목으로 건너기
- 교통신호 지키기
- 찻길에서 공놀이하거나 친구, 강아지 뒤를 쫓아 뛰지 않기
- 주차되어 있는 차 사이에서 놀지 않기
- 자전거 탈 때 주의하기
- 자동차에 타면 안전벨트 매기

⑤ 유괴로부터의 안전

- 혼자서 돌아다니지 않기
- 낯선 사람이 함부로 몸을 만지지 않게 하기

유아들의 질서지키기

- 놀러 나갈 때 부모에게 허락을 받고 돌아올 시간 알리기
- 혼자 있을 때 낯선 사람에게 문 열여주지 않기
- 어른에게 도움을 요청하는 방법 알기
- 비상 전화번호를 알고 사용하기

2. 다문화 이해교육과 사회교육

1) 다문화 이해교육의 개념

최근 국가와 국가 간의 교류가 활발해지고 세계화가 되면서 자기 문화에 대한 정체감을 바탕으로 타문화를 이해하려 노력하고 존중하며 고정관념이나 편견을 갖지 않도록 하는 다문화 이해교육의 중요성이 부각되고 있다(김영인, 2011).

다문화 이해교육은 주로 문화적 혹은 언어적으로 다양한 배경을 갖고 있는 유아들에게 평등한 교육의 기회를 제공하는 것과 관련되어 사용되었으나, 최근에는 문화에 대한 다양성을 인정하고 문화에 대한 편견을 갖지 않는 등 점차 폭넓게 사용되고 있다. 세계의 많은 인종들이 지역적 한계를 넘어서 세계 곳곳에서 함께 어우러지며 살아가고 있다. 앞으로는 점점 더 국경없는 사회, 하나의 지구촌사회를 이루게 될 것이다. 따라서 다문화 이해교육은 사회적 관습에 의한 편견이 만들어지기 이전인 유아 시기부터 시작되어야 하는 것이다.

Morrison(1998)에 의하면 다문화주의에 근거한 교육은 다른 인종이나 성, 사회계층, 언어 및 문화적 배경이 다른 사람들을 이해하고 존중하도록 함으로써 다양한 문화의 세계에서 유아들이 공동목표를 향하여 생활하고 학습하며 의사소통하고 활동할 수 있도록 준비하는 교육이라고 하였다(이기숙, 2000에서 재인용). 현재 다문화 이해교육은 개인차는 물론 인종, 민족, 종교, 성별,

아프리카 오지마을의 오후(출처: Laura. E. Berk)

사회경제적 계급, 연령, 능력, 가족생활방식에 대한 인식을 추구하는 데 사용된다(Winter, 1995). 유아교육현장에서 이루어지는 다문화 이해교육은 단편적으로 어느 나라의 문화나 음식에만 국한하여 지도하는 경우가 많은데, 범위를 확대하고 내용을 통합하여 실제 생활 주제를 중심으로 한 통합교육 안에서 접근할 수 있도록 해야 한다. 다문화 이해교육은 단시간에 이루어지는 것이 아니기 때문에 지속적이고 꾸준한 노력을 통해 이루어져야 한다. 다문화 이해교육의 목표는 다양한 인종적·민족적 배경을 가진 사회의 구성원들을 진정으로 수용하는 마음가짐과 태도를 갖도록 지원하는 것이어야 한다(이정아 외, 2016: 43).

표 4-1 | 다문화 개념의 발달 단계

0~6개월	피부색의 차이에 주목한다.
6개월~2세	신체적 특징, 의복, 언어, 정치적 성향에 기초하여 사람들 사이의 차이점과 유사점을 인식하기 시작한다.
2~3세	성이나 신체적 장애, 인종적인 측면에서의 초보적인 편견이 나타나기 시작한다.
3~5세	성역할 고정화와 인종적인 편견, 자신과 다른 사람들에 대한 두려움이 나타나기 시작한다.

2) 다문화 이해교육의 내용

유아교육과정에서는 유아들이 경험하는 갈등상황을 해결하기 위한 다양한 방법을 교육과정을 통하여 알려줄 수 있어야 한다. 공격적인 감정이 증가하지 않고 자신의 감정을 다스릴 수 있는 방법과 갈등을 최소화할 수 있는 다양한 방안들이 유아들과 함께 하는 교육과정상의 활동을 통하여 논의되어야 하며, 갈등이 생겼을 때는 평화적으로 문제를 해결할 수 있는 방법들을 교육의 내용에 포함시켜야 한다(조순옥 외, 2002). 다문화 이해교육의 구체적인 교육내용을 제시하면 다음과 같다(곽향림, 2000).

- 정체감: 우리 문화에 대한 자긍심과 자아존중감 기르기
- 다양한 문화를 접하기: 다른 나라의 다양한 문화를 접하게 하여 세계 여러 나라의 문화에 관심 가지기
- 평화적인 대인관계, 집단관계 형성하기: 타인의 관점과 요구를 주시하고 적절히 반응하는 방법을 배움으로써 평화를 사랑하고 인류를 사랑할 수 있도록 협동심과 사회적 상호작용 능력을 기르기
- 반편견주의: 인종간의 유사점과 차이점, 성역할에 대한 정체성, 문화적 차이와 유사성, 고정관념과 차별을 없애기 위해 능력, 나이, 외모, 믿음, 계층, 문화, 가족구성, 성, 인종, 성적 관심에 따른 비판적 사고력 기르기

다문화 이해교육과정의 시작은 문화적 인식을 증진시키고 유아들의 협동학습을 격려하며 갈등 해결전략을 촉진하는 동시에 부모와 지역사회의 참여를 환영하는 것으로부터 시작한다. 다음은 조순옥 외(2002)가 제시하고 있는 다문화 이해교육을 위한 전략이다.

① 다문화적 인식을 촉진한다.

- 모든 유아 개개인이 독특하고 유일한 존재임을 인식한다.
- 독특함과 다양성을 긍정적인 방향으로 촉진한다.
- 모든 유아들의 배경문화를 알고 수용하고 존중한다.
- 유아의 학습과 성장을 충분히 측정할 수 있는 적절한 평가활동을 활용한다.
- 유아의 흥미와 경험 등 유아들의 문화로부터 획득한 다양한 배경 지식

을 활용하여 교수학습과정을 구성하여 실시한다.

- 교사 자신의 문화에 관하여 알고 자부심을 가지고 편안해 할 필요가 있다.

② 상호의존성의 개념을 경험할 기회를 제공한다.

- 음식을 주고 주의를 기울여 보살펴 줄 수 있는 다양한 생명체들을 기름으로써 유아들에게 생명체의 상호의존성을 경험할 수 있는 구체적인 기회를 제공한다.
- 교실에서 일어나는 즉각적인 활동들을 유아들이 서로 도움을 주고받는 것이 중요하다는 것을 알릴 수 있는 중요한 기회로 활용한다.
- 모든 유아들이 학급의 다른 유아와 교사를 위하여 하고 싶은 일, 할 수 있는 일, 반드시 해야 할 일 등을 이야기하고 기록하여 보관한다.
- 유아교육기관의 각 기관과 그곳에서 일하는 사람들을 방문하고 유아교육기관 전체가 제대로 기능하기 위하여 다양한 사람들이 어떻게 서로 상호의존하며 일하는지를 안다.
- 유아들이 참여할 수 있는 다양한 협동교육활동을 준비한다. 간식이나 급식 준비하기, 요리하기, 정원 가꾸기 등의 활동을 하면서 협동활동에서 각 개인이 담당하는 부분이 전체를 위하여 얼마나 중요한지를 알 수 있도록 한다.

③ 유아들의 유사점 인식을 촉진시킨다.

- 다양한 문화의 예술 작품을 감상할 수 있도록 박물관을 견학한다.
- 다른 나라 유아들의 그림이나 시 등을 인터넷 등을 이용하여 교환해 볼 수 있는 프로그램을 마련한다.
- 다른 나라의 전래 동화나 시 등을 읽고 감상한 후 우리나라의 전래 동화와 비교해 본다.
- 유아교육기관에서 실외놀이터의 시설을 이용하고 역할놀이 영역에 들어

오는 사람들의 수를 적절히 제한하고 물고기의 먹이를 주며 간식당번을 정하는 등 효과적인 집단생활을 위하여 지켜야 할 규칙들을 정한다.

- 유아교육기관에서 정한 규칙과 유아의 가정에서 지켜야 할 규칙과 지역사회에서 지켜야 할 규칙들을 서로 비교하며 그러한 규칙들을 지켜야 할 이유 등을 토론한다.
- 얼마나 다양한 가족 단위의 구성원들이 존재하는지를 알아보기 위하여 유아들의 가족구성원을 나타내는 그래프를 그려보고, 각 유아들의 가족 구성원의 유사점과 차이점들을 서로 이야기해본다.
- 다른 사회나 국가의 가족구성의 유형을 조사해보고 유아들과 자료를 만든 후 그 유사점과 차이점을 이야기한다.
- 다양한 지역사회와 국가에서 온 사람들을 초청하여 가족구성 유형과 가족이 서로 함께 하는 것, 가족이 추구하는 가치, 축하하는 날 등을 이야기한다.
- 다른 나라의 음식을 먹어본다.
- 다양한 옷과 신발 등을 조사해본다. 우리나라 안에서의 지역에 따른 다양성과 세계 여러 나라의 옷의 다양성을 조사하고 유사점과 차이점을 찾아본다.
- 유아 교실에서 유아들 간에 일대일이나 집단 내에서 다양한 방법으로 의사소통할 수 있는 기회를 제공한다.

④ 평화로운 갈등 해결을 위한 교육을 실시한다.

- 유아들이 경험하는 갈등 상황을 해결하기 위해서는 유아의 감정을 이해해주고 공격적이지 않고 유아 자신과 다른 사람들을 해치지 않는 방법으로 갈등을 해결할 수 있는 방안을 알려준다. 또한 공격적인 감정이 증가하지 않고 자신의 감정을 다스릴 수 있도록 지도한다.
- 유아 교실에서 일어나는 갈등 상황을 최소화하기 위해서는 우선 유아들이 친숙한 친구 관계를 형성하도록 도움으로써 안정감 있는 생활을 할

수 있도록 한다.

- 유아 교실에서의 갈등 상황을 최소화하기 위하여 교실환경을 구성하고 교육과정을 제공한다고 하더라도 갈등 상황은 언제든지 발생할 수 있다.
- 교사의 개입이 필요 없는 갈등 상황에서는 유아들이 스스로 문제를 해결할 수 있도록 인내해야 한다.
- 유아들의 분노나 적대감을 긍정적인 방향으로 표출할 수 있는 방법을 알려줄 수 있어야 한다.

3. 생태환경교육과 사회교육

출처: https://blog.naver.com/wwf-korea/221481771068/20190825

1) 생태환경교육의 개념

생태환경교육은 인간의 생존과 삶의 질을 개선하기 위해 환경문제에 대한 생각의 개선과 자연과 인간의 상호관계를 이해하며 환경보존을 위해 구체적 실천을 지속적으로 할 수 있도록 하는 교육이다(장은옥, 2012). 유아 생태환경교육은 자연친화교육과 유아환경교육을 함께 하는 교육을 의미한다.

근대 산업사회의 발전, 성장과 개발의 논리로 인해 가장 많은 피해를 가져온 것 중의 하나가 환경의 파괴일 것이다. 자연은 인간과 둘이 아니며 함께 더불어 살아가야 하는 자원이다. 따라서 앞으로는 인간과 자연이 하나가 되는 삶의 터전에 필요한 생태주의적 세계관을 가질 필요가 있으며, 유아들에게도 이러한 관점을 길러주어야 한다. 따라서 유아를 대상으로 하는 생태환경교육은 모든 생명의 가치와 그 실현을 존중하고 주어진 상황에서 다른 생명의 가치와 조화하면서 유아의 자연성을 실천하는 것에 초점을 두어야 한다.

생태환경교육의 목적은 사람들이 자연자원을 대상화하지 않고 인간과 함께 더불어 공존할 수 있도록 자원의 적절한 사용법을 익히고 자연에 대한 책임을 공유하여, 인간과 자연이 함께 행복한 세상을 만드는 데 도움을 주고자 하는 것이다. 즉, 유아가 자신을 자연 또는 세상의 일부로 느끼고, 우리가 살고 있는 곳을 소중하게 생각하고 주의를 기울이며, 자신의 행동이 지구와 환경에 미치는 영향에 대하여 생각할 수 있도록 돕는 교육이다.

정병호(1995)는 유아들이 자연 속에서, 흙과 바람과 물과 햇볕 안에서, 직접 만지고, 느끼고, 경험하는 모든 것들을 통해 자신이 자연의 일부분임을 몸으로 아는 미래의 세대가 자라도록 해야 하며, 자발적인 호기심에서 사물을 관찰하고 탐색하고 시련을 겪어내는 튼튼하고 섬세한 아이들로 성장할 수 있도록 교육환경이 주어져야 한다고 강조하고 있다.

21세기 지구촌사회에서의 유능한 시민은 지역과 국가의 환경뿐 아니라 지구 전체의 환경과 생태에 대해 책임있는 시민일 것이다. 유아교육에 있어 생태환경교육이 중요한 이유는 인간은 자연을 떠나서 살 수 없으며 자연 자체가 인간에겐 중요한 의미를 갖고 있기 때문이다. 생태환경교육은 곧 생명교육이기에 결정적인 시기인 유아기에 형성되는 가치관과 생활태도는 이후 삶의 태도에 반영된다(최진희, 2015). 최근 각종 환경오염과 에너지 사용의 증가 및 지구온난화 등으로 생태보호와 생태교육에 대한 필요성이 증가하고 있는 지금, 유아기 때부터의 환경과 생태에 관한 교육은 자연과 더불어 살아가는 데 매우 중요한 교육이 될 것이다.

2) 생태환경교육 내용

우리가 만드는 정원

생태환경의 보전은 인류가 당면한 시급한 과제임에 틀림이 없다. 이러한 생태환경문제를 해결하는 가장 기본은 '생활중심교육'이다. 유아 스스로 주변의 생태환경에 관심을 가질 수 있도록 돕는 생활중심교육은 환경을 소중히 여기는 마음을 길러주고 생활 속에서 환경 보전을 실천하도록 유도함으로써 현재의 생태환경문제를 해결하고 미래의 환경문제를 예방할 수 있는 능력을 가지도록 하는 데 그 목적이 있다(환경부, 2006).

환경부(2006)에서 제시하는 유아생태환경교육의 목적은 다음과 같다.

- 유아들은 주변 환경에 대해 관심을 갖고 환경을 아끼고 보호하는 의식을 형성한다.
- 유아들이 환경의 중요성을 깨닫고 환경을 보호하고 개선하고자 하는 동기와 태도를 형성한다.
- 유아들이 주변 환경에 대한 지식을 습득한다.
- 유아들이 환경 보전과 개선을 도울 수 있는 기능을 습득한다.
- 유아들이 능동적으로 환경 보전과 개선을 위한 행동을 실천한다.

유아의 생태환경교육은 사회성 발달과 밀접한 관계가 있다. 유아는 자연 속에서 자연에 대한 존중과 자연의 유익함, 소중함을 느끼고 자연을 보살피게 되고, 이것은 타인을 생각하는 마음을 길러줄 수 있다. 또한 자연 속에서 다양한 경험을 통해 유아는 긍정적인 자아를 형성하게 된다. 생태교육에 중점을 둔 교육으로 국외에서는 대표적으로 발도르프교육을 들 수 있고, 국내에서는 '공동육아'의 교육 형태를 예로 들 수 있다. 이러한 교육체제 안에서 유아들은 매일의 경험 속에서 자연을 접하고, 놀이문화나 먹거리 문화도 자연친화적으로 이루어져 있다.

위의 내용을 종합해 보면 유아생태환경교육의 내용은 유아와 환경 간의 정서적인 유대와 유아의 실생활과 관련이 있으며, 흥미와 관심을 끌 수 있어야 하고 지속적으로 체계적인 교육 아래 과정 중심, 통합적 접근의 원칙을 갖는다. 또한 자연에 대해 관심을 갖고 체험을 하며 자연친화적 태도를 갖는 것과 생태계에 관해 바라보는 태도와 개념, 지식을 획득하고 인식하며 보존 방안을 이해하는 내용으로 이루어져야 한다(최진희, 2015. p.29).

3) 생태환경교육 방법

① 바깥놀이

유아들에게 있어서 바깥놀이는 유아들 자신이 가지고 있는 지식, 개념, 경험을 자유롭게 펼칠 수 있는 시간이다. 바깥놀이를 통해 지적인 호기심과 상상력을 키우고 계절의 변화와 친구들과 더불어 살아가는 능력을 갖게 된다. 유아들에게 가장 좋은 놀잇감은 자연이다. 플라스틱으로 만든 인공적인 놀잇감보다는 물, 모래, 흙, 바람, 돌, 풀, 꽃 등의 자연물을 이용할 수 있는 놀이로 바깥놀이를 실천해야 한다. 바깥놀이는 특별한 날만 하는 활동이 아닌 일상이며 맑은 날만 아니라 흐린 날, 비오는 날, 추운 날도 가능하다.

② 산책하기

유아들과 산책을 다녀야 하는 이유는 유아들이 산책을 함으로써 그들을 둘러싸고 있는 사람과 사물과 자연의 관계방식을 알 수 있기 때문이다. 산책은 특별한 행사나 치밀하게 준비한 의도된 프로그램이 아니라 일상생활의 일부이므로 유아들이 오감으로 자연을 맘껏 느낄 수 있도록 매일 나가는 것이 좋다. 산책 장소는 가까운 곳에서 차츰 먼 곳으로, 처음에는 다양한 장소보다는 같은 장소를 반복해서 가는 것도 중요하다. 그러나 현장학습과는 조금 달라야 하며 자연과 친구와 교사와 더불어 즐거운 경험을 하는 것이 중요하다(이부미, 2001).

③ 텃밭가꾸기

텃밭가꾸기는 유아들이 흙냄새를 맡고 제 손으로 텃밭을 일구고 채소들을 길러봄으로써, 계절과 날씨의 변화를 느끼고, 날씨와 식물성장의 관계 등 자연이 인간에게 얼마나 큰 도움을 주고 있는가 등의 자연과 함께 하는 삶을 이해하는 데 도움이 될 수 있다. 텃밭가꾸기는 일정한 시간과 활동을 정해서 하는 계획된 일이 아닌 유아들의 일상적인 일이며, 등하원길이나 놀이터에서 놀다가 혹은 산책길에 들러서 자연스럽게 가꾸고 돌볼 수 있다(권성현, 2006).

자연과 함께 하는 바깥놀이

④ 정리와 청소습관 기르기

자신의 주변을 청결하게 하기 위해서 자신이 사용한 물건을 제자리에 정돈하고 청소하는 습관을 기른다. 집뿐만 아니라, 유아교육기관에서 공동으로 사용하는 장난감이나 책 등의 물건을 함께 청소하고 정리하기 등의 습관화는 공동체생활을 위해서 필요하다.

⑤ 절약하기

절약의 습관은 유아들에게 생태의 기본 핵심인 순환과 돌림의 경제를 인식시키고 실천하도록 도와주는 데 목적이 있다. 동시에 낡은 옷 하나도 그 존재 가치를 인정하고 섬기려는 옛 어른들의 섬김의 문화가 갖는 의미를 유아들에게 전하기 위함이다. 실천할 수 있는 활동으로는 유아들의 시장놀이를 통한 물물교환 알뜰마당, 각종 폐품 활용하기, 입던 옷 물려주기, 전기와 수도 아껴쓰기, 1회용품 안 쓰기, 쓰레기 분리수거 등이 있다(하정연, 2004).

4. 전통문화교육과 사회교육

전통문화교육은 유아들이 성장하여 현대사회를 살아가며 어쩔 수 없이 겪게 될 서구지향적인 가치와 문화를 수용하게 하면서도, 우리나라의 전통적인 정신과 문화를 잃지 않는 조화와 균형을 이룰 수 있게 도와주고, 자신의 뿌리와 전통을 알고 우리의 문화에 긍지를 가질 수 있는 올바른 삶의 자세를 갖도록 해 준다. 전통교육의 내용으로 '전통문화'라는 개념을 사용하는 이유는 조상들의 생활양식과 관련된 것이기 때문이며, 전통문화교육은 전통적인 세계관을 중심으로 전통체험과 전통적 생활문화가 유기적으로 결합되어야 그 목표를 달성할 수 있다(정재걸, 1999; 박미진, 2015 재인용). 미래지향적인 삶을 준비하고 살아가는 우리에게 전통문화교육이 왜 필요한가에 대한 대답을 간략히 살펴보면 다음과 같다.

첫째, 전통문화교육은 한국의 정체성을 형성해 준다.

둘째, 전통문화교육은 외래문화에 대한 비판적 수용능력을 길러 줄 수 있다. 유아로 하여금 전통문화와 외래문화의 장단점을 파악하여 외래문화를 무조건 따르지 않고 비판적으로 수용하여 현재와 미래에 적합한 또 하나의 전통을 재창조할 수 있는 개방적인 자세를 키워준다.

셋째, 전통문화교육은 세계와 국제화교육의 일환이기 때문이다. 진정한 세계화이면서 국제화는 자신의 전통문화에 기반을 두고 새로운 문화를 재창출하여 타국의 문화와 조화롭게 공존하는 것이다.

넷째, 전통문화교육은 현대의 극대화된 개인주의를 극복할 수 있다. 전통문화교육은 유아들에게 타인과의 관계 속에서 위계질서와 도덕, 자연과 인간의 화해를 통한 자연과 인간의 협동으로 개인주의를 극복하여 인간과 인간, 인간과 자연과의 관계 속에서 더불어 살아가는 이상을 심어줄 수 있다.

다섯째, 전통문화교육은 인지를 포함한 인성교육을 가능하게 한다.

여섯째, 전통문화교육은 창의력 신장의 원동력이 될 수 있다(문미옥, 2004).

이러한 전통문화교육의 필요성에 따른 목적은 '수천년 간 전해내려 온 우리 전통을 알고, 그중 좋은 점을 따르는 사람, 새 시대의 필요에 따라 우리 전통을 변화시킬 수 있는 사람, 우리 전통을 기초로 외국의 좋은 문화를 우리 것으로 완전히 소화하여 전통을 재창조하는 사람'을 키우는 것이라 할 수 있다(문미옥, 2001).

1) 전통문화교육의 내용 및 방법

서윤희 외(2010)는 전통문화 관련 선행연구(방인옥, 2002; 정제걸·이혜영, 1993)와 2007 개정 유치원 교육과정(교육과학기술부, 2008) 및 유치원 교육활동 지도서(교육부, 1009)의 내용을 기초로, 전통문화교육내용을 전통생활문화, 전통예술문화, 전통놀이문화, 전통역사문화 등 4개의 내용범주로 분류하였다.

표 4-2 | 전통문화교육의 내용 분류

내용범주	의미	내용
전통생활 문화교육	조상들이 살아온 일상생활 중 우리에게 전해지는 것으로 시대의 사회문화적 특성이 반영되어 있고 선조들의 지혜와 풍습이 담겨있는 것	의, 식, 주 세시풍속 및 의례 일상생활도구
전통예술 문화교육	사람의 감성을 기르고 자신의 내면을 표현하는 수단으로 인류와 함께 시작된 정신활동	전통음악, 전통문학, 전통미술
전통역사 문화교육	그 나라의 가치를 대변할 수 있는 귀중한 자료로 역사를 통해 그 나라의 국민성을 엿볼 수 있으며 민족성을 이해	문화재, 역사, 상징
전통놀이 문화교육	민간에 의해 전승되어 온 정통성, 역사성, 고유성, 지속성을 지니는 전통놀이를 하게 함으로써 자연스럽게 전통문화와 가치를 접할 수 있음	두꺼비 집 짓기, 실뜨기, 동대문놀이, 산가지놀이, 고누놀이, 제기차기, 투호, 연날리기, 윷놀이 등

출처: 박미진(2015). p. 17-20.

전통문화교육은 전통체험으로 과거에 이루어진 문화적 결과들을 이해하고, 이를 현재 어떻게 활용하며, 미래로 어떻게 연결할지에 대해 가르쳐야 한다. 그렇기 때문에 유아들에게 전통문화교육이 갖는 의미, 본질, 필요성에 대해 이해하고 관심과 흥미를 가질 수 있도록 교육해야 하기 때문에 사실에 기반을 둔 전통문화의 유래 및 의미 등에 대한 사실적 전달이 먼저 선행될 수 있도록 해야 한다. 유아교육기관에서 전통문화교육은 과거로부터 내려온 문화적 유산이나 유물 등의 결과물에 대한 단편적인 지식습득과 이해만이 아니라 현재를 살아가고 있는 유아들의 삶 속에서 옛 조상들의 삶과 정신문화의 본질을 이해할 수 있는 경험을 제공하는 교육으로 이루어져야 한다(서윤희·변선주·최기영, 2010).

5. 역사교육과 사회교육

역사는 시간의 흐름에 따라 '연속성'과 '변화'가 함께 나타난다. 그렇기 때문에 역사를 이해하기 위해서는 무엇보다 시간의 흐름을 이해할 수 있어야 한다. Piaget에 의하면 유아가 시간을 이해하고 논리적으로 조작하는 일은 어렵지만, 자신의 일상 경험을 중심으로 주관적이며 직관적으로 시간을 이해한다면 이러한 시간의 경험이 점차 추상적인 시간에 대한 이해로 진전될 것이라고 하였다(이영자 외, 2001). Seefeldt(1997) 역시 유아기에는 시간에 대한 개념이 하루 삶의 순환과 반복, 연속되는 사건을 경험함으로써 발달한다고 하였다. 그렇기 때문에 유아에게 조직상의 시간 개념에 대해 말하게 하는 것을 가르치는 것보다 성인이 유아에게 자연스러운 일상 가운데 시간 개념에 대한 호칭을 알려주고, 그들의 일상적 삶 가운데 시간 개념을 습득하게 하는 것은 유아에게 시간을 가르치기에 적합한 방법이다(성선재, 2008 재인용).

표 4-3 | 시간개념의 발달

2세경	• 시간개념이 거의 없고, 현재에 대해서만 관심 • '지금', '오늘', '잠깐만' 등과 같은 단어 사용 시작
5세경	• 과거, 현재, 미래를 구분하는 단어를 사용하기 시작 • 어제, 오늘, 내일을 인식하며 하루의 활동을 순서대로 말할 수 있음
7세경	• 지나간 사건을 연대적으로 인식하며 하루의 활동을 순서대로 말할 수 있음 • 날짜, 요일, 월, 계절을 순서대로 파악하며 특정시각을 파악

김한종(1995); 성선재(2008); 조연순(1986).

1) 역사교육의 내용

유아를 위한 역사교육에서 다루어야 할 개념으로는 시간, 변화, 연속성, 과거 4가지가 있다(교육부, 1997; 이영자 외, 2001; 이은화·김영옥, 1993; Melendez,

2000; NCSS, 1994; Seefeldt, 1997).

① 시간

역사는 시간의 흐름이다. 즉, 역사를 이해하기 위해서는 먼저 시간 개념이 형성되어야 한다. 유아는 일상생활을 통하여 시간의 흐름과 순서를 자연스럽게 경험함으로써 시간을 이해할 수 있다.

② 변화

유아는 최근이나 오래전의 이야기를 듣게 되면서 변화를 느끼고, 변화가 두려워해야 할 것이 아님을 인식할 수 있게 된다. 또한 유아는 유아의 삶 가운데서 동생의 출생과 같은 가족의 변화, 과거 삶의 생활 방식의 변화를 직접 또는 간접적으로 경험하게 되면서 변화에 대한 개념을 형성하게 된다.

③ 연속성

연속성이란 시간이 흘러도 가족은 가계를 통하여 지속되며 사람들이 생활 속에서 놀이, 명절 등과 같이 지속되어 오듯이 삶은 끊임없이 변화하고 있지만 인간의 경험은 계속된다는 것, 각 세대 간에 서로 상호작용하고 관계를 맺음으로써 역사가 이어져 간다는 것, 세대 간의 접촉을 통해서 삶이 연속된다는 것을 체험적으로 알도록 하는 것이다(조순옥 외, 2012).

④ 과거

유아는 역사를 통해서 과거의 개념을 형성하게 된다. 유아기에는 유아의 가장 가까운 과거로부터 시작한다. 유아는 과거에 있었던 일을 회상하고 기억할 뿐만 아니라 과거에 사용되었던 물건들, 과거에 살았던 사람들의 이야기를 들으면서 과거를 경험하게 된다.

이러한 역사교육의 4가지 중요한 개념을 이해하기 위해 필요한 경험에는 다음과 같은 것이 있다(NCSS, 1994).

- 같은 사건과 상황에 대해서 각기 다른 사람들이 기술하는 방법은 다양하다는 이해를 견해의 차이에 대한 근거들을 인용하면서 나타낼 수 있도록 한다.
- 과거, 현재, 미래 그리고 오래전과 같은 시제와 관련된 단어들을 정확하게 사용할 수 있는 능력을 보여줄 수 있도록 해야 하고, 기본 시간표를 작성하며, 변화의 예를 분별하고 인과관계에 관한 예를 인식할 수 있도록 해야 한다.
- 과거의 사건과 사람, 장소, 및 상황에 관한 다른 기록이나 이야기들이 과거를 이해하는 데 어떤 공헌을 하는지 분별하면서 비교하고 대조할 수 있게 해야 한다.
- 과거를 재구성하는데 필요한 기록, 서신, 일기, 지도, 교재, 사진 등 다양한 정보들을 분별하고 사용할 수 있게 해야 한다.

표 4-4 | 유아에게 역사를 체험하기 위한 질문들

요소	질문들
문화	• 나의 가족은 이 공동체에 어떻게 오게 되었는가? • 내 조부모들이 했던 활동은 무엇이었는가? • 우리 공동체에서는 어떤 다른 언어들이 사용되었는가? • 사람들이 과거에는 어떤 전통을 따랐는가? • 유아들이 다른 공동체나 나라에서 어떤 활동을 했는가? • 과거에는 축제들이 어떻게 시행되었는가? • 이전에 내 공동체에 살았던 사람들은 누구였는가?
시간 연속 변화	• 과거에는 유아들이 어떤 노래나 음악을 좋아했는가? • 다른 나라 아이들은 과거에 어떤 놀이를 했는가? • 내가 어렸을 때 어떤 활동들을 하곤 했는가? • 내가 전에 할 수 없었던 것 중 지금은 어떤 것을 할 수 있는가? • 내 집은 어떻게 변했는가? • 과거에 다른 공동체에서는 집들이 어떻게 지어졌는가? • 우리 공동체는 어떻게 변했는가? • 우리의 공동체를 지은 사람들의 이름은 무엇인가?

요소	질문들
사람 장소 환경	• 내 가족은 어디에서 왔는가? • 나의 친구들을 어디에서 사는가? • 우리의 공동체의 특징은 무엇인가? • 다른 장소에서 사람들은 무슨 활동을 하는가? • 다른 장소에서는 집들이 어떻게 생겼는가?

출처: 성선재(2018) 재인용; Melendez(2000).

역사는 인간이 이루어 놓은 모든 것이라고 할 수 있다. 그렇기 때문에 유아에게 가르치려 할 때 통합된 지식의 형태로 접근해야 한다.

6. 지리교육과 사회교육

지리교육이란 공간에 대한 감각을 발달시키고 장소의 물리적 요소와 인적 요소 그리고 이들 요소가 어떻게 상호작용하며 장소의 특성에 영향을 미치는가에 대해 가르치는 교육이다(교육과학기술부, 2007). 다시 말해 유아가 주변 환경을 탐색하기 시작하고 사물을 구별, 인식하고 경험하게 됨으로써 자신의 머릿속에 장소, 공간, 사물, 환경에 대한 개념을 형성하게 되고, 이에 대한 사람들의 대처방식 및 상호작용에 대해서도 이해할 수 있도록 가르치는 교육이다. 유아에게 지리교육은 생활에 필요한 정보를 얻고 환경에 대한 개인적 조절 감각을 획득하며, 사물과 장소에 대한 인식과 감각을 발달시키고 환경에 대한 책임감을 증진시킬 수 있으며, 세상의 아름다움에 경이감을 갖고 지역 수준을 넘어서 세계 수준에서 다양한 문제를 해결하기 위한 소양을 갖추기 위해 필요하다(Maxim, 2004; Melendez, 2000).

표 4-5 | 유아지리교육의 주요 내용 정의 및 내용의 예

주요개념	정의	내용의 예
방향과 위치	사물의 위치와 방향	방향과 위치를 나타내는 용어가 있다(예: 위, 아래, 앞, 뒤, 옆, 앞으로, 뒤로, 오른쪽, 왼쪽 등).
지도	지도의 기능	위치나 장소를 나타내기 위해서 지도를 사용한다.
우리가 살고 있는 지역	• 지역의 특징 • 주변 지역의 구성과 형태	• 우리가 살고 있는 지역은 이름과 특징이 있다. • 지역에 따라 다양한 동·식물이 산다. • 우리가 살고 있는 지역은 땅으로 된 부분(딱딱한 땅, 모래, 진흙 등), 물로 덮인 부분(강, 호수, 바다 등), 평평한 곳, 언덕이나 산과 같이 솟아 오른 부분 등으로 되어 있다.
지리적 환경과 대처 방식	• 사람들이 살고 있는 지리적 환경 • 환경과 생활	• 사람들은 다양한 지리적 환경 속에서 살고 있다. • 기후에 따라 사람들의 생활방식이 다르다. • 사람들은 편리한 생활을 위하여 지형을 변화시킨다(예: 언덕이나 산을 깎아서 만든 도로 공사, 댐이나 저수지 건설에 의한 변화)
다른 지역 간의 상호작용	• 다른 지역 사람들 간의 상호작용 및 방법 • 여행	• 멀리 떨어져 사는 사람들은 교통수단(자동차, 기차, 비행기, 배 등)을 사용하여 왕래한다. • 사람들은 통신수단(편지, 전화, 컴퓨터 등)을 사용하여 연락을 한다.

출처: 교육인적자원부(2007). 교사와 유아를 위한 유아사회교육 활동자료. p. 31.

1) 유아기에 습득해야 하는 지리기술

유아기에 습득해야 하는 지리기술로는 지리적 질문하기, 지리적 정보 획득하기, 지리적 정보 조직하기, 지리적 정보 분석하기, 지리적 질문에 대답하기가 있다.

지리 기술	유아행동
1. 지리적 질문하기	• 집, 교실, 학교에 있는 사물이나 지역의 위치에 대해 질문하기 • 또래, 친척, 자신들의 집에 대해 질문하기 • 이야기 안에 묘사된 장소들에 대해 질문하기 • 동물들이 사는 장소에 대해 질문하기 • 미디어에서 이야기하는 장소에 대해 질문하기 • 지형 등에 대해 흥미 보이기 • 이야기나 뉴스 속 장소들의 지리적인 특징 알기 • 먼 곳과 교통수단에 대해 질문하기 • 사람들이 사용하는 길에 대해 질문하기 • 공동체 안에서 사용하는 땅에 대해 질문하기
2. 지리적 정보 획득하기	• 공간(집, 교실, 놀이 공간)에 대한 특성들을 발견하기 위해 탐색하기 • 한 영역 내에 있는 사물들을 조작하여 정보 모으기 • 장소(미술관, 동물원, 농장 등)를 방문하여 정보 모으기 • 특별한 지역에 관한 정보를 모으기 위해 사진이나 그림 관찰하기 • 책을 통해 정보 모으기 • 시간의 변화를 관찰하고 정보 기록하기(날씨 등) • 방문한 장소의 사진 찍기 • 그림을 그리거나 녹음하여 정보 기록하기
3. 지리적 정보 조직하기	• 블록이나 사물들을 사용하여 직접 경험을 통해 얻은 정보를 나타내기 • 그림을 그려 관찰했던 것 표현하기 • 장소와 관련된 정보를 묘사하기 위하여 잡지나 다른 자료에서 사진 오리기 • 날씨의 변화, 도로나 건물 공사 시 경치 변화, 날씨에 따른 사람들의 의상 변화를 매일 기록하기 • 간단한 지도 준비하기 • 그림 도표를 사용하여 정보 나타내기
4. 지리적 정보 분석하기	• 장소를 방문하고, 그곳의 특징에 대한 느낌 나누기 • 책에서 예시들을 찾아 헤매기 • 사진이나 그림들을 관찰하고 그것들의 특성이나 관계에 대해 해석하기 • 교실과 다른 장소 사이의 거리를 알아보기 위해 학교 배치도 사용하기 • 유아 자신이나 친구들이 살고 있는 곳을 지도에서 찾아보기 • 그림 도표를 보고 그것의 의미 해석하기 • 거리, 나라들의 크기 등을 비교하기 위해 지구본이나 지도 관찰하기
	• 유아들이 살고 있는 장소를 묘사하기 위해 참고자료 사용하기 • 뉴스나 미디어에서 본 장소에 대한 정보 공유하기 • 사진이나 그림의 유사한 장소를 인지하기

지리 기술	유아행동
5. 지리적 질문에 대답하기	• 사물이나 사람의 위치를 자세하게 묘사하기 • 한 공간 안의 장소나 사물들을 묘사하기 위해 블록이나 다른 사물들을 사용하여 모델 구성하기 • 장소에 대한 느낌을 공유하기 위해 그림 그리기 • 길을 찾기 위해 간단한 지도 사용하기

출처: Melendez, W.R., Beck, V., & Fietcher, M.(2000). Teaching social studies in early education. Albany, NY: Delmar. 150.

7. 경제교육과 사회교육

경제교육은 경제현상을 올바르게 이해하고 경제적인 지식을 바탕으로 합리적인 의사결정을 할 수 있도록 경제적 사고방식을 길러주는 교육이다. 유아기의 경제교육은 생각하고, 구매할 기회를 통해 소비자로서의 태도와 기술을 익히며, 상품과 서비스를 제공하는 다양한 일을 하는 사람들의 수고에 대해 알고 감사하기 등 기본적인 경제 개념에 대한 이해, 태도, 기술, 사고과정에 대한 지도 등이 포함된다(조순옥 외, 2002).

1) 경제교육의 내용

유아기 경제교육의 내용은 환경에서 제공되는 제한된 자원을 사회구성원들이 합리적으로 소비해야 할 필요성을 이해하는 데서 시작한다(교육부).

① 제한된 자원

부족한 자원을 어떻게 사용하며, 제한된 자원으로 어떻게 요구되는 수요에 따라 잘 공급할 수 있는가를 인식하는 것으로 원하는 것과 필요한 것을 구분하기, 부족한 자원 아껴 쓰기, 재활용을 통한 절약하기 등의 활동이 있다.

② 소비

소비란 원하는 것과 필요한 것을 결정하고 이용 가능한 자원을 적절하게 사용하는 것이다. 또한 이를 통해 우리가 모두 필요한 상품과 서비스를 사는 소비자임을 아는 것이다.

③ 생산

생산이란 소비자의 무제한의 원함을 충족시키고자 하는 것을 의미한다. 이를 위한 활동의 내용으로는 상품과 서비스를 만들어 내는 많은 분들의 일과 수고를 알기, 하나의 일을 이루기 위해 다양한 종류의 일을 하는 사람이 필요하며 서로 협력해야 함을 알기, 여러 가지 직업 등에 대한 학습, 지역사회에 대한 학습 등이 있다. 하지만 유아들은 각 사람이 생산자인 동시에 소비자라는 것을 이해하기는 어렵다.

④ 돈의 사용과 가치

물건을 구매하거나 서비스를 얻기 위해 돈을 사용하게 되며 돈은 교환의 매개체가 됨을 이해하는 것이다. 활동내용으로는 돈과 직업의 관계, 사물과 돈의 구별, 돈의 이름 및 모양 변별, 사용할 수 있는 돈의 양이 제한되어 있다는 것을 알기, 저금과 은행의 역할을 알기 등이 있다.

내 용	관련 개념
소비	• 소비자 개념 이해: 사물을 사용하고 쓰는 사람 • 소비의 시기: 오랜 시간에 걸쳐 쓸 수도 있고 금방 써버릴 수도 있음. 원하는 것과 필요한 것의 차이 알기 • 소비의 형태: 물건 또는 서비스 • 절약: 아껴쓰기, 욕심 부리지 않기
돈	• 사물과 돈의 구별(예: 장난감과 돈은 다르다) • 동전의 이름 및 모양 변별 • 교환매체로서의 돈 인식 • 사용할 수 있는 돈의 양이 제한되어 있음

내 용	관련 개념
	• 돈을 모을 수 있고 빌리거나 빌려줄 수 있음 • 돈의 출처 • 돈과 일(직업)의 관계 • 물건의 가격 • 은행이 하는 일 • 저축하기
물건구매/ 시장개념	• 물건 사기 • 물건의 가격 알고 지불하기 • 물건을 선택(대안 찾기) 결정하기 • 선택의 결과 알아보기 • 금전 등록기 사용하기 • 물건과 돈을 교환하는 과정(거스름돈) 알기 • 산 물건의 소유에 대해 알기 • 물건의 출처(유통) 알기
직업과 일	• 여러 가지 다른 직업의 종류 • 일의 전문화 • 지역사회(구두가게, 은행, 소방서, 슈퍼마켓 등)에 대한 학습 • 이웃사람들의 일
생산	• 생산의 과정 • 소비하기 전에 생산되어야 함 • 물건의 생산자 • 제한된 자원은 물건과 서비스의 생산에 필요함
광고	• 상업적인 것에 대한 이해 • TV 광고와 상업의 목적 • 판매전략 • 광고에서 경험한 장난감 및 생산품 평가하기

출처: 김영옥·홍혜경(1998). 유아의 소비생활 인식과 경제교육을 위한 교육과정 모색. 춘계학술대회: IMF 관리 체제에서의 아동-청소년 생활 변화와 적응. 서울: 서울여자대학교. p. 40-63.

표 4-6 | 유아 경제교육의 주제 및 개념

주제	경제개념
장난감을 갖고 싶어요.	욕구와 희소성 선택과 기회비용 그리고 비교 우위
장난감의 가격은 얼마인가요?	수요와 공급 가격과 관련 변수
장난감을 가지려면 무엇이 필요한가요?	교환과 거래 화폐
돈은 어떻게 벌 수 있나요?	돈 벌기 돈 관리하기–금융기관의 역할
장난감은 어떻게 만들어지나요?	기업(생산자)이 하는 일 수입과 수출
장난감은 어디서 사야 할까요?	시장의 기능 도매상과 소매상
드디어 장난감을 샀어요.	영수증 받기 정부가 하는 일
나는 현명한 소비자입니다.	합리적인 소비생활 소비자의 권리와 책임

출처: 김영옥·최윤정·최수경(2005). 유아 금융 교실. 서울: 금융감독원.

2) 경제 개념의 발달

유아가 개인적인 경험 및 사회적인 요인에 의해 돈과 소유 윤리적인 가치를 경험하게 되는 과정을 제시하고 있는 Estess와 Baroca(1994, 이희숙 외 역, 2001)의 내용을 바탕으로 한 여러 학자들의 연구 결과를 중심으로 연령별 경제 개념발달을 정리해 보면 다음과 같다.

표 4-7 | 연령별 경제 개념의 발달

연령	돈에 대한 관심, 소비와 저축	소유
3세	• 놀잇감과 동전의 구별이 가능함 • 가게에서 물건이나 놀잇감을 살 수 있지만 돈이 상품과 교환된다는 사실은 인식하지 못함(예: 가게에서 사탕과 장난감을 가져오지만 돈과 교환된다는 것은 알지 못함) • 원한다면 원하는 모든 것을 가질 수 있다고 생각함 • 돈과 돈이 아닌 것은 구분하나 다양한 동전의 차이점을 구분하지 못함	
4세	• 동전 이름을 구분하지 못하지만 돈이 물건을 사는 데 필요함을 인지 • 돈이 어디서 오고 어떻게 사용하는지를 이해하지 못하며 돈을 버는 것에 흥미를 가지지만 이해하기는 어렵다. 돈을 주고 물건을 교환하는 것을 좋아하지만 돈에 관심이 많지 않음 • 돈의 출처에 대해 4~5세 유아는 사람들이 가게에서 물건을 산후에 거스름돈을 받음으로써 돈을 얻거나, 은행이나 부자의 기부를 통해서 얻는다고 생각함 • 돈이 교환 수단으로서 이용됨을 안다 • 가게놀이에서 소비와 구매개념을 나타냄 • 돈과 돈이 아닌 것을 구분하기는 하지만 동전 종류는 구분 못함	소유 개념은 물건의 소유에 집착하지 않는다. 자기 물건을 자랑스럽게 생각하여 자기가 좋아하는 물건을 모으기 시작하지만, 제대로 관리하는 능력은 부족하기 때문에 관리는 소홀한 편이어서 물건을 부수기도 한다. 그러나 다른 사람의 물건에 욕심을 내기 시작한다.
5세	돈에 관심이 많지는 않으나 돈을 주고 물건을 교환하는 것을 좋아함	• 물건의 소유에 지나치게 집착하지 않음 • 자기 물건을 자랑스럽게 생각하지만 제대로 관리하는 능력은 부족함
5세 중반	• 동전의 이름을 구별하여 10원이 몇 개 모여 100원이 되는지를 알게 되고, 물건을 구입할 때 돈이 중요하다는 것은 인식하지만 돈을 잘 잃어버리고 충동구매가 잦음 • 특정한 것을 구입할 때만 돈의 중요성을 인	• 자기가 좋아하는 물건을 모으기 시작하나 관리는 매우 소홀한 편임(물건을 부수기도 함) • 개인 소유의 물건에 욕심을

연령	돈에 대한 관심, 소비와 저축	소유
	식함 • 저축 개념은 거의 없음 • 물건을 사기 전에 선택을 망설임	내기 시작함
6세	• 물건을 구입할 때 돈이 중요하다는 것을 인식함 • 돈을 잘 잃어버림 • 충동구매가 잦음 • 저축개념은 거의 없음 • 많은 아이들이 이 단계에서 용돈을 받음 • 물건에는 가격이 있다는 것을 이해함 • 6세가 되면 점차적으로 여러 가지 동전의 차이를 이해함 • 사람들이 거스름돈을 받음으로써 돈을 얻게 된다고 생각하기도 하지만, 일이 돈을 버는 중요한 방법이라는 생각도 하게 됨	• 자랑하거나 나눠주기 위해 자기 소유의 물건을 유아교육기관에 가져감 • 유아교육기관에서 작업한 것을 부모에게 보여 주기 위해 집에 가져오기도 함 • 자기 소유의 물건에 대한 관리에 무책임함 • 잡다한 물건을 모으기 시작함

PART
03

유아사회교육의 운영

Chapter

05

유아사회교육과 교육과정

1. 2019 개정 누리과정과 유아사회교육

1) 누리과정의 이해

우리나라의 보육기관과 교육기관이 이원화되어 있던 교육과정을 2012년 3월부터는 만 5세에게 누리과정을 적용하게 되었고, 2013년 3월부터는 3~5세 누리과정으로 확대·시행되었다. 이로써 유치원과 어린이집으로 이원화되어 있는 교육·보육과정을 통합하여 유아기 단계에서 양질의 공통과정을 제공할 수 있게 되었다. 이는 만 5세에게만 적용되던 누리과정이 만 3~4세까지 연계된 공통과정으로 시행됨으로써 3~5세 유아 모두가 생애 초기의 공정한 출발선을 보장받게 된 것으로 그 의의가 크다 할 수 있겠다.

또한 2013년에 시행되었던 3~5세 누리과정이 2020년 3월부터 개정되어 2019 개정 누리과정으로 시행되는데, 여기에서는 개정된 2019 개정 누리과정을 먼저 살펴보도록 한다.

2) 누리과정의 성격

누리과정은 3~5세 유아를 위한 국가 수준의 공통교육과정이다.

가. 국가 수준의 공통성과 지역, 기관 및 개인 수준의 다양성을 동시에 추구한다.

나. 유아의 전인적 발달과 행복을 추구한다.

다. 유아 중심과 놀이 중심을 추구한다.

라. 유아의 자율성과 창의성 신장을 추구한다.

마. 유아, 교사, 원장(감), 학부모 및 지역사회가 함께 실현해가는 것을 추구한다.

3) 누리과정의 구성방향

(1) 추구하는 인간상

누리과정이 추구하는 인간상은 다음과 같다.

가. 건강한 사람
나. 자주적인 사람
다. 창의적인 사람
라. 감성이 풍부한 사람
마. 더불어 사는 사람

(2) 목적과 목표

① 목적

누리과정의 목적은 유아가 놀이를 통해 심신의 건강과 조화로운 발달을 이루고 바른 인성과 민주시민의 기초를 형성하는 데 있다.

② 목표

가. 자신의 소중함을 알고, 건강하고 안전한 생활습관을 기른다.
나. 자신의 일을 스스로 해결하는 기초 능력을 기른다.
다. 호기심과 탐구심을 가지고 상상력과 창의력을 기른다.
라. 일상에서 아름다움을 느끼고 문화적 감수성을 기른다.
마. 사람과 자연을 존중하고 배려하며 소통하는 태도를 기른다.

(3) 구성의 중점

누리과정 구성의 중점은 다음과 같다.

① 3~5세 모든 유아에게 적용할 수 있도록 구성한다.
② 추구하는 인간상 구현을 위한 지식, 기능, 태도 및 가치를 반영하여 구성한다.
③ 신체운동·건강, 의사소통, 사회관계, 예술경험, 자연탐구의 5개 영역을 중심으로 구성한다.
④ 3~5세 유아가 경험해야 할 내용으로 구성한다.
⑤ 0~2세 보육과정 및 초등학교 교육과정과 연계성을 고려해 구성한다.

4) 누리과정의 운영

(1) 편성·운영

다음의 사항에 따라 누리과정을 편성·운영한다.

① 1일 4~5시간을 기준으로 편성한다.
② 일과 운영에 따라 확장하여 편성할 수 있다.
③ 누리과정을 바탕으로 각 기관의 실정에 적합한 계획을 수립, 운영한다.
④ 하루 일과에서 바깥놀이를 포함하여 유아의 놀이가 충분히 이루어지도록 편성하여 운영한다.
⑤ 성, 신체적 특성, 장애, 종교, 가족 및 문화적 배경 등으로 인한 차별이 없도록 편성하여 운영한다.
⑥ 유아의 발달과 장애 정도에 따라 조정하여 운영한다.

⑦ 가정과 지역사회와의 협력과 참여에 기반하여 운영한다.
⑧ 교사 연수를 통해 누리과정의 운영이 개선되도록 한다.

(2) 교수·학습

교사는 다음 사항에 따라 유아를 지원한다.

① 유아가 흥미와 관심에 따라 놀이에 자유롭게 참여하고 즐기도록 한다.
② 유아가 놀이를 통해 배우도록 한다.
③ 유아가 다양한 놀이와 활동을 경험할 수 있도록 실내외 환경을 구성한다.
④ 유아와 유아, 유아와 교사, 유아와 환경 간에 능동적인 상호작용이 이루어지도록 한다.
⑤ 5개 영역의 내용이 통합적으로 유아의 경험과 연계되도록 한다.
⑥ 개별 유아의 요구에 따라 휴식과 일상생활이 원활히 이루어지도록 한다.
⑦ 유아의 연령, 발달, 장애, 배경 등을 고려하여 개별 특성에 적합한 방식으로 배우도록 한다.

(3) 평가

평가는 다음 사항에 중점을 두고 실시한다.

① 누리과정 운영의 질을 진단하고 개선하기 위해 평가를 계획, 실시한다.
② 유아의 특성 및 변화 정도와 누리과정의 운영을 평가한다.
③ 평가의 목적에 따라 적합한 방법을 사용하여 평가한다.

④ 평가의 결과는 유아에 대한 이해와 누리과정 운영 개선을 위한 자료로 활용할 수 있다.

2. 2019 개정 누리과정의 영역별 목표 및 내용

누리과정은 신체운동·건강, 의사소통, 사회관계, 예술경험, 자연탐구 등 5개 영역으로 구성된다.

1) 신체운동·건강

(1) 목표

실내외에서 신체활동을 즐기고, 건강하고 안전한 생활을 한다.

① 신체활동에 즐겁게 참여한다.
② 건강한 생활습관을 기른다.
③ 안전한 생활습관을 기른다.

(2) 내용

내용 범주	내용
신체활동 즐기기	신체를 인식하고 움직인다.
	신체 움직임을 조절한다.
	기초적인 이동운동, 제자리운동, 도구를 이용한 운동을 한다.
	실내외 신체활동에 자발적으로 참여한다.
건강하게 생활하기	자신의 몸과 주변을 깨끗이 한다.
	몸에 좋은 음식에 관심을 가지고 바른 태도로 즐겁게 먹는다.

내용 범주	내용
	하루 일과에서 적당한 휴식을 취한다.
	질병을 예방하는 방법을 알고 실천한다.
안전하게 생활하기	일상에서 안전하게 놀이하고 생활한다.
	TV, 컴퓨터, 스마트폰 등을 바르게 사용한다.
	교통안전 규칙을 지킨다.
	안전사고, 화재, 재난, 학대, 유괴 등에 대처하는 방법을 경험한다.

2) 의사소통

(1) 목표

일상생활에 필요한 의사소통능력과 상상력을 기른다.

① 일상생활에서 듣고 말하기를 즐긴다.
② 읽기와 쓰기에 관심을 가진다.
③ 책이나 이야기를 통해 상상하기를 즐긴다.

(2) 내용

내용범주	내용
듣기와 말하기	말이나 이야기를 관심 있게 듣는다.
	자신의 경험, 느낌, 생각을 말한다.
	상황에 적절한 단어를 사용하여 말한다.
	상대방이 하는 이야기를 듣고 관련해서 말한다.
	바른 태도로 듣고 말한다.
	고운 말을 사용한다.

내용범주	내용
읽기와 쓰기에 관심 가지기	말과 글의 관계에 관심을 가진다.
	주변의 상징, 글자 등의 읽기에 관심을 가진다.
	자신의 생각을 글자와 비슷한 형태로 표현한다.
책과 이야기 즐기기	책에 관심을 가지고 상상하기를 즐긴다.
	동화, 동시에서 말의 재미를 느낀다.
	말놀이와 이야기 짓기를 즐긴다.

3) 사회관계

(1) 목표

자신을 존중하고 더불어 생활하는 태도를 가진다.

① 자신을 이해하고 존중한다.
② 다른 사람과 사이좋게 지낸다.
③ 우리가 사는 사회와 다양한 문화에 관심을 가진다.

(2) 내용

내용범주	내용
나를 알고 존중하기	나를 알고 소중히 여긴다.
	나의 감정을 알고 상황에 맞게 표현한다.
	내가 할 수 있는 것을 스스로 한다.
더불어 생활하기	가족의 의미를 알고 화목하게 지낸다.
	친구와 서로 도우며 사이좋게 지낸다.
	친구와의 갈등을 긍정적인 방법으로 해결한다.
	서로 다른 감정, 생각, 행동을 존중한다.

내용범주	내용
	친구와 어른께 예의바르게 행동한다.
	약속과 규칙의 필요성을 알고 지킨다.
사회에 관심 가지기	내가 살고 있는 곳에 대해 궁금한 것을 알아본다.
	우리나라에 대해 자부심을 가진다.
	다양한 문화에 관심을 가진다.

4) 예술경험

(1) 목표

아름다움과 예술에 관심을 가지고 창의적 표현을 즐긴다.

① 자연과 생활 및 예술에서 아름다움을 느낀다.
② 예술을 통해 창의적으로 표현하는 과정을 즐긴다.
③ 다양한 예술 표현을 존중한다.

(2) 내용

내용범주	내용
아름다움 찾아보기	자연과 생활에서 아름다움을 느끼고 즐긴다.
	예술적 요소에 관심을 갖고 찾아본다.
창의적으로 표현하기	노래를 즐겨 부른다.
	신체, 사물, 악기로 간단한 소리와 리듬을 만들어 본다.
	신체나 도구를 활용하여 움직임과 춤으로 자유롭게 표현한다.
	다양한 미술 재료와 도구로 자신의 생각과 느낌을 표현한다.
	극놀이로 경험이나 이야기를 표현한다.
예술 감상하기	다양한 예술을 감상하며 상상하기를 즐긴다.

내용범주	내용
	서로 다른 예술 표현을 존중한다.
	우리나라 전통 예술에 관심을 갖고 친숙해진다.

5) 자연탐구

(1) 목표

탐구하는 과정을 즐기고, 자연과 더불어 살아가는 태도를 가진다.

① 일상에서 호기심을 가지고 탐구하는 과정을 즐긴다.
② 생활 속의 문제를 수학적, 과학적으로 탐구한다.
③ 생명과 자연을 존중한다.

(2) 내용

내용범주	내용
탐구과정 즐기기	주변 세계와 자연에 대해 지속적으로 호기심을 가진다.
	궁금한 것을 탐구하는 과정에 즐겁게 참여한다.
	탐구과정에서 서로 다른 생각에 관심을 가진다.
생활 속에서 탐구하기	물체의 특성과 변화를 여러 가지 방법으로 탐색한다.
	물체를 세어 수량을 알아본다.
	물체의 위치와 방향, 모양을 알고 구별한다.
	일상에서 길이, 무게 등의 속성을 비교한다.
	주변에서 반복되는 규칙을 찾는다.
	일상에서 모은 자료를 기준에 따라 분류한다.
	도구와 기계에 대해 관심을 가진다.
자연과 더불어 살기	주변의 동식물에 관심을 가진다.

내용범주	내용
	생명과 자연환경을 소중히 여긴다.
	날씨와 계절의 변화를 생활과 관련짓는다.

출처: 교육부(2019). 유치원 교육과정 고시문(교육부 고시 제2019-189호).

3. 보육과정과 유아사회교육

1) 3차 표준보육과정의 이해

「영유아보육법」 시행규칙 제30조에 의거하여 만 0~5세 보육과정의 영역 및 구체적 내용 등 필요한 사항에 대하여 보건복지부는 2013년 1월 21일 3차 표준보육과정이 개정됨을 고시하였고, 이는 2013년 3월 1일부터 시행되었다.

어린이집 표준보육과정(이하, '표준보육과정'이라 함)은 어린이집의 만 0~5세 영유아들에게 국가 수준에서 제공하는 보편적이고 공통적인 보육의 목표와 내용을 제시한 것이다. 어린이집 표준보육과정은 0~1세 보육과정, 2세 보육과정, 3~5세 보육과정(누리과정 포함)으로 구성한다. 국가수준의 어린이집 표준보육과정을 시행함으로써 영유아의 전인적 발달과 우리 문화에 적합한 내용을 일관성 있고 연계적으로 실천하며, 궁극적으로 사회에서 추구하는 인간상을 구현하고 전국 어린이집의 질적 수준을 높이는 데 기여하고자 마련되었다.

여기에서는 표준보육과정의 0~1세, 2세 보육과정을 중심으로 자세히 살펴보도록 하겠다.

2) 표준보육과정의 구성방향

(1) 영유아의 발달 특성과 개인차를 고려하여 연령 및 수준별로 구성한다.

(2) 어린이집에서 편안하고 행복한 일상생활을 하는 데 중점을 두어 구성한다.

(3) 질서, 배려, 협력 등 기본생활습관과 바른 인성을 기르는 데 중점을 두어 구성한다.

(4) 자율성과 창의성을 기르는 데 중점을 두고, 전인발달을 이루도록 구성한다.

(5) 사람과 자연을 존중하고, 우리 문화를 이해하는 데 중점을 두어 구성한다.

3) 구성체계

(1) 어린이집 표준보육과정은 0~1세 보육과정, 2세 보육과정, 3~5세 보육과정으로 구성한다.

(2) 어린이집 표준보육과정은 영역, 내용범주, 내용, 세부내용으로 구분하고, 내용 간에 연계가 이루어지도록 구성한다.

(3) 세부내용이라 함은 0~1세 보육과정, 2세 보육과정에서는 수준별 세부내용을 의미하고 3~5세 보육과정에서는 연령별 세부내용을 의미한다.

(4) 0~1세 보육과정은 기본생활, 신체운동, 의사소통, 사회관계, 예술경험, 자연탐구의 6개 영역을 중심으로 구성한다.

(5) 2세 보육과정은 기본생활, 신체운동, 의사소통, 사회관계, 예술경험, 자연탐구의 6개 영역을 중심으로 구성한다.

(6) 3~5세 보육과정은 신체운동·건강, 의사소통, 사회관계, 예술경험, 자

연탐구의 5개 영역을 중심으로 구성한다.

(7) 3~5세 보육과정은 초등학교 교육과정과의 연계성을 고려하여 구성한다.

4) 목적과 목표

(1) 목적

영·유아의 심신의 건강과 전인적 발달을 도와 행복을 도모하며 민주시민의 기초를 형성하는 것을 목적으로 한다.

(2) 목표

① 0~1세 보육과정

- 건강하고 안전한 일상생활을 경험한다.
- 감각 및 기본 신체운동능력을 기른다.
- 말소리를 구분하고 의사소통의 기초를 마련한다.
- 친숙한 사람과 관계를 형성한다.
- 아름다움에 관심을 가진다.
- 보고, 듣고, 만지면서 주변 환경에 관심을 가진다.

② 2세 보육과정

- 건강하고 안전한 생활습관의 기초를 마련한다.
- 감각, 신체조절 및 기본 운동능력을 기른다.
- 의사소통능력의 기초를 기른다.
- 나를 인식하고 다른 사람과 더불어 생활하는 경험을 한다.
- 아름다움에 관심을 가지고 예술경험을 즐긴다.
- 주변 환경에 호기심을 갖고 탐색하기를 즐긴다.

③ 3~5세 보육과정

- 기본 운동능력과 건강하고 안전한 생활습관을 기른다.
- 일상생활에 필요한 의사소통능력과 바른 언어 사용 습관을 기른다.
- 자신을 존중하고 다른 사람과 더불어 생활하는 능력과 태도를 기른다.
- 아름다움에 관심을 가지고 예술 경험을 즐기며, 창의적으로 표현하는 능력을 기른다.
- 호기심을 가지고 주변 세계를 탐구하며, 일상생활에서 수학적·과학적으로 생각하는 능력과 태도를 기른다.

5) 편성과 운영

(1) 편성

① 어린이집의 운영시간에 맞추어 편성한다.
② 표준보육과정에 제시된 각 영역의 내용을 균형 있게 통합적으로 편성한다.
③ 영유아의 발달 특성 및 개인차, 경험을 고려하여 놀이를 중심으로 편성한다.
④ 영유아의 일과 중 일상생활을 포함하여 편성한다.
⑤ 어린이집과 보육실의 특성에 따라 융통성 있게 편성한다.
⑥ 성별, 종교, 신체적 특성, 가족 및 민족 배경 등으로 인한 편견이 없도록 편성한다.

(2) 운영

① 보육계획(연간, 월간, 주간, 일일 계획 등)에 의거하여 운영한다.
② 실내·외 환경을 다양한 흥미 영역으로 구성하여 운영한다.

③ 영유아의 능력과 장애정도에 따라 조정하여 운영한다.
④ 부모와 각 기관의 실정에 따라 부모교육을 실시한다.
⑤ 가정과 지역사회와의 협력과 참여에 기반하여 운영한다.
⑥ 교사 재교육을 통해 어린이집 표준보육과정 운영을 개선해 나간다.

(3) 교수·학습방법

① 주도적인 놀이를 중심으로 교수·학습활동이 이루어지도록 한다.
② 흥미를 중심으로 활동을 선택하고 지속할 수 있도록 한다.
③ 생활 속 경험을 소재로 하여 지식, 기술, 바람직한 태도를 기르도록 한다.
④ 교사와 신뢰감을 형성하고 개별적인 활동이 이루어지도록 한다.
⑤ 교사, 환경, 또래와 능동적인 상호작용이 이루어지도록 한다.
⑥ 주제를 중심으로 여러 활동이 통합적으로 이루어지도록 한다.
⑦ 만 0~1세아, 만 2세아는 일상생활 및 개별 활동, 휴식 등이 균형 있게 이루어지도록 한다.
⑧ 만 3~5세아는 실내·실외활동, 정적·동적활동, 대·소집단활동 및 개별활동, 일상생활 및 휴식 등이 균형 있게 이루어지도록 한다.

6) 평가

(1) 운영평가

① 어린이집 표준보육과정의 목표와 내용에 근거하여 보육내용이 적절히 편성·운영되는지 평가한다.
② 어린이집 표준보육과정의 운영내용 및 활동이 영유아의 발달 수준과 흥미, 요구에 적합한지 평가한다.

③ 영유아의 발달수준, 흥미, 요구에 적합한 경험 및 학습을 촉진할 수 있는 다양한 활동과 교수학습방법이 계획되고 통합적으로 운영되는지 평가한다.

④ 일과 운영 및 보육활동 구성 시 놀이활동과 일상생활활동의 양과 내용이 영아 및 유아 각 연령의 발달에 적합하게 계획되고 운영되는지 평가한다.

⑤ 만 0~1세아, 만 2세아는 집단활동보다 개별적인 상호작용과 교수법을 중심으로 상호작용이 진행되는지를 평가한다.

⑥ 어린이집 표준보육과정 운영평가 결과를 수시로 반영하여 보육과정 운영계획을 수정·보완하거나 다음 연도의 계획 수립 및 운영에 반영하는지 평가한다.

(2) 영유아평가

① 어린이집 표준보육과정의 목표와 내용에 근거하여 영유아의 특성과 변화 정도를 평가한다.

② 지식, 기술, 태도 등을 평가한다.

③ 일상생활과 보육과정 활동 전반에 걸쳐 평가한다.

④ 관찰, 활동 결과물 분석, 부모면담 등 다양한 방법을 사용하여 종합적으로 평가하고, 그 결과를 기록한다.

⑤ 평가결과는 영유아에 대한 이해와 어린이집 표준보육과정운영 개선 및 부모면담 자료로 활용한다.

4. 연령별 표준보육과정의 영역 및 영역의 목표 그리고 유아사회교육: 표준보육과정 사회관계 영역

1) 0~1세 보육과정의 영역별 목표

(1) 기본생활

건강하고 안전한 일상생활을 경험한다.

① 건강하고 편안한 일상생활을 경험한다.
② 안전한 생활을 경험한다.

(2) 신체운동

감각 및 기본 신체운동능력을 기른다.

① 감각기능을 발달시키고 자신의 신체를 탐색한다.
② 대소근육을 조절하고 걷기 등의 능력을 기른다.
③ 규칙적으로 신체활동에 참여한다.

(3) 의사소통

말소리를 구분하고 의사소통의 기초를 마련한다.

① 주변의 소리와 말소리 듣기에 관심을 보인다.
② 표정, 소리, 몸짓으로 자신의 생각과 느낌을 표현한다.

③ 짧은 그림책이나 친숙한 환경 인쇄물에 관심을 가진다.
④ 끼적이기에 관심을 가진다.

(4) 사회관계

친숙한 사람과 관계를 형성한다.

① 자신과 다른 사람을 구별된 존재로 인식한다.
② 기본 정서를 표현하고 다른 사람의 감정에 주의를 기울인다.
③ 안정적인 애착을 형성하고 또래나 교사와 함께 지낸다.

(5) 예술경험

아름다움에 관심을 가진다.

① 자신의 신체와 주변의 감각 자극에 호기심을 가지고 반응한다.
② 소리와 움직임으로 반응하고, 단순한 미술을 경험하며, 모방행동을 즐긴다.
③ 친근한 소리나 노래를 즐겨 듣고, 자연물, 사물, 주변 환경에 관심을 가진다.

(6) 자연탐구

보고, 듣고, 만지면서 주변 환경에 관심을 가진다.

① 주변 사물에 대한 탐색을 시도한다.

② 주변에서 일어나는 수학적 상황을 지각한다.
③ 감각과 조작을 통하여 주변 사물과 자연환경에 대해 지각한다.

5. 표준보육과정과 유아사회교육: 0~1세 표준보육과정의 사회관계 영역

0~1세, 2세에 대한 표준보육과정 중 유아사회교육과 관련된 사회관계 영역을 살펴보면 다음과 같다.

1) 성격

사회관계 영역은 '자기 존중', '정서인식조절', '사회적 관계', '사회적 지식'의 네 가지 내용 범주로 구성된다. '자기 존중'에서는 영유아가 자신의 독특한 자아에 대해 인식하고, 자신감과 독립심을 기르도록 한다. '정서인식과 조절'에서는 영유아가 자신과 다른 사람의 다양한 정서를 인식하고, 자신의 정서를 조절하고 표현할 수 있도록 한다. '사회적 관계'에서는 영유아가 가족, 또래와 지역사회의 구성원으로서 관련된 다른 사람들과의 관계를 이해하고, 그들과 더불어 조화롭게 기능하며 살아가는 능력을 기르도록 한다. '사회적 지식'에서는 영유아가 지역사회, 우리나라, 세계의 구성원으로서 필요한 자질을 갖추고 능력을 함양하며, 자신과 관계된 여러 사회현상에 관심을 가지고 이해하도록 한다.

2) 목표

자신에 대해 존중감을 키우고, 자신과 다른 사람의 정서를 인식하고, 이를 사회적 관계에서 적절히 조절하여 활용할 수 있도록 하며, 가족, 또래, 지역사회와 긍정적인 관계를 형성하고, 유능한 사회구성원으로 기능하게 하기 위하여 필요한 사회적 지식을 획득하도록 한다.

(1) 0~1세 표준보육과정의 사회관계

① 내용체계

내용범주	내용
나를 알고 존중하기	나를 구별하기
	나의 것 인식하기
나와 다른 사람의 감정 알기	나의 감정을 나타내기
	다른 사람에게 주의 기울이기
더불어 생활하기	안정적인 애착형성하기
	또래에 관심 갖기
	자신이 속한 집단 알기
	사회적 가치를 알기

② 세부내용

내용범주	내용	1수준	2수준	3수준	4수준
나를 알고 존중하기	나를 구별하기	거울 속의 나에게 관심을 가진다.		거울 속의 나를 알아본다.	
	나의 것 인식하기	자기 이름을 부르는 소리에 반응한다.			
				친숙한 자기 물건을 안다.	
나와 다른 사람의 감정 알기	나의 감정을 나타내기	나의 욕구와 감정을 나타낸다.			

내용범주	내용	1수준	2수준	3수준	4수준
	다른 사람에게 주의 기울이기	다른 사람의 말과 표정, 몸짓에 주의를 기울인다.		다른 사람이 나타내는 여러 가지 감정에 주의를 기울인다.	
더불어 생활하기	안정적인 애착형성하기	양육자와 시선을 맞춘다.	양육자에게 적극적으로 관심과 욕구를 표현한다.		
		주변의 친숙한 사람의 얼굴과 목소리를 인식한다.		주변의 친숙한 사람에게 애정을 표현한다.	
	또래에 관심갖기	다른 영아와 함께 지내는 것을 경험한다.			
	자신이 속한 집단 알기	담임교사를 구별한다.		자기 반에서 지내며 안정감을 가진다.	
	사회적 가치를 알기			친숙한 물건의 자리를 안다.	
		만나고 헤어지는 인사를 해본다.			

(2) 2세 표준보육과정의 영역별 목표

① 기본생활

건강하고 안전한 생활습관의 기초를 마련한다.

- 건강한 생활습관의 기초를 경험한다.
- 안전한 생활습관의 기초를 경험한다.

② 신체운동

감각, 신체조절 및 기본운동능력을 기른다.

- 감각능력을 기르고, 자신의 신체 움직임을 탐색한다.
- 안정된 자세로 대소근육을 조절하고 기본운동능력을 기른다.
- 규칙적으로 신체활동에 참여한다.

③ 의사소통

의사소통능력의 기초를 기른다.

- 다른 사람의 말과 짧은 이야기를 듣는 것을 즐긴다.
- 자신의 생각과 느낌을 말로 주고받기를 즐긴다.
- 그림책이나 환경 인쇄물에 관심을 가지며 글의 내용에 흥미를 가진다.
- 글자 형태 끼적이기에 관심을 가진다.

④ 사회관계

나를 인식하고 다른 사람과 더불어 생활하는 경험을 한다.

- 자기 존중감을 형성한다.
- 자신의 감정을 알고 다른 사람의 감정에 반응을 보인다.
- 가족을 사랑하고 또래, 교사와 즐겁게 지내며 간단한 규칙 등을 지킨다.

⑤ 예술경험

아름다움에 관심을 가지고 예술경험을 즐긴다.

- 주변 생활에서 예술적 요소를 발견하고 흥미롭게 탐색한다.
- 간단한 리듬이나 노래, 움직임, 자발적인 미술활동을 자유롭게 시도하고 모방이나 상상놀이로 표현한다.
- 주변의 환경과 자연 및 다양한 표현에서 예술적 요소를 관심 있게 보고 즐긴다.

⑥ 자연탐구

주변 환경에 호기심을 갖고 탐색하기를 즐긴다.

- 호기심을 가지고 주변 세계에 대해 다양하게 탐색한다.
- 주변에서 경험하는 수학적 상황을 인식한다.
- 다양한 탐색을 통하여 주변 사물과 자연환경을 인식한다.

(3) 2세 표준보육과정의 사회관계

① 내용체계

<table>
<tr><th>내용범주</th><th>내용</th></tr>
<tr><td rowspan="2">나를 알고 존중하기</td><td>나를 구별하기</td></tr>
<tr><td>좋아하는 것 해보기</td></tr>
<tr><td rowspan="2">나와 다른 사람의 감정 알기</td><td>나의 감정을 나타내기</td></tr>
<tr><td>다른 사람의 감정에 반응하기</td></tr>
<tr><td rowspan="4">더불어 생활하기</td><td>내 가족 알기</td></tr>
<tr><td>또래와 관계하기</td></tr>
<tr><td>자신이 속한 집단 알기</td></tr>
<tr><td>사회적 가치를 알기</td></tr>
</table>

② 세부내용

<table>
<tr><th>내용범주</th><th>내용</th><th>1수준</th><th>2수준</th></tr>
<tr><td rowspan="3">나를 알고 존중하기</td><td>나를 구별하기</td><td colspan="2">나와 다른 사람의 모습을 구별한다.</td></tr>
<tr><td rowspan="2">좋아하는 것 해보기</td><td colspan="2">내가 좋아하는 것을 찾아본다.</td></tr>
<tr><td>좋아하는 놀이나 놀잇감을 선택해 본다.</td><td>스스로 선택한 놀이나 놀잇감을 즐긴다.</td></tr>
<tr><td>나와 다른 사람의 감정 알기</td><td>나의 감정을 나타내기</td><td colspan="2">여러 가지 감정을 말과 행동으로 나타낸다.</td></tr>
</table>

내용범주	내용	1수준	2수준
	다른 사람의 감정에 반응하기	다른 사람이 나타내는 여러 가지 감정에 반응을 보인다.	
더불어 생활하기	내 가족 알기	내 가족에게 애정을 표현한다.	내 가족에게 다른 사람과는 구별된 특별한 감정을 갖는다.
	또래와 관계하기	또래에게 관심을 보인다.	또래의 모습과 행동을 모방한다.
		또래의 이름을 안다.	또래가 있는 곳에서 놀이를 한다.
	자신이 속한 집단 알기	자신이 속한 반과 교사를 안다.	자신이 속한 반의 활동에 즐겁게 참여한다.
	사회적 가치를 알기	도움 받아 물건을 정리한다.	스스로 물건을 정리한다.
		자기 순서를 안다.	순서를 기다린다.
		바른 태도로 인사한다.	
		간단한 약속을 지킨다.	

마음열기–함께 생각해 봅시다

2019 개정 누리과정 사회관계 영역의 내용과 0~2세 표준보육과정 사회관계 영역의 내용 체계를 비교한 후 이야기 나누어 보고 또한 2019 개정 누리과정의 사회관계 영역의 내용을 유아 중심·놀이 중심의 교육과정으로 유아사회교육활동이 어떻게 이루어지면 좋을지 조별로 토의해 보세요.

Chapter 06

유아사회교육의 교수-학습방법

유아를 위한 사회교육활동은 유아의 현재 주변 생활을 중심으로 시간적, 공간적으로 확장되는 개념으로 전개되는 것이 바람직하다. 또한 하루 일과 활동 속에서 이야기 나누기, 토의, 극화활동, 견학 및 자유선택활동 등의 다양한 활동을 통해 이루어질 수 있도록 환경을 구성하고 체계적인 학습경험이 되도록 한다.

1. 토의

교실에서 갈등, 사건이나 문제가 생길 때 토의를 통해서 문제를 해결할 수 있다. 유아는 토의를 통해 자신의 느낌을 이해하고 말로 표현할 수 있으며, 다른 사람들에게도 각기 다른 관점이 있을 수 있다는 것을 인식하는 데 도움이 된다. 교사는 구체적인 상황, 즉 생활 중에 경험할 수 있는 구체적인 상황을 제시하며, 유아의 문제에 대한 반응이나 느낌, 설명, 제안을 제시할 수 있다. 이때 교사는 토의가 활성화될 수 있도록 촉진자의 역할, 조력자로서의 역할을 한다.

토의를 위한 좋은 방안 중 하나는 '마법의 원(magic circle)'(William Glasser, 1969)이 있다. '마법의 원' 토의방법은 교사와 유아가 서로 얼굴을 볼 수 있게 둥글게 앉아서 상호작용하는 활동 형태로 언어소통뿐만 아니라 비언어 소통도 가능하기 때문에(이경우, 1981) 유아 간 토의를 할 경우 마법의 원 형태가 적합하다. 마법의 원 활동은 연령별로 인원을 달리 할 수 있는데, 3~4세는 5~6명, 5세는 8~12명이 이상적이다.

교사는 유아가 생각을 자유로이 표현할 수 있는 기회를 제공하고, 다른 사람이 이야기할 때 방해하지 않고 토의가 마무리될 때까지 유아가 앉아 있을 수 있도록 한다(이영자 외, 2001). 교사는 이러한 토의를 통해 다음의 기술들을 모델로 보여 줄 수 있다(Dan Gartrell 저, 이은해 외 역, 2008).

① 개인의 존엄성이 보호되어야 한다.
② 상황은 묘사되어야지 판단되어서는 안 된다.
③ 감정은 나를 주어로 하여 I-message로 진술한다.
④ 해결책의 제안에 고마움을 표시한다.
⑤ 행동의 과정을 결정하고, 시도하고, 재검토해야 한다.

출처: ○○기관 만 5세 토의 활동모습(대·소그룹 토의활동)

2. 현장체험학습

현장체험학습을 통해 유아는 주변 실제 세상을 탐색할 수 있는 기회를 갖고, 사회현상을 바르게 이해할 수 있으며, 사회구성원으로서 살아가는 데 필요한 지식, 가치, 태도를 학습할 수 있다. 현장체험학습을 통한 학습 경험은 유아에게 흥미를 촉진, 강화시키고, 확장시키기 때문에 사회학습을 위해 매우 중요하고 가치 있는 활동이라 할 수 있다(조순옥 외, 2012 재인용).

현장체험학습이 잘 이루어지기 위해서 고려해야 할 점은 다음과 같다.

① 현장체험학습을 하기에 앞서 현장체험학습의 목적이 무엇인지 잘 생각해 본다. 현장체험학습이라는 방법이 교육적 효과를 높이기 위한 최선의 방법인지 살펴본다.

② 유아가 실제 현장체험학습을 하기에 앞서 교사는 미리 장소의 선택, 교통편, 거리, 소요 시간, 현장체험학습의 내용 등을 검토하고 답사할 수 있도록 한다.

③ 주간계획안이나 가정통신문을 활용하여 부모에게 현장체험학습계획을 알리고 필요한 준비물이나 주의사항을 안내한다.

④ 현장체험학습 전, 유아에게 현장체험학습을 가기 위한 안전 수칙, 현장체험학습지에서 우리가 무엇을 하고자 하는지, 현장체험학습지에 대한 안내 등 사전 배경지식을 제공한다.

⑤ 현장체험학습 후, 사후활동에 대하여 안내하고 활동을 준비한다. 예를 들면, 현장체험학습을 가서 보고 듣고, 느낀 점에 대한 토의를 한다.

⑥ 흥미 영역에 현장체험학습과 관련 소품을 첨가해 줌으로써 놀이를 확장할 수 있도록 격려한다.

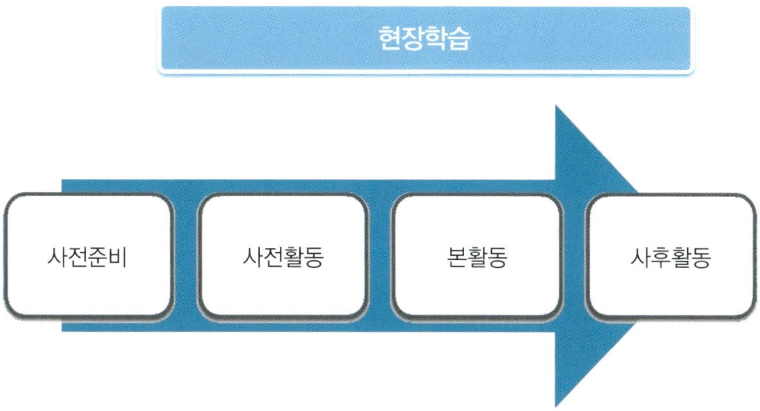

출처: ○○기관 생활주제에 따른 현장체험학습.

<서식 예시-1> 현장체험학습 답사 및 사전 협의

현장체험학습 답사 보고 및 사전 협의록

결재	담당	원감	원장

일시	○○○○. ○. ○.(○) ○○:○○ ~ ○○:○○	협의일시	○○○○. ○. ○.(○)
장소		대　상	만 ○세
소요시간	• 교통편:	• 소요시간:	
현장학습 일정계획			
유의사항 및 전달사항			
사진자료 (답사 시 촬영한 사진은 사전 수업활동 중에 활용)			
참고			

날짜	○○○○. ○. ○.(○)	
반명	○○반	□□반
인원		
인솔자		
지원교사		

출처: 서울시교육청 유아교육과(2017). 유치원과정 및 유아평가.

<서식 예시-2> 현장체험학습 계획서

<table>
<tr><td colspan="4" rowspan="2">○월 현장체험학습 계획서</td><td rowspan="2">결재</td><td>담당</td><td>원감</td><td>원장</td></tr>
<tr><td></td><td></td><td></td></tr>
<tr><td>일 시</td><td colspan="3">○○○○.○.○.(○) ○○:○○ ~ ○○:○○</td><td rowspan="2">연령</td><td colspan="3" rowspan="2">만 ○세</td></tr>
<tr><td>장 소</td><td colspan="3"></td></tr>
<tr><td>주 소</td><td colspan="7"></td></tr>
<tr><td>교통편</td><td colspan="7"></td></tr>
<tr><td rowspan="2">출발
및 도착</td><td>유치원 출발</td><td>대공원 도착</td><td>대공원 출발</td><td colspan="4">유치원 도착</td></tr>
<tr><td></td><td></td><td></td><td colspan="4"></td></tr>
<tr><td>체험내용</td><td colspan="7"></td></tr>
<tr><td>유아
준비물</td><td></td><td>교사
준비물</td><td colspan="5"></td></tr>
<tr><td>소요경비</td><td>체험비:</td><td colspan="6">교통비:</td></tr>
<tr><td rowspan="7">유아안전
관리대책</td><td>1. 출발 전</td><td colspan="6"></td></tr>
<tr><td>2. 승차 시</td><td colspan="6"></td></tr>
<tr><td>3. 차내에서</td><td colspan="6"></td></tr>
<tr><td>4. 하차 시</td><td colspan="6"></td></tr>
<tr><td>5. 활동장소</td><td colspan="6"></td></tr>
<tr><td>6. 귀가 시</td><td colspan="6"></td></tr>
<tr><td>7. 기타</td><td colspan="6"></td></tr>
<tr><td>참가대상</td><td colspan="7">유아 ○○명, 인솔교사 ○명</td></tr>
<tr><td rowspan="4">참가유아
현황
(예상)</td><td>반</td><td>○○반</td><td>□□반</td><td></td><td></td><td>계</td><td rowspan="4"></td></tr>
<tr><td>재적</td><td></td><td></td><td></td><td></td><td></td></tr>
<tr><td>참석(예상)</td><td></td><td></td><td></td><td></td><td></td></tr>
<tr><td>결석(예상)</td><td></td><td></td><td></td><td></td><td></td></tr>
</table>

출처: 서울시교육청 유아교육과(2017). 유치원과정 및 유아평가.

<서식 예시-3> 현장체험학습 평가

<table>
<tr><td rowspan="2" colspan="2">○월 현장체험학습 평가</td><td rowspan="2">결재</td><td>담당</td><td>원감</td><td>원장</td></tr>
<tr><td></td><td></td><td></td></tr>
<tr><td>일시</td><td colspan="2">○○○○.○.○.(○) ○○:○○ ~ ○○:○○</td><td rowspan="2">연령</td><td rowspan="2" colspan="2">만 ○세</td></tr>
<tr><td>장소</td><td colspan="2"></td></tr>
<tr><td>목표</td><td colspan="5"></td></tr>
<tr><td>활동사진</td><td colspan="5"></td></tr>
<tr><td>평가</td><td colspan="5"></td></tr>
</table>

출처: 서울시교육청 유아교육과(2017). 유치원과정 및 유아평가.

3. 극놀이

출처: ○○기관 동극활동 및 시장놀이활동모습.

극놀이는 사회교육과 관련지어 통합적 지도를 위한 효율적인 학습활동으로서 다양하게 적용된다. 유아들은 극놀이활동 속에서 이야기를 통해 자신의 경험을 재경험하기도 하고, 자신이 직접 체험하지 못했지만 많은 사람들이 경험한 것을 간접적으로 경험하며, 환상의 세계 속에서 벌어지는 특이한 경험에 대해 간접적으로 체험하기도 한다. 유아가 극놀이를 또래와 함께 함으로써 유아의 자기 인식능력이 촉진될 뿐 아니라 타인에게 감정 이입을 할 수 있고, 서로가 다른 점을 이해하게 되는 등 협동할 수 있는 기회를 통해 사회성이 발달된다. Smilansky(1968)는 극놀이 속에서 어떤 인물의 역할을 맡아 놀이를 함으로써 다양한 사람들의 역할을 경험하게 되므로 유아로 하여금 자기중심성에서 벗어나 사회적 존재로 성장할 수 있도록 돕는다고 하였다(임춘금, 2006 재인용).

극놀이에서 교사는 놀이가 확장되고 높은 수준의 놀이가 되도록 놀이를 지지하고, 확장될 수 있도록 하는 것이 바람직하다. 이와 같이 극놀이활동을 도와주기 위한 유의점을 살펴보면 다음과 같다(이영자 외, 2001).

1) 극놀이 시간을 배정한다.

실내, 실외 자유선택시간은 유아가 놀이에 대한 아이디어를 계획하고 수행하는 데 적절하다.

2) 극놀이를 위한 영역의 소품을 준비한다.

생활주제별 관련 소품을 제시하면 다음과 같다.

의사놀이	의사 가운, 간호사 가운 청진기, 체온기, 붕대, 장난감 주사기 인형 처방전 사람의 뼈나 신체 부위를 나타낸 포스터 등
미장원놀이	장난감 화장품 모형 거울 귀걸이, 목걸이, 반지 등 빗 리본, 머리핀, 악세서리 머리를 퍼머하는 등 머리를 말아올릴 수 있는 도구 머리에 쓰는 망 장난감 샴푸병 장난감 돈 등

극놀이를 위해 교사는 유아의 극놀이를 방해하지 않기, 질문하기 및 관계되는 비지시적 제안하기 또는 일상적 소품을 제공하기, 직접 극놀이에 참여함으

로써 행동 모델 보이기 등을 할 수 있다.

교사는 극놀이를 하기 전에 놀이의 주제, 내용의 개요를 알려주고 놀이의 계획부터 유아들이 참여하도록 한다. 즉, 시설과 자료의 준비, 역할 분담 등에 유아가 직접 참여할 수 있도록 돕는다(조순옥 외, 2012).

4. 전자 미디어를 통한 유아사회교육

전자 미디어를 활용하는 능력이 개인의 사회 적응력, 더 나아가 사회의 발전 능력과 동일시되고 있다. 이에 유아기부터 전자 미디어의 순기능을 중심으로 구체적인 기능을 익히고 스스로 조절해 나가는 적극적이고 체험적인 활동이 요구된다(여성가족부, 2010). 유아들은 교실에서 컴퓨터와 인터넷을 활용하여 다양한 개념을 배우고 정보를 수집하고 기술을 연습하는 기회를 갖는다(조순옥 외, 2012). World Wide Web처럼 인터넷을 통해 유아는 세상에서 일어나는 크고 작은 이야기들에 귀를 기울이고, 다른 사람의 삶과 문화에 눈을 뜨고 세계 지구촌 친구들과 적극적으로 교류하며 마음을 나누는 다양한 활동을 할 수 있다. 컴퓨터 통신망을 연결한 거대한 지구촌 통신망인 인터넷은 전 세계의 여러 사람을 만나고 시공간을 초월하여 의사소통할 수 있으며, 여러 기관과 장소를 탐색할 수 있는 기회를 준다. 유아는 교실에서 또래들과 함께 컴퓨터 활동을 하면서 많은 기본적인 사회적 기술을 발달시킬 수 있다.

미디어는 현대사회에서 인간과 함께 공존하며 이익과 문제를 야기하는 양면적 특성을 가지고 있기 때문에, 미디어를 활용하는 주체인 인간의 의사결정 능력에 따라 미디어는 긍정적인 것이 될 수도 있고, 부정적인 것이 될 수도 있다. 특히 도덕적 가치관이 형성되지 않은 영유아들은 발달 특성상 미디어의 부정적인 영향에 더욱 취약할 수밖에 없다. 하지만 유아들이 전자 미디어의 역기능에 취약한 발달특성을 가지고 있다고 하여 유아에게 있어 전자 미디어의 격리를 요구할 수도 없다. 또한 유아가 스스로 전자 미디어를 올바르게 사용할 수 있는 가치관이 형성될 때까지 기다리기에 전자 미디어 환경은 위협적인 존재가 아닐 수 없다. 효율적인 전자 미디어교육을 하기 위한 방법에는 어떤 것이 있을까? 영아 및 유아를 위한 교육적 원리에 대하여 살펴보도록 한다(여성가족부, 2010 재인용).

1) 영아를 위한 전자 미디어교육의 원리

① 예방이 최우선이다.
② 유아의 발달 수준에 적합하게 사용하고 있는지 함께 활동하며 확인한다.
③ 선택권을 가진 이용주체로서 교육한다.
④ 구체적인 상황을 교육의 기회로 삼아 순기능을 제대로 활용할 수 있도록 한다.
⑤ 정보통신 이용 윤리에 대해 자연스럽게 체득할 수 있도록 한다.

2) 유아를 위한 전자 미디어교육의 원리

① 전자 미디어를 접하는 시간을 제한한다. 영상물을 시청하는 시간을 15분 이내로 최소화한다.
② 영아는 전자 미디어를 통해 학습하기 어려움을 인식해야 한다.
③ 부모와 영아의 상호작용의 매개물로 활용한다.
④ 일상생활 속에서의 전자 미디어 노출 여부를 예민하게 파악하도록 한다.

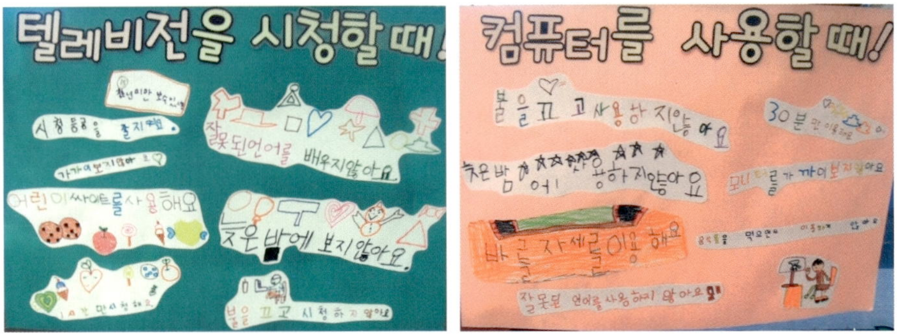

출처: 구리시청 직장보육시설 구리사랑어린이집 만 4세 유아들 작품.

출처: ○○기관 만 3~5세 유아들의 미디어교육활동모습.

마음열기-함께 생각해 봅시다.

예비유아교사로서 현장에서 현재 주변 생활을 중심으로 유아들이 사회에 관심을 갖고 다양한 사회문화에 대해 할 수 있는 구체적인 교수-학습방법에 대해 이야기해 봅시다.

Chapter
07

유아사회교육의 평가

1. 유아사회교육의 평가 목적

평가란 교육활동에서 교사가 교육의 목적이 얼마나 달성되었는가를 진단하고 교육계획을 수립하고 의사결정하는 데 도움이 되는 자료를 수집하는 활동이다. 따라서 교육평가는 그 자체가 목적이기보다는 학습의 촉진, 교수의 개선, 교수학습방법의 개선 등을 위한 하나의 과정이라고 볼 수 있다.

교육평가에 대한 정의는 학자에 따라 그 견해가 다양하다. 교육평가를 독립된 학문 영역으로 발전시킨 Tyler(1951)는 교육평가를 '교육과정과 수업활동을 통해 교육목표가 실제로 어느 정도 실현되었는지를 밝히는 과정'으로 정의하고 있다.

Tyler의 교육평가에 대한 관점을 구체적으로 살펴보면 다음과 같다(정종진, 1988).

첫째, 교육은 인간행동의 변화를 목적으로 하는 과정이다.

둘째, 교육평가는 교육목표를 어느 정도 달성했는지 점검해 보는 과정이다.

셋째, 평가방법을 지필검사에만 한정시키지 말고 학습자의 이해에 도움이 되는 방법들을 모두 이용하는 것이 바람직하다.

넷째, 인간의 행동은 매우 복잡하기 때문에 단순히 어떤 하나의 점수(수치)로 나타내거나 요약하기는 어렵다.

다섯째, 평가를 통하여 얻은 자료는 전체의 일부에 불과하다. 따라서 평가 결과를 읽고 해석할 때는 이러한 사실에 유념해야 한다.

특히 유아사회교육은 유아가 자신과 주변 세계와의 관계를 탐구하고 판단하는 경험을 통하여 사회적 지식·기술·태도를 익히고 활용함으로써 유능한 민주시민으로 성장하는 데 중점을 두는 교육 영역이다. 따라서 평가는 유아사회교육의 결과가 유아의 사회적 성장발달에 도움이 되었는지를 전체적으로 파악하는 것을 목적으로 한다. 구체적으로 유아가 사회생활을 하는 데 필요한 사회적 기술과 태도가 긍정적으로 형성되어 가고 있으며, 사회적 참여도 활발한지를 알아보고 관련된 사회과학적 지식들을 능동적으로 구성해 가고 있는지를 알아보는 데 중점을 둔다(박찬옥 외, 2005).

또한 교사는 평가의 결과를 학습계획, 학습 범위 결정, 교수자료 선정, 교수방법평가, 프로그램의 평가, 학습목표 재진술 등에 활용하며, 부모와 상담 시 사회교육 교수–학습과정에서 유아의 현재 발달 수준과 진전 상황을 알려주는 자료로 활용할 수 있다(조순옥 외, 2005).

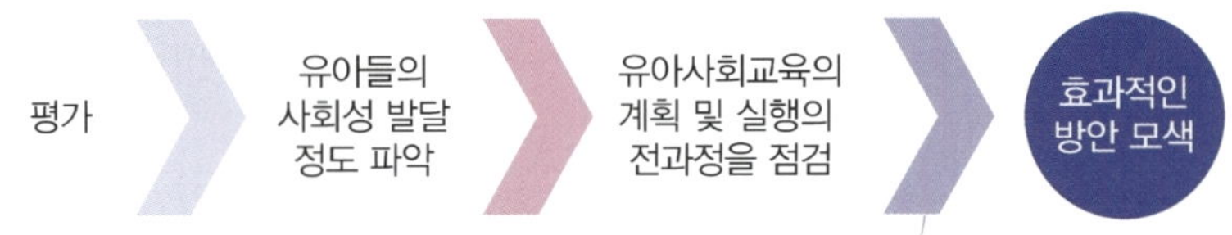

■ **그림 7-1** 유치원 4주기 평가지표의 교수–학습평가의 내용

제 4주기(2017~2019) 서울특별시교육청 유치원 평가지표

영역	평가지표	평가 항목
I. 교육 과정 (17/18)	1–1. 교육계획 수립 (3)	1. 국가 수준의 교육과정과 서울특별시교육청 교육과정 편성·운영 지침에 제시된 목표 및 내용을 반영한다.
		2. 유아의 발달 수준 및 학급 특성을 고려하여 연간, 월간, 주간, 일일계획을 수립한다.
		3. 연간, 월간, 주간, 일일계획안의 목표 및 내용이 적절하며, 통합성과 연계성이 있다.
	1–2. 일과 운영 (3(4))	1. 계획에 따라 유아의 연령에 적합한 놀이, 활동, 일상생활 경험을 균형 있고 융통성 있게 운영한다.
		2. 자유선택활동 시간을 매일 1시간 이상 배정하여 운영한다.
		3. 바깥놀이시간(신체활동 포함)을 매일 1시간 이상 배정하여 운영한다.
		4. (특)특수교육대상 유아를 위한 관련 서비스를 일과 중에 통합적으로 제공한다.

영역	평가지표	평가 항목
	1-3. 교수-학습 및 평가(4)	1. 유아의 발달과 교육활동 내용에 적합한 교수-학습방법과 자료를 활용한다.
		2. 교육과정목표와 내용을 준거로 유아의 발달특성과 변화를 평가한다.
		3. 유아평가결과를 교육활동 운영에 반영하고, 부모면담의 자료로 활용한다.
		4. 교육과정운영에 대한 평가를 실시하고, 그 결과를 다음 계획안에 반영한다.
	1-4. 교수-유아 상호작용 (7)	1. 교사는 다양한 놀이와 활동이 유아의 자발적 선택에 의해 이루어지도록 격려한다.
		2. 교사는 유아가 다양하게 생각하여 대답할 수 있도록 발문한다.
		3. 교사는 유아의 기질, 정서적 상태, 놀이 선호 등을 파악하여 적절히 반응한다.
		4. 교사는 유아의 개별적 요구나 질문을 주의 깊게 듣고, 적절하게 반응한다.
		5. 교사는 칭찬과 격려를 통해 유아에게 자신감을 준다.
		6. 교사는 유아가 일상에서 또래와 긍정적 상호작용을 하도록 격려한다.
		7. 교사는 유아가 절절한 약속과 규칙을 알고 지킬 수 있도록 격려한다.

1-3	교수-학습 및 평가

- 교육과정의 운영은 계획, 실행, 평가 단계를 거쳐 서로 유기적으로 연결하여 다음 단계에 적절하게 반영한다.
- 교사는 유아의 흥미와 이해하는 정도를 고려하여 적절한 교수-학습방법을 사용한다.
- 유아와 교육과정에 대한 평가를 적절히 실시하고, 평가결과는 교사의 교수방법 개선 및 교육의 효과 증진을 위해 활용한다.

1-3-1	유아의 발달과 교육활동내용에 적합한 교수-학습방법과 자료를 활용한다.
평가요소	• 활동방법은 유아가 활동내용을 이해하기에 적절하다. • 교사는 유아가 활동에 대한 흥미나 호기심을 갖도록 동기를 유발한다. • 교사는 다양하고 융통성 있는 방법을 사용하며 유아의 흥미를 지속시킨다. • 활동내용에 적합한 활동자료를 사용한다. • 교사는 유아의 연령, 발달수준, 흥미 사전경험을 고려한 자료를 활용한다. • 교사는 유아의 인원수와 활동내용에 적합한 자료를 활용한다.

1-3-1	유아의 발달과 교육활동내용에 적합한 교수-학습방법과 자료를 활용한다.			
유의사항	• 평가지표 중 교수-학습방법 관련 내용은 관련 서류로 확인하고, 관찰을 통해 활용 자료에 대한 평가지표 충족 여부를 확인한다. • 기록 확인 자료: 일일교육계획			
평가방법	기록, 관찰			
평정기준	6개의 평가요소(■)를 충족해야 Y로 평정	충족여부	□ Y	□ N

1-3-2	교육과정목표와 내용을 준거로 유아의 발달특성과 변화를 평가한다.			
평가요소	• 수집한 평가자료를 활용하여 유아의 발달특성과 변화의 정도를 기술한다. • 평가내용은 교육과정의 영역별 목표, 내용범주 및 세부내용을 기준으로 한다. • 유아의 발달 변화 정도를 연 2회 이상 기록한다.			
유의사항	• 기록 확인 자료: 유아 평가 기록물			
평가방법	기록			
평정기준	3개의 평가요소(■)를 충족해야 Y로 평정	충족여부	□ Y	□ N

1-3-3	유아 평가결과를 교육활동 운영에 반영하고, 부모면담의 자료로 활용한다.			
평가요소	• 계획안 작성 시 수업내용 선정, 환경 구성, 교수전략, 상호작용방법 등에 유아 평가결과를 반영한다. • 유아 평가결과에 대해 부모와 의사소통한다.			
유의사항	• 유아 평가결과가 반영되었는지 관련 기록물을 확인하고 교사면담을 실시하여 확인 ※ 면담내용 예시 Q. 계획안 작성 시 유아에 대한 전반적인 평가결과를 어떻게 활용하고 있는가? • 유아 평가결과에 대한 부모와의 의사소통 여부는 관련 면담 실시 기록 확인 • 기록 확인 자료 - 연간(월간), 주간, 일일교육계획안, 유아 평가 기록물, 부모면담 실시 기록			
평가방법	기록, 면담(교사)			
평정기준	2개의 평가요소(■)를 충족해야 Y로 평정	충족여부	□ Y	□ N

출처: 서울특별시교육청(2019). 유치원 4주기 평가지표.

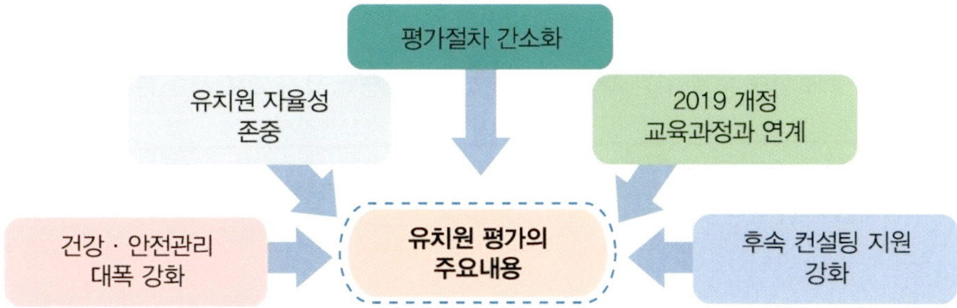

그림 7-2 제5주기('20~'22년) 유치원 평가의 주요 내용

출처: 서울특별시교육청 유아교육진흥원(2020). 제5주기('20~'22년) 유치원 평가 기본계획

2019 개정 교육과정과 연계한 평가지표 및 문항 구성

〈제4주기와 제5주기의 평가 영역 비교〉

제4주기		제5주기	비고
영역I. 교육과정	⇨	영역I. 유아중심 교육과정 및 방과후 과정	• '영역II. 교육환경 및 운영관리'의 운영관리 부분과 '영역IV. 교직원' 영역을 '영역II. 민주적 유치원 운영'으로 통합하고 일부 지표 삭제 등 조정 • '영역III. 건강·안전'과 영역II. 교육환경 및 운영관리에서 교육 환경부분을 '영역III. 안전하고 쾌적한 교육환경 및 유아를 위한 건강·안전영역'으로 통합
영역II. 교육환경 및 운영관리	⇨	영역II. 민주적 유치원 운영	
영역III. 건강 · 안전	⇨		
영역IV. 교직원		영역III. 안전하고 쾌적한 교육환경 및 유아를 위한 건강 · 안전	

〈제 4주기와 제 5주기 지표 비교〉

(4주기) 4개 영역 16개 지표 48항목 → (5주기) 3개영역 11개 지표 41개 문항

<table>
<tr><th colspan="3">제 4주기('17～'19년)</th></tr>
<tr><th>평가영역
(항목수)</th><th>평가지표</th><th>항목수</th></tr>
<tr><td rowspan="4">I.
교육과정
17(18)</td><td>1-1. 교육 계획 수립</td><td>3</td></tr>
<tr><td>1-2. 일과 운영</td><td>3(4)</td></tr>
<tr><td>1-3. 교수·학습 및 평가</td><td>4</td></tr>
<tr><td>1-4. 교사-유아 상호작용</td><td>7</td></tr>
<tr><td rowspan="5">II.
교육환경 및
운영관리
(13)</td><td>2-1. 실내 공간 구성</td><td>3</td></tr>
<tr><td>2-2. 실외 공간 구성</td><td>3</td></tr>
<tr><td>2-3. 기관 운영</td><td>3</td></tr>
<tr><td>2-4. 가정 및 지역사회와의 연계</td><td>2</td></tr>
<tr><td>2-5. 방과후 과정</td><td>2</td></tr>
<tr><td rowspan="4">III.
건강 · 안전
(11)</td><td>3-1. 실내외 공간의 청결 및 안전</td><td>2</td></tr>
<tr><td>3-2. 급 · 간식</td><td>2</td></tr>
<tr><td>3-3. 건강증진을 위한 교육 및 관리</td><td>2</td></tr>
<tr><td>3-4. 안전 교육 및 대책</td><td>5</td></tr>
<tr><td rowspan="3">IV. 교직원
(7)</td><td>4-1. 원장의 리더십</td><td>2</td></tr>
<tr><td>4-2. 교직원의 근무 여건</td><td>3</td></tr>
<tr><td>4-3. 교직원의 전문성 제고</td><td>2</td></tr>
<tr><td>총계</td><td>16개</td><td>48
(49)</td></tr>
</table>

<table>
<tr><th colspan="3">제 5주기('20～'22년)</th></tr>
<tr><th>평가영역
(문항수)</th><th>평가지표</th><th>문항수</th></tr>
<tr><td rowspan="4">I.
유아중심
교육과정 및
방과후 과정
16(17)</td><td>1-1.유아중심 교육과정 및 방과후 과정</td><td>6(7)</td></tr>
<tr><td>1-2. 유아 · 교육과정 평가 및 환류</td><td>4</td></tr>
<tr><td>1-3. 교원의 전문성 신장 지원</td><td>4</td></tr>
<tr><td>1-4. 돌봄과 쉼이 있는 방과후 과정</td><td>2</td></tr>
<tr><td rowspan="3">II.
민주적
유치원 운영
(15)</td><td>2-1. 우리 유치원의 비전 공유</td><td>3</td></tr>
<tr><td>2-2. 참여와 소통의 교육 자치</td><td>8</td></tr>
<tr><td>2-3. 협력 공동체 형성</td><td>4</td></tr>
<tr><td rowspan="4">III.
안전하고
쾌적한
교육환경
및
유아를 위한
건강 · 안전
(10)</td><td>3-1. 안전한 시설설비와 쾌적한 공간</td><td>3</td></tr>
<tr><td>3-2. 안심하고 믿을 수 있는 급 · 간식 환경</td><td>2</td></tr>
<tr><td>3-3. 유아와 교사를 위한 건강 및 안전 증진</td><td>3</td></tr>
<tr><td>3-4. 안전한 등 · 하원</td><td>2</td></tr>
<tr><td>총계</td><td>11개</td><td>41
(42)</td></tr>
</table>

출처: 서울특별시교육청 유아교육진흥원(2020). 제 5주기('20~'22년) 유치원 평가 기본계획

서울시교육청 유아교육진흥원 제5주기('20~'22년) 유치원 평가지표

영역	평가지표	평가 문항
I 유아중심 교육과정 및 방과후 과정	유아· 놀이 중심 교육과정 편성 · 운영 및 교수 · 학습 지원	• 유치원에서는 유아 자신의 흥미와 요구에 따라 능동적으로 놀이에 참여하는 유아 · 놀이중심 교육과정을 실천하며 유아의 놀 권리를 보장하고 있다. • 교사는 유아의 성별, 종교, 신체적 특성, 가족 및 민족 배경 등으로 인한 편견이 없으며, 각 개별 유아의 차이를 긍정적으로 수용하고 배려하는 유치원 문화를 지향한다. • 유치원의 비전과 실정을 고려한 교육과정이 있으며, 구성원 모두가 교육과정 운영을 위해 노력한다. • 유치원에서는 유아의 전인적 성장과 발달을 위하여 유아의 능력과 발달 수준, 발달 특성 및 경험에 맞춘 개별적인 교육과정을 편성·운영한다. • 유치원에서는 유아가 주도하는 놀이와 연계하여 유아의 요구와 특성을 반영한 교육과정을 운영하며 유아가 스스로 놀이하며 배우는 과정을 지원한다. • 교사는 유아의 개별 놀이 상황과 맥락에 따라 유아의 놀이를 촉진 및 활성화하는 노력(공간 확보, 시설 및 환경 마련, 자료와 재료 제공 등)을 한다. • 특수교육대상 유아를 위한 지원 및 관리, 맞춤형 프로그램의 편성 및 운영이 내실있게 이루어진다.
	유아 · 교육 과정 평가 및 환류	• 교사는 유치원 일과 운영 전반에 나타난 유아의 흥미와 놀이 모습에 근거하여 유아의 변화 및 특성, 발달 상황을 포괄적으로 파악한다. • 유치원에서는 자연스러운 일상 놀이 상황에 초점을 맞춘 다양한 평가 방법을 개발하여 유아 이해 및 지원, 교육과정 재구성과 연계하여 평가를 운영한다. • 유치원에서는 구성원 간 자율적이고 민주적인 협의를 통해 수립한 평가 계획에 따라 교육과정 편성·운영 및 교육과정 지원체제의 적절성, 실효성 등을 평가하여 교육과정 질 관리 및 환류를 담보한다. • 유치원에서는 참여, 소통, 협력을 기반으로 하는 유아 놀이 실천-평가-환류가 체계적으로 운영되고 있다.
	교원의 전문성 신장 지원	• 유치원에서는 교육과정 수립 및 구체적인 교육 실천에 관한 사항을 교육공동체의 토론과 협의를 통해 공동으로 개발하여 적용하고 있다. • 교사들은 교원 공동의 성장과 전문성 신장을 위해 교원학습

영역	평가지표	평가 문항
		공동체에 참여하면서 교육 활동 경험과 어려움, 정보 등을 공유하고 있으며, 개선을 위한 토의, 토론이 지속적, 정기적으로 이루어지고 있다. • 교사는 놀이중심 교육과정 구성, 놀이 지원, 놀이 상호작용, 놀이 관찰 중심 평가 등에 대한 연수 및 연구 활동에 활발히 참여하여 교원의 전문적 역량 함양을 위해 노력하고 있다. • 수업 공개를 통한 수업 나눔, 연수 참여, 다양한 형태의 교원 학습공동체 운영 등을 통해 교사의 전문성 향상을 위한 노력이 협력적이고 자발적으로 이루어지고 있다.
	돌봄과 쉼이 있는 방과후 과정	• 유치원에서는 유아의 발달, 정서적 안정감, 체력 등 개별적 요구를 고려하여 놀이와 쉼을 기반으로 하는 방과후 과정 계획을 수립·운영하고 있다. • 유아의 놀 권리와 쉴 권리를 보장해주는 안정적인 방과후 과정을 위해 시설 확보 및 시설 관리, 담당 인력 등에 대한 계획을 수립하고 체계적이고 지속적으로 지원한다.
II 민주적 유치원 운영	우리 유치원의 비전 공유	• 유치원에서는 교육공동체의 참여·소통·협력을 기반으로 목표를 함께 수립하고 있다. • 유치원의 비전과 목표를 유치원 교육에 적극 반영하고 있다. • 교육공동체의 구성원이 유치원 비전과 목표에 대해 잘 인식하고 있으며, 비전을 추구하는 활동에 적극 참여하고 있다.
	참여와 소통의 교육 자치	• 교직원 간 의사소통이 원활하고 민주적인 의사결정이 이루어지며, 상호 협력이 잘 이루어지고 있다. • 민주적인 참여와 소통을 바탕으로 교직원회의가 이루어지고 있으며, 회의에서 합의된 결과를 유치원 운영에 실질적으로 반영하고 있다. • 교직원은 공동의 책임감을 가지고 유치원 교육에 참여하고 있다. • 교직원의 업무가 효율적으로 구조화되어 있어 교사가 교육 활동에 전념할 수 있다. • 행정업무 경감, 전시성 행사 감축 등의 노력으로 교사가 놀이지원과 유아지도에 집중할 수 있는 여건을 조성하고 있다. • 교직원을 위한 시설 및 직무공간을 위한 설비를 설치하여 교직원을 배려하는 환경을 조성하고 있다. • 교직원의 처우에 대한 규정에 따라 교직원의 복지를 향상시키기 위한 노력이 이루어지고 있다. • 유치원 공동체 간 갈등을 해결하기 위한 지원방안 및 갈등 예방과 치유를 위한 참여를 지원하고 있다.

영역	평가지표	평가 문항
	협력 공동체 형성	• 학부모 연수, 유치원 교육활동 참여 기회 제공, 학부모회 운영 등 학부모 참여를 활성화하여 상호이해와 협력을 높이기 위해 노력하고 있다. • 학부모가 유치원 교육활동에 적극적으로 참여하고 의견을 반영할 수 있도록 개방적인 시스템을 갖추고 있다. • 지역사회의 인적·물적 자원을 유치원 교육활동에 활용하고 있다. • 지역사회와의 협력적 체제 구축을 통하여 마을과 함께하는 다양한 교육프로그램을 운영하고 있다.
III 안전하고 쾌적한 교육환경 및 유아를 위한 건강·안전	안전한 시설설비와 쾌적한 공간	• 실내·외 시설설비와 공간은 유아에게 안전하며 유아가 쉽게 사용할 수 있도록 갖추고 있다. • 실내·외 놀이공간, 놀이시설, 놀이자료의 안전관리 및 점검이 효율적으로 이루어지고 있다. • 유아를 위한 안전시설이 설비되어 있으며, 실내·외 쾌적한 환경이 조성·유지되고 있다.
	안심하고 믿을 수 있는 급·간식 환경	• 유아의 건강을 고려한 균형 있고 질 높은 급·간식을 제공하고 있다. • 유아가 안심하고 급·간식을 먹을 수 있도록 식자재가 위생적으로 관리되고 있다.
	유아와 교사를 위한 건강 및 안전 증진	• 유아의 질병 및 상해 관리와 이를 위한 가정과의 소통이 이루어지고 있다. • 유아와 교직원의 건강 및 안전 증진을 위한 예방 관리지침이 마련되어 있다. • 유아와 교직원의 건강 및 안전 증진을 위한 교육이 이루어지고 있다.
	안전한 등·하원	• 유치원은 교육과정 내에서 유아의 안전한 등·하원 환경 조성을 위한 안전교육을 계획-반영-실시하며 지속적으로 지원하고 있다. • 통학차량을 이용하는 유아를 위하여 통학차량의 지속적인 관리와 안전운행을 위한 노력이 이루어지고 있다.

출처: 서울특별시교육청 유아교육진흥원(2020). 제 5주기('20~'22년) 유치원 평가 기본계획

2. 유아사회교육평가의 방법

유아의 발달적 특성상 유아를 상대로 한 평가는 다양한 상황에서 다양한 방법으로 이루어져야 한다. 유아교육현장에서는 유아를 위한 평가의 방법으로 표준화된 검사 도구보다는 다양한 상황에서 다양한 방법을 활용한 수행평가가 주로 이루어지고 있다.

여기에서는 유아사회교육 교수–학습과정에서 사용할 수 있는 측정 도구와 방법 및 사례들을 살펴보고자 한다.

1) 면담(interview)

(1) 면담이란 무엇인가?

면담(interview)은 특정한 목적을 가지고 특정한 내용에 관하여 사람과 사람이 직접 얼굴을 맞대고 일정한 시간에 언어를 매개로 하여 정보를 얻거나 의사나 감정을 전하는 양식을 말한다. 면담은 관찰과 달리 연구대상과 직접적인 상호작용을 통해 자료를 수집하는 방법으로, 대상과 일대일로 대화를 나누면서 정보를 수집한다.

면담에서 중요한 것은 면담자와 피면담자가 라포(rapport)를 형성하는 것이다. 조사적 목적에서 사용되는 면담은 다음과 같은 역할을 수행한다.

첫째, 면담은 관찰과 더불어 여러 가지 연구활동에 활용할 수 있는 일반적 도구이다.

둘째, 면담은 자료 수집의 주된 도구로서 역할을 수행한다.

셋째, 면담은 관찰이나 질문지 등으로 얻은 자료의 공백을 보충하는 데 사용될 수 있다. 유아와 관련된 정보를 부모나 유아 주변의 성인을 통해 수집할 수 있으므로 면담은 유아연구에서 필수적인 검사방법이라고 할 수 있다. 유아교육기관에서는 조사적 면담이 주로 이루어진다.

(2) 면담의 절차

면담은 면담자와 피면담자와의 상호작용을 통해 이루어지므로 우호적이고 신뢰할 수 있는 관계가 성립되어야 한다. 면담자는 면담을 실시하기 전에 다음의 사항을 충분히 고려하여 원만한 면담이 될 수 있도록 한다.

① 사전 준비

학부모와 면담을 할 경우 유아교육기관 교사들은 유아에 대한 기록, 관찰 평가 등의 기록을 유아 개인별로 묶어서 준비한다. 또한 그동안 모아두었던 기록들을 자세히 검토하고, 각각의 유아에게 필요한 자료들을 빠짐없이 준비하여 면담에 적극 활용하도록 한다.

② 면담 자료 준비

유아교육기관 나름대로 사용하고 있는 기본 양식에 맞추어 그동안의 관찰 기록을 정리한다. 관찰 기록이 정리되고 나면 유아의 발달을 종합평가한 후 학부모와 상의할 내용이라든지, 가정에서 유아의 양육태도, 유아의 행동 등에 대해 묻고 싶은 내용을 간략하게 적어 놓고, 면담에 응한다면 면담 시간도 단축될 뿐 아니라 교사는 원아에 대해서 더 많은 정보를 확보할 수 있을 것이다.

③ 면담 시간과 장소 정하기

학부모면담의 계획이 잡히면 주간교육계획안을 통하여 면담 시간과 장소를 2주 전에 학부모에게 알려드린다. 면담 시간은 한 명당 20분 정도로 계획하고 매번 5~10분 정도의 쉬는 시간을 두고 시간표를 작성하여 교사가 다음 유아의 면담을 준비할 수 있도록 한다(학급의 유아 수를 고려하여 1인에 20분~30분 정도로 한다).

사례1. 부모님과 면담 시간을 정한다.

★ ★ 소 식 터

○○○○년 ○월 ○○일

안녕하세요.
우리 아이들이 아침 저녁 떨어진 기온차로 인해 일어나기 힘들어 하는 요즘입니다.
따뜻한 이부자리를 박차고 일어난 아이에게 사랑한다는 말과 함께 사랑의 입맞춤을 전해 주는 건 어떨까요? 또는 하트를 크게 손으로 그려주어 아침부터 힘을 낼 수 있게 도와주면 우리 아이들의 유치원으로 향하는 발걸음이 더욱 씩씩해질 것 같습니다. 저희 원에서도 우리 친구들의 마음 가득 사랑이 함께 할 수 있도록 격려하겠습니다.
감사합니다.

◇ 현장학습

☞ 일 시: ○월 ○일 ○요일 – 토끼반
장 소: 현대자동차 그린서비스(자양동)

※ 비가 오면 정상 수업합니다.

◇ 학부모상담 안내

☞ 2학기 학부모상담이 있습니다. 담임선생님에게 편한 시간을 미리 말씀해 주시면 도움이 됩니다.
○월 ○일 ~ ○월 ○일 ○요일 – 토끼반, 병아리반
○월 ○일 ~ ○월 ○일 ○요일 – 코끼리반, 사슴반

★ ★ 유 치 원 장

사례2. 부모님과 면담 시간이 정해지면 다시 한 번 확인 안내장을 발송한다.

★ ★ 소 식 터

○○○○년 ○월 ○○일

◇ **학부모상담**

☞ 상담 시간은 20분이며, 상담 시간 5분전에 유치원에 오시면 됩니다(다음 분을 위해 상담 시간을 꼭 지켜주세요).

♡ 토끼반, 병아리반: ○월 ○일 ~ ○월 ○일 ○요일

♡ 코끼리반, 사슴반: ○월 ○일 ~ ○월 ○일 ○요일

이 름	날 짜	시 간

◇ 현장학습

☞ 일시: ○월 ○일 ○요일 - 코끼리반, 사슴반
장소: 관내 도서관
※ 9시 40분에 출발합니다. 늦지 않게 등원시켜주세요.
※ 비가와도 다녀옵니다.

◇ 생일잔치

☞ ○월 생일 맞은 어린이의 생일잔치가 있습니다.
일시: ○월 ○일 ○요일
준비물: 생일 맞은 어린이는 한복을 입고 등원합니다(갈아입을 옷을 싸서 보내주세요).
음식준비 (생일 맞은 어린이가 준비해 옵니다.)
※ 생일 맞은 어린이: 병아리반은 생일잔치가 없습니다.

◇ 졸업 · 수료사진/개인앨범촬영

☞ 일시: ○월 ○일 ○요일 - 결석하지 말아주세요.
※ 머리는 사각모 슬 수 있도록 단정하게(위로 묶지 마세요) 해 주세요.
※ 사진촬영비를 아직 안 보내주신 어머님은 ○월 ○일 ○요일까지 보내주세요.

★ ★ 유 치 원 장

사례3. 부모님과 면담 시 면담내용에 대한 사전조사로 상담기초조사서를 발송한다.

[○○ 유치원 가정통신문 제 ○○-○○호 별지입니다.]

○○○○학년도 1학기 학부모 상담 기초조사서

존경하는 ○○유치원 학부모님께

○○○○학년도 1학기 학부모 개별 상담을 앞두고 자녀의 생활지도 및 교육활동 등에 대해 부모님의 의견을 듣고자 하오니 자세히 작성하시어 ○○월 ○○일(목)까지 유치원으로 보내주시기 바랍니다.

*반명:		*이름:
번호	질 문	부모님 의견
1	자녀가 유치원 생활에 대해 주로 어떤 이야기를 합니까?(유치원 생활에 대해 궁금한 점)	
2	자녀가 유치원을 다니면서 달라진 점은 무엇입니까?	
3	우리 자녀의 장점은 무엇입니까?	
4	가정에서는 자녀에게 주로 어떤 생활지도면을 지도하십니까?(식습관, 기본생활습관, 학습활동 등)	
5	자녀가 관심 있어 하는 활동은? 자녀가 좋아하는 친구는?(친구와의 교육관계에 대해 작성해 주시기 바랍니다.)	
6	자녀가 고쳤으면 하는 습관은 무엇입니까?(~습관을 지도해 주시기 바랍니다.)	
7	담당교사에게 자녀에 대해 상담받고 싶은 주요 내용은 무엇입니까?	
8	앞으로 귀 자녀의 지도 방향은 무엇입니까?(우리 아이에게 ~한 것을 특별히 지도해 주세요.)	
9	○○유치원에 대해서 좋은 의견이 있으시면 말씀해 주시면 감사하겠습니다.	
10	기타사항	

★ ★ 유 치 원 장

④ 면담 장소 준비

유아교육기관 건물 내에서 가장 방해를 덜 받는 장소에 관찰 자료를 놓아 둘 수 있는 책상과 의자 두 개를 준비한다.

미리 도착한 부모를 위해 유아교육에 관한 잡지나 원내 행사앨범이나 사진, 유아들의 작품 등을 대기실에 배치해 놓아둔다. 간단한 음료수도 준비해 두면 분위기를 부드럽게 하는 데 도움이 된다.

면담 장소는 여러 사람이 드나들지 않고 전화소리나 유아들의 잡음 등 다른 소리에 방해를 받지 않는 곳이 좋다.

⑤ 면담하기

면담은 정시에 시작하고 약속된 시간을 넘기지 않도록 한다.

만약 유아가 문제행동이 있거나 특별한 도움이 요청되는 경우에는 정기면담 이외에 개별적으로 약속을 다시 하여 더 자세하게 면담을 하도록 한다.

출처: ○○기관 학부모 면담 준비과정 현장사례 참고사진자료.

(3) 면담의 진행

학부모나 유아와의 면담은 다음과 같은 순서로 진행된다.

① 부모와 인사 나누기

교사는 학부모에게 자리를 안내하고 서로 서먹서먹하지 않도록 계절이나 날씨 등에 대해 말하며 간단한 인사를 나눈다.

② 개인면담의 취지를 설명한다.

학부모면담의 중요한 목적은 교사와 학부모가 함께 시간을 내어 유아들의 전반적인 발달에 대해 정보를 교환하는데 있고, 학부모와 교사의 상호관계를 더욱 견고히 해서 유아의 전반적인 발달을 도와주는 데 있다는 것을 인식시킨다.

③ 진행

교사는 면담을 위해 준비한 자료를 토대로 하여 유아의 장점이나 최근에 관찰된 중요한 성장기록을 이야기하는 것부터 시작하는 것이 좋다.

일단 긍정적인 분위기가 형성되면 앞에 준비된 학부모면담 양식에 따라 면담을 진행해 간다. 이때 교사는 미리 준비된 관찰기록과 유아 작업 샘플, 활동사진 등을 이용하여 전반적인 발달에 대해 이야기한다.

면담을 통하여 교사는 유아가 가정에서도 유아교육기관에서와 비슷한 행동을 하는지 아니면 다르게 행동하는지를 알 수 있을 것이다.

대부분의 경우 유아들이 가정에서나 유아교육기관에서나 비슷한 행동을 보인다고 하지만, 때에 따라서 어떤 유아는 가정과 유아교육기관에서 하는 행동이 전혀 달라서 놀라게 되는 경우도 있다.

이런 경우는 왜 유아가 이런 행동을 하는지 교사가 관심을 갖고 유아의 행동을 관찰하여 분석해 보는 일도 좋을 것이다.

④ 마무리

면담이 진행되는 동안 교사는 면담과정을 기록하고 앞으로 중점을 두어 지도해야 할 부분을 교사와 부모가 함께 의논하는 형식으로 진행한다.

⑤ 추후활동

면담 후 필요에 따라 전화를 한다든지 유아들 편으로 메모를 보낸다든지 혹은 등원 및 귀가시간에 일상적인 대화를 통하여 면담 때 했던 이야기들을 자연스럽게 확장시켜 나간다.

면담을 통해 교사는 여러 가지 새로운 정보를 얻을 수 있으며, 그로 인하여 새로운 관점에서 유아를 볼 수 있게 된다(전남련 외, 2005).

사례4.

학부모 면담(interview) 양식

원아이름: 문○○ 생년월일: 20○○. ○○. ○○ 성 별: 남, 여
상담교사: K교사 면 담 일: 20○○. ○○. ○○
면담일 현재 유아의 연령: 만 3세

1. 인지발달 영역
- 교사의 의견: 또래에 비해서 발달이 빠른 편이며 기억력이 좋은 편이다. 사고력, 상상력, 판단하는 능력도 좋은 편이다.
- 학부모의 의견: 기억력, 특히 공간 지각력은 무척이나 뛰어난 것 같다.

2. 언어발달 영역
- 교사의 의견: 자신의 생각을 언어로 잘 표현하며 표현력이 다양하다. 가장 많이 발달된 영역이다. 글씨를 보면 써보려고 한다. 그림처럼 모양을 그대로 그리고 있다.
- 학부모의 의견: 집에서 책을 읽어주면 집중을 하여 잘 듣고, 반복하길 좋아하며 일상적인 대화 중에도 그림책의 단어를 곧잘 사용하려 노력한다.

3. 사회·정서발달 영역
- 교사의 의견: 자신의 감정을 잘 표현하며 친구들과의 놀이활동 시에 양보심이 너무 많아 때론 교사가 중재 역할을 해야 할 때가 있다(예를 들어, 아이들이 정빈이가 가지고 놀던 장난감을 달라고 하면 자신이 가지고 놀고 싶어도 그냥 모두 주어버릴 때).
- 학부모의 의견: 양보는 좋지만 너무 심한 양보는 솔직히 좋지 않다고 생각한다. 자신의 의견을 충분히 이야기할 수 있었으면 좋겠다.

4. 신체발달 영역
- 교사의 의견: 체육선생님과의 상호작용이 늘 활발하다.
- 학부모의 의견: 체육시간을 엄마가 볼 수 있는데 가끔은 너무나도 정적인 모습에 조금 더 활달했으면 좋겠다.

5. 탐구생활 영역
- 교사의 의견: 궁금한 것이 있으면 꼭 물어 봐야 하며 호기심이 많은 편이다.
- 학부모의 의견: 가정에서도 질문이 많으며 신기한 것을 보면 관심이 있게 본다.

6. 표현생활 영역
- 교사의 의견: 그림 표현력이 다양하고, 틀에 매여 있기보다는 창의적이다.
- 학부모의 의견: 집에서도 늘 그림을 그리고 싶어 하고, 숫자나 글자 모두를 그림처럼 인식하는 것 같다.

7. 기본생활 영역
- 교사의 의견: 식사습관, 물건 챙기기, 양치질하기 등은 혼자서 잘 수행한다.
- 학부모의 의견: 한 번 가르쳐 준 일은 혼자서 곧잘 하는 것 같다.

기타:

사례5.

학부모상담 일지 양식

반명		이름		생년월일	
구분	1학기 상담: 교사 관찰–평가면 (교사가 상담 전에 자세히 기록해 놓아 상담 시 보면서 사용)				

1. 어린이 종합 평가	기본생활 습관	등교면	
		귀가면	
		식습관	
		양치질	
		버릇 및 습관	
	사회성 (또래관계/ 친구관계)	좋아하는 놀이	
		또래관계	
		성격특성	
		교사와의 관계	
	수업 참여면	집중면	
		발표면	
		태도면	
		이해면	
		흥미있어 하는 활동	
	언어·수 발달정도		
	신체발달 (소근육, 대근육 발달정도)		
2. 그 외 유치원 생활 중에서 부모님이 궁금하게 생각하고 계신 점은 무엇입니까?			

가정에서 바라는 교육방향, 유치원에 바라는 점	교사가 관찰한 내용 및 지도방향
1.	
2.	
3.	

출처: ○○기관 학부모상담자료 서식.

2) 포트폴리오

(1) 포트폴리오란 무엇인가?

포트폴리오는 유아의 인지적, 정의적 발달에 대한 기록들을 시간의 흐름에 따라 조직적으로 모아놓은 것이라고 할 수 있다. 사회생활 영역의 포트폴리오는 유아의 사회적 기술, 성향, 가치, 태도 그리고 사회적 상황과 환경에 관한 지식을 추론하고 평가할 수 있는 기록으로 그 연속적인 발달과정과 결과를 종합하여 보여 준다.

포트폴리오 평가는 본질적으로 역동적이며 사실적이다. 기존의 결과중심적, 심리측정적 평가에 대한 대안으로서, 다차원적 수준에서 유아의 성장과 발달에 대한 정보들을 수집하여 학습자를 평가하고 더 나은 발달을 위한 소중한 자료를 제공한다.

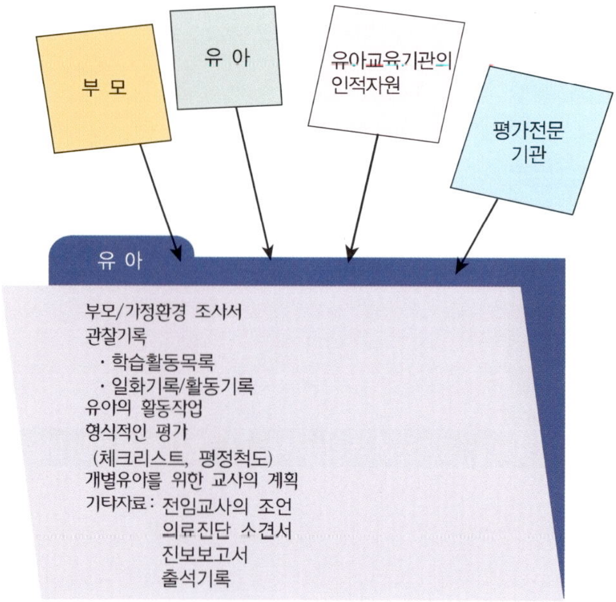

출처: 강숙현(2002). 포커스인 포트폴리오. 교육과학사. p.82.

따라서 유아들의 사회성 발달을 평가하기 위한 포트폴리오방법의 적용은 유아의 사회적 발달과정에 대한 지식과 태도를 효과적으로 평가하고, 이를 기초로 유치원 교육과정에 적절한 사회생활 영역에 대한 지도를 효율적으로 수행하는 데 도움이 될 것이다.

(2) 사회관계 영역의 포트폴리오 구성방법

① 포트폴리오의 목적

포트폴리오는 사회관계 영역의 교수 효율성 개선과 시간에 따른 유아의 사회화, 사회적 지식과 기술 및 가치와 개념의 발달과정을 평가하고 형성시키는 데 그 목적이 있다. 따라서 유아들의 사회생활에 대한 교육과 평가를 위해 포트폴리오를 구성하면 다음과 같은 구체적인 목적을 이룰 수 있다.

- 현재 유아의 사회성 발달 상태와 사회화과정 등의 발달과정을 파악할 수 있다.
- 사회관계 영역교육에 있어서 효과적인 교수법을 위한 다양한 정보를 수집할 수 있다.
- 포트폴리오는 유아의 사회관계 전반에 대한 수행평가의 기능을 하므로, 학부모와 유아의 사회화과정 및 사회관계에 대한 원활한 의사소통이 가능하다.
- 자기평가를 통해 유아를 동기화시키고 반성적 사고를 길러줄 수 있다.

② 포트폴리오 구성방법

유아의 성장과 발달에 대한 정보를 수집하고 조직하는 방법은 다양하다. 어떤 방법을 선택할 것인가는 교사와 교육기관의 상황과 여건, 교사의 능력과 의도 및 평가의 시기에 따라 다를 것이다. 그러나 포트폴리오를 구성하기 위한 기본적인 절차와 구조는 갖추어야 한다.

- **사전준비**
  - 평가의 계획과 실행방안을 기관장과 부모에게 알리고 협력을 구한다.
  - 관찰하고자 하는 내용과 포트폴리오에 포함시킬 평가자료 목록을 선정한다.
  - 관찰기록 형식과 도구들을 준비한다.
  - 자료수집 시기를 정한다.
  - 포트폴리오 보관 장소를 정한다.

- **실행**
  - 유아의 일상적인 활동 중에 자료를 수집한다.
  - 유아의 언어적/비언어적 반응, 활동과정은 물론 부모와의 면담자료도 수집한다.
  - 분명한 목적을 가지고 자료를 수집한다.
  - 시간의 흐름에 따른 변화와 진보에 초점을 둔다.
  - 다양한 상황에서의 자료들을 수집한다.
  - 포트폴리오 구성과정에 유아를 참여시켜 자연스럽게 반성적인 자기평가를 하도록 한다.

- **완성 및 활용**
  - 유아의 인지적, 정의적 발달 등 모든 영역에서의 변화가 잘 드러나도록 구성한다.
  - 유아의 행동특성과 수행에서 나타난 능력과 기술 등을 개념화하고 수집된 자료들을 심도 있게 분석한다.
  - 교육과정에 근거하여 유아의 발달을 평가한다.
  - 유아의 발달과 학습에 영향을 미치는 사회·문화적 맥락을 고려한다.
  - 학부모와의 면담과정에 포트폴리오를 활용하여 유아의 발달특성에 대해 부모들과 협의한다.

(3) 사회관계 영역의 포트폴리오 내용

사회관계 영역의 포트폴리오 내용구성은 다음과 같은 사료에 의해 구성될 수 있다.

- 국가수준의 누리과정
- 유아사회성과 사회생활교육에 관한 전문 이론
- 유아의 사회적 특성과 발달 요구

사회관계 영역의 포트폴리오 내용범주구성의 근거 자료가 무엇이든지 기본적으로 교육부에서 제시하는 유아교육과정 중 사회관계 영역(2019)에 제시된 목표와 일치해야 하며, 기본생활, 개인생활, 가정생활, 집단생활, 사회현상과 환경체계 구분이 내용 영역이 될 것이다.

사회관계 영역의 목적에 따라 포트폴리오 항목을 선정하였다면, 그 내용범주에 따라 수집한다. 예를 들어, '사회적 역할 이해 및 직업에 관심 가지기'가 목적이라면, 그것은 사회현상과 환경내용 영역 아래 파일화해 두면 될 것이다.

포트폴리오 안에 일화기록을 하거나 메모를 남겨두는 교사는 때때로 유아들의 사회적 상호작용과 사회성, 사회현상과 환경에 관한 지식 인식과정 혹은 언어와 행동 또는 다른 범주와 관련된 것을 칼라 펜이나 스티커로 코딩하여 시간대별로 순서를 정리할 수 있다.

표 7-1 | 사회관계 영역에 대한 포트폴리오 내용

- 출석 및 지각 기록
- 발달에 따른 유아의 행동특성
- 낮잠 시간에 대한 관찰
- 아침부터 배고파하고 피곤해하는지에 대한 관찰
- 유아가 선호하는 활동시간, 조용한 시간, 시끄러움과 새로운 상황에 대한 유아의 반응, 유아의 학습방법에 대한 특성 관찰
- 또래관계에 대한 교사의 관찰과 기록
- 우정과 친밀감 형성에 관한 견본
- 집단활동, 학급과제, 현장체험학습 등의 협동상황에서 유아의 태도에 대한 관찰과 유아의 자기 보고
- 특별한 시간을 위한 활동 선택에 관한 견본
- 또래와 함께 다양한 활동 참여에서 요구되는 기여도와 참여도에 대한 견본
- 유아의 독특성, 개별적 스타일, 흥미, 성향에 대한 견본
- 사회적 문제해결능력에 대한 관찰
- 유아의 긍정적, 부정적 혹은 부적절한 또래관계에 대한 관찰
- 유아의 우정에 대한 학부모와의 면담내용
- 가정에서의 친밀감 형성에 관한 부모의 서술
- 자아개념에 대한 유아의 자기-보고와 표현에 대한 견본
- 유아의 동기 단계에 대한 자기-보고와 조직적인 관찰
- 주어진 활동과 과제에 소요되는 시간을 보여주는 건본
- 활동, 과제, 음식 등에 대한 유아의 선택을 보여주는 견본
- 유아가 좋아하는 활동, 책, 노래, 주제, 사물과 가정에서 혹은 놀이터에 좋아하는 것들과 그 이유에 관한 자기-보고 및 표현
- 유아의 독특성, 태도, 성향에 관한 견본
- 사회적-역할놀이, 완성한 퍼즐, 지도 만든 것, 그림 그린 것, 새로운 기술 등에 관한 정보 및 느낌에 대해 말하기와 자기-보고
- 사회성의 특정한 발달과 사회생활 주제 영역에 대한 지식과 기술
- 유아의 태도와 성향에 대한 다른 교사와 부모의 보고서
- 선정된 특정 영역에서 활동을 수행하는 동안 관찰된 동기, 태도, 성향에 대한 서술

출처: 지성애 · 김미경(2003). 유아사회교육의 이론과 실제. 학지사. p.156~157.

표 7-2 | 포트폴리오 계획표

포트폴리오 계획표

1. 평가를 위한 목적은 무엇인가?

2. 위의 목적들 중에서 어느 유형의 포트폴리오가 가장 적합한가?

3. 포트폴리오는 발달적 영역 혹은 내용 영역으로 조직되었는가?

4. 누가 이 포트폴리오를 만드는 데 기여했는가?

교사	**유아**	**부모**
(　)연대적 기록	(　)태도관찰	(　)설문
(　)체크리스트	(　)흥미 목록	(　)서류기재
(　)평정척도	(　)일지	(　)작품견본
(　)주석	(　)저널	(　)코멘트
(　)요약	(　)문해발달자료	(　)대화기록 및 저널
(　)회의노트	(　)과제 작품	(　)요약
(　)필요한 물건	(　)유아의 습작품	(　)회의노트
(　)테스트	(　)비디오/오디오 테이프	(　)전화기록
(　)기타	(　)자기보고서	(　)기타
	(　)컴퓨터 디스켓	
	(　)기타	

5. 보관할 때는 어떤 유형의 용기를 사용할 것인가?

확장될 수 있는 파일폴더
엑스레이폴더
피자상자
쇼핑봉투
잡지꽂이
사무용 봉투
종이파일
반으로 접을 수 있는 두꺼운 종이파일
폴더를 보관할 수 있는 신발
상자
플라스틱 상자

6. 어떤 방법을 사용할 것인가?
   균형적:
   날짜순:
   주석식:

7. 자료는 얼마나 자주 수집할 것인가?

8. 기타

출처: 지성애 · 김미경(2003). 유아사회교육의 이론과 실제. 학지사. p. 162.

표 7-3 | 영역별 유아 수행평가(사회관계 영역) 사례자료

<table>
<tr><th colspan="4">사회관계 영역 – 지역사회에 관심 갖고 이해하기</th></tr>
<tr><td>유아명</td><td>☆☆☆</td><td>활동명</td><td>우리 동네에 놀러오세요</td></tr>
<tr><td>평가일</td><td>○○○○. ○. ○.(○)</td><td>평가유형</td><td>유아 관찰 분석</td></tr>
<tr><td>평가내용 및 관점</td><td colspan="3"><사회에 관심 갖기 – 지역사회에 관심 갖고 이해하기>
1. 자신이 사는 곳을 정확히 말할 수 있는가?
2. 자신이 자주 가는 곳을 말할 수 있는가?
3. 자신이 사는 곳에 있는 기관을 말할 수 있는가?
4. 주요 기관에서 사람들이 하는 일을 아는가?</td></tr>
<tr><td rowspan="6">내용</td><td colspan="3">관찰 내용
*본 도구는 평정척도가 아닌 관찰내용을 제시하고 이에 근거하여 평가하도록 함</td></tr>
<tr><td></td><td>○</td><td>×</td></tr>
<tr><td>1. 자신이 사는 곳을 말할 수 있다(예: 아파트 이름, 동네이름 등).</td><td>v</td><td></td></tr>
<tr><td>2. 자신이 자주 가는 곳을 말할 수 있다(슈퍼, 놀이터, 병원, 미용실 등).</td><td>v</td><td></td></tr>
<tr><td>3. 자신이 사는 곳에 있는 기관을 말할 수 있다(은행, 우체국 등).</td><td>v</td><td></td></tr>
<tr><td>4. 주요 기관에서 사람들이 하는 일을 안다.</td><td></td><td>v</td></tr>
<tr><td>해석 및 교사 의견 (사진)</td><td colspan="3">☆☆이는 또래와 비교하여 조금 어려운 개념인 '주소'의 구체적인 부분까지 잘 알고 있었다. 특히 평소에 자주 가는 동네의 기관에 대해서 자신의 경험과 연관지어 잘 이야기하는 모습을 보이는 등 지역사회에 대한 사전 경험이 풍부하다. 하지만 기관에서 하는 일에 대해서는 정확한 개념이 형성되지 않은 것으로 보여</td></tr>
</table>

'동네의 기관과 동네의 사람들'에 대한 소주제를 진행할 때 관련 내용을 많이 접해 볼 수 있도록 지도해야겠다.

출처: 서울시교육청 유아교육과(2017). 유치원과정 및 유아평가.

표 7-4 | 영역별 유아 수행평가 사례자료

(연령: 만 4세)

구분	신체운동 · 건강	의사소통	사회관계	예술경험	자연탐구
누리 과정 관련 내용	① 바른 식생활하기 ② 기구를 이용하여 신체활동하기 ③ 신체조절하기	① 느낌, 생각, 경험 말하기 ② 이야기 듣고 이해하기 ③ 쓰기에 관심 가지기	① 친구와 사이좋게 지내기 ② 지역사회에 관심 갖고 이해하기 ③ 우리나라에 관심 갖고 이해하기	① 움직임과 춤으로 표현하기 ② 미술활동으로 표현하기 ③ 극놀이로 표현하기	① 생명체와 자연환경 알아보기 ② 기초적인 자료수집과 결과 나타내기 ③ 규칙성 이해하기
유치원과 친구	1학기 식습관 체크리스트		1학기 기본생활습관 체크리스트		
봄		주말 지낸 이야기		스카프로 움직여요*	
나와 가족	1차 신체검사		1학기 놀이관찰		
우리 동네			우리 동네에 놀러오세요*		

구분	신체운동 · 건강	의사소통	사회관계	예술경험	자연탐구
동식물과 자연		원숭이의 흉내 내기*		동물원에서 본 것 그림그리기	
건강과 안전	공을 던져서 그물에 넣어요*				나도 관찰자*
여름	비 내리는 날				
교통 기관		자기 이름 써보기			교통기관 분류하기
우리나라	2차 신체검사		우리나라에 대해 알아보아요	너구리의 송편	
세계 여러 나라	2학기 식습관 체크리스트		2학기 기본생활습관 체크리스트		
가을	평균대를 건너요				색깔 패턴만들기
생활 도구			2학기 놀이관찰		
겨울					

출처: 서울시교육청 유아교육과(2017). 유치원과정 및 유아평가.

(4) 사회관계 영역 포트폴리오의 정리 및 보관

포트폴리오 항목에 따라 수집된 자료에 유아의 이름과 날짜, 교사의 이름과 영역 및 장소, 시간과 집단 사항을 기입한다. 또한 유아가 그 작품을 어떻게 만들고 구성했는지, 정보는 어디에서 얻었는지, 무엇을 이용하였는지, 그 작품을 구성할 때의 환경적·상황적 맥락은 어떠했는지 등을 기록하여 시간이 지난 후에도 수집된 작품에 대한 의미, 즉 유아의 사회성 발달과정 내용들을 유아교사가 알 수 있도록 한다.

교사는 주별, 월별로 유아들의 사회성 발달 상황과 사회관계 주제 영역과 연관된 기술, 지식, 태도, 성향 등을 획득하는 과정을 검토하며, 관찰한 바를 기록하고, 유아들과 토의하여 포트폴리오에서 추론할 수 있는 항목이나 정보를 결정한다.

유아 개인별 파일을 준비하고 항목에 따라 수집된 자료에 제목을 붙이고 설명을 기록해서 항목에 따라 고정시킨다. 그리고 이러한 사회적 활동에 참여하고 있는 유아의 사진을 붙인 후 포트폴리오의 목적과 부합되는지 확인하고 파일화한다.

유아들의 작업을 수집하고 조직하기 위해서는 적어도 두 가지 종류의 보관체계가 필요하다. 하나는 견본 보관이고 또 다른 하나는 포트폴리오를 보다 영구히 보관하는 것이다. 유아들은 진행 중이거나 완성된 작품을 임시로 보관하고 유아의 작품을 견본파일로 정리하고, 유아들이 자신의 파일을 쉽게 찾을 수 있는 곳에 파일폴더를 놓아둔다(지성애, 2006).

■ **그림 7-3** 포트폴리오 보관 사례

표 7-5 | 포트폴리오 유아 소개표지 예

출처: ○○기관 유아평가 현장사례자료.

표 7-6 | 포트폴리오 양식의 예

<table>
<tr><td>유 아 명</td><td>○○○</td><td>생년월일</td><td colspan="4">○○○○년 ○월 ○일</td></tr>
<tr><td>성 별</td><td>(남, 여)</td><td>관찰날짜</td><td colspan="4">○○○○년 ○월 ○일</td></tr>
<tr><td>주 제</td><td></td><td>활 동 명</td><td colspan="4"></td></tr>
<tr><td>활동 결과물</td><td colspan="6"><그림 또는 사진></td></tr>
<tr><td rowspan="5">평 가</td><td colspan="2">평 가 내 용</td><td>1 전혀 아니다</td><td>2 아니다</td><td>3 보통</td><td>4 그렇다</td></tr>
<tr><td rowspan="2">새로운 행동 (　　)
익숙한 행동 (　　)</td><td>(평가에 대한 내용을 기록하세요.)</td><td></td><td></td><td></td><td></td></tr>
<tr><td>(평가에 대한 내용을 기록하세요.)</td><td></td><td></td><td></td><td></td></tr>
<tr><td rowspan="2">교사 개입 정도
적다 보통 많다</td><td>(평가에 대한 내용을 기록하세요.)</td><td></td><td></td><td></td><td></td></tr>
<tr><td>(평가에 대한 내용을 기록하세요.)</td><td></td><td></td><td></td><td></td></tr>
<tr><td>비 고</td><td colspan="6">활동에 대한 분석 및 추후 교육계획 서술</td></tr>
</table>

출처: ○○기관 유아평가 현장사례자료.

3) 질문지

유아의 성취에 대한 다양한 자료, 방법, 내용의 맥락 등을 모두 고려하여 체크리스트를 선정하는 것이 좋다.

(1) 또래 상호작용 검사목록

① 목적과 활동

또래 상호작용 검사목록의 목적은 세 가지로 살펴볼 수 있다.

- 또래 상호작용을 분석하는 데 사용될 수 있는 도구를 제공하기
- 아동의 또래들과의 상호작용과정에서 전형적 유형의 범위를 기술하기
- 우리 문화에서 일관되게 가치를 두는 긍정적인 사회적 역할 영역에서의 강점을 보이는 아동을 찾아내기

② 절차와 평가

또래 상호작용 검사목록을 위한 평가의 절차는 네 가지 기본 단계로 구성된다.

- 교사 자신이나 다른 교사와 함께 각각의 아동을 위한 상호작용 검사목록을 기록한다.
- 행위가 사회적 역할들 가운데 하나에 대응하는지, 그렇지 않은지를 결정하는 데 요약지를 사용한다.
- 아동이 대체로 긍정적 상호작용을 하는가의 여부와 아동이 약속된 역할을 수행하는 데 성공적인가의 여부를 결정한다.
- 교사의 평가를 확신하기 위해서 부가적으로 공식적 또는 비공식적 관찰을 지시한다.

표 7-7 | 또래 상호작용 검사목록 1

관찰자: 날 짜:
아 동: 연 령:

1. ________ 모방이나 구두 체크를 통해 다른 아동의 활동과 연결짓는다.
(예: "무엇을 하고 있습니까?", "나는 ....을 하고 있습니다.")
2. ________ 놀이 가운데 다툼이 일어났을 때에 중재한다.
3. ________ 활동에 참여한 다음에 다른 아동들을 이끈다.
4. ________ 솔선해서 이끌지만 항상 성공하는 것은 아니다.
5. ________ 대부분 활동을 시작하기보다는 다른 아동들의 지도에 응답한다.
6. ________ 다른 아동들의 놀이를 관찰하는 데 많은 시간을 보낸다.
7. ________ 놀이 가운데 다툼이 일어났을 때에 기꺼이 타협하거나 그 영역을 떠난다.
8. ________ 다른 아동의 행동보다는 자신의 활동에 더 많은 관심을 기울인다.
9. ________ 놀이를 함께 하자고 다른 아동들을 부른다.
10. ________ 다른 아동들의 행동을 지시하는 경향이 있다.
11. ________ 다른 사람들이 관련되어 계속해서 놀이를 하는 경향이 있다.
12. ________ 그런 행동이 자신의 활동을 방해할 때에 대부분 다른 아동의 요구에 응답하지 않는다.
13. ________ 종종 다른 아동들의 생각을 확장-상승시킨다.
14. ________ 아동들에게 역할을 할당한다.
15. ________ 다른 아동들이 하는 것을 통제하려고 약간의 노력을 기울인다.
16. ________ 다른 아동들이 하는 영역에서 놀 때, 부드럽게 상호작용을 시작하면서 그들을 따른다.
17. ________ 자신의 생각을 수행함에 있어서 고집이 세다.
18. ________ 다른 아동들로부터 조력을 직접적으로 요구하며 받아들인다.
19. ________ 다른 아동들에 의해 찾아낸다.
20. ________ 놀이를 할 때 재료에 일차적 초점을 둔다.
21. ________ 다른 아동들에게 수용적 존재인지 아닌지에 대한 관심을 표현한다.
22. ________ 다른 아동과 협력한다.
23. ________ 아동들이 하는 것에 대하여 종종 아동에게 피드백을 제공한다.
24. ________ 자주 혼자서 놀이를 한다.
25. ________ 다른 아동들과 기술이나 정보를 공유한다.
26. ________ 놀이 동안 다른 아동들보다 항상 더 많은 말을 한다.
27. ________ 다른 아동들이 도움이나 주의가 필요할 때 도움을 주고 배려를 한다.
28. ________ 놀이 영역의 선정은 친구들의 선호도에 따르기보다는 활동에 대한 흥미를 반영한다.
29. ________ 다른 아동의 요구를 따르는 데에 종종 어려움을 느낀다.

논 평:

표 7-8 | 또래 상호작용 검사목록 2

[개인별 요약지]

관찰자: 날 짜:
아 동: 연 령:

- 협력적 참가자 역할 검사목록 항목 1,5,7,11,16,19
- 촉진자 역할 검사목록 항목 2,9,13,22,25,27
- 지도자 역할 검사목록 항목 3,10,14,18,23,26
- 독립적 참가자 역할 검사목록 항목 8,12,17,20,24,28
- 과도기적 아동 역할 검사목록 항목 4,6,12,21,29

질문들

1) 아동들의 상호작용들이 일반적으로 적극적인가?

2) 이 역할을 수행하는 데 있어서 항상 성공적인가?

3) 아동의 노력에 대한 다른 아동들의 반응은 어떠한가?

〈또래 상호작용 검사목록 사용법〉
아동들 개인에 대한 검사목록을 작성한다.
목록의 항목들을 검토한 후에 학급에서 또래들과 상호작용을 하는 동안에 아동 각각의 행동 특성을 가장 잘 보여주는 것을 체크한다.
모든 아동들은 때때로 이 검사목록의 행동 중에 많은 것을 보여줄 것이다.
특정 아동에 대한 가장 두드러진 것만을 체크해야 함을 기억해야 한다.
검사목록의 사용이 아동의 또래와의 관계에 대한 사고를 촉진한다면, 뒷부분에 있는 논평란에 내용을 기록한다.

출처: 안영진(2005). 다중지능이론에 의한 아동의 다양한 능력 개발을 위한 평가. 창지사.

표 7-9 | 특정 역할의 정의와 행동들

협동적 참가자 역할

정의: 이 역할을 정의하는 일차적 특성은 다른 사람과 협동하고 아동이 사회적 활동에 기꺼이 참여한다는 것이다.

[특징적 행동]

- 모방이나 구두체크를 통해 다른 아동의 활동과 연결짓는다. (예: “무엇을 하고 있습니까? 나는 … 을 하고 있습니다.”, “이것을 해봅시다. 좋죠?”)
- 대부분 활동을 시작하기보다는 다른 아동들의 지도에 응답한다.
- 놀이 가운데 다툼이 일어났을 때 기꺼이 타협하거나 그 지역을 떠난다.
- 다른 사람들이 관련되어 있는 한 계속해서 놀이를 하는 경향이 있다.
- 다른 아동들이 다른 영역에서 놀 때, 부드럽게 상호작용을 시작하면서 그들을 따른다.
- 다른 아동들에 의해 찾아낸다.

촉진자 역할

정의: 이 역할을 가정하는 아동은 다른 아동들과 생각, 정보, 기술을 효과적으로 공유한다.

[특징적 행동]

- 놀이 가운데 다툼이 일어났을 때 중재한다.
- 다른 아동들이 놀이를 함께 하도록 놀이에 초대한다.
- 종종 다른 아동들의 생각을 확장·상승시킨다.
- 다른 아동들과 협동한다.
- 다른 아동들과 정보와 기술을 공유한다,
- 다른 아동이 도움이나 주의가 필요할 때 돕거나 조력을 제공한다.

지도자 역할

정의: 지도자의 역할을 수행하는 아동은 다른 아동을 조직화하는 시도에 관련된다.

[특징적 행동]

- 활동에 참여한 다음에 다른 아동들을 이끈다.
- 다른 아동들의 행동을 지시하는 경향이 있다.
- 아동들에게 역할을 할당한다.
- 다른 아동들로부터 조력을 직접적으로 요구하며 받아들인다.
- 종종 그들이 하고 있는 것에 대하여 아동들에게 피드백을 준다. (예: “그건 좋지 않아. 내가 하는 것을 보여줄게.”)
- 놀이를 하는 동안 다른 아동들보다 말을 더 많이 한다.

독립적 참가자 역할

정의: 전형적으로 이 역할을 보이는 아동은 또래와의 상호작용보다는 재료의 사용에 초점을 주고 선택한다.

[특징적 행동]

- 다른 사람의 행동보다는 자신의 활동에 더 많은 관심을 기울인다.
- 그런 행동이 자신의 활동을 방해할 때에 다른 아동의 요구를 응답하지 않는다.
- 자신의 생각을 수행함에 있어 고집이 세다.
- 놀이를 할 때 재료에 일차적 초점을 둔다.
- 자주 혼자서 논다.
- 놀이 구역 선택은 선호하는 또래보다는 활동에 대한 관심을 반영한다.

과도기적 아동 역할

정의: 과도기적 아동은 원래 교실 역할을 구성하기 위해 노력하는 것으로 나타난다.

[특징적 행동]

- 솔선해서 이끌지만 항상 성공하는 것은 아니다.
- 다른 아동들의 놀이를 관찰하는 데 많은 시간을 보낸다.
- 다른 아동들이 하는 것을 통제하려고 약간의 노력을 기울이다.
- 자신이 다른 아동들에게 수용적 존재인지 아닌지에 대한 관심을 표현한다.
- 종종 다른 아동들의 요구에 응하는 것을 싫어한다.

(2) 사회적 지도

친구관계를 살펴볼 수 있는 방법으로 유아들의 교우관계, 학급에서 인기 있는 유아가 누구인지, 따돌림을 받는 유아가 누구인지 등을 알아볼 때 유용한 방법이다.

표 7-10 | 사회적 지도

〈사회적 지도〉

다람쥐반 2006년 11월 6일

교사/학급 ________________ 날짜

아동		*특별한 친구	**놀이 구역
_______ 소 ✱ 환	1.	송✱익	역할 영역
	2.	전✱헌	블록 영역
	3.	권✱환	수 영역
_______ 백 ✱ 우	1.	이✱준	미술 영역
	2.	김✱신	언어 영역
	3.	이 ✱	블록 영역
_______ 유 ✱ 호	1.	박✱휘	블록 영역
	2.	박✱하	언어 영역
	3.	조✱재	조형 영역
_______ 박 ✱ 휘	1.	서✱영	역할 영역
	2.	유✱호	블록 영역
	3.	이 ✱	조형 영역
_______ 김 ✱ 신	1.	박✱홍	조형 영역
	2.	서✱진	블록 영역
	3.	반✱휘	언어 영역
_______ 송 ✱ 익	1.	소✱환	블록 영역
	2.	김✱수	조형 영역
	3.	한✱종	역할 영역

*학급에서 가장 자주 함께 노는 친구들을 빈도 순으로

**학급에서 아동이 가장 자주 함께 노는 영역들을 빈도 순으로

질문1. 다른 아동들이 하는 것을 보는 데 많은 시간을 할애하는 아동		
1. 유 * 호	2. 이 * 형	3. 송 * 익
질문2. 시간의 대부분을 혼자서 놀기를 좋아하는 아동		
1. 유 * 호	2. 이 * 주	3. 김 * 훈
질문3. 다른 아동들을 도와주는 아동		
1. 한 * 종	2. 송 * 익	3. 이 * 준
질문4. 종종 다른 아동들에게 무엇을 해야 할지를 말하는 아동(대장형)		
1. 정 * 희	2. 이 * 준	3. 우 * 연
질문5. 활동들을 효과적으로 조직화하는 아동(지도자형)		
1. 이 * 서	2. 백 * 우	3. 송 * 익

출처: 안영진(2005). 다중지능이론에 의한 아동의 다양한 능력 개발을 위한 평가. 창지사.

(3) 행동목록법(Checklist Method)

관찰자가 일련의 행동목록을 사전에 준비하고 목록에 있는 각 행동이 나타나는지 아닌지를 관찰하여 체크로 표시하는 방법이다.

표 7-11 | 행동발달 체크리스트

행동발달 체크리스트					
반	푸른바다	이름		NAM	
생년 월일	20○○년 월 일(만 년 개월)				
영역	내용			예	아니오
기본생활 습관	1. 정리정돈을 할 수 있다(장난감, 작업, 간식책상).			○	
	2. 간식/식사 전에 손을 씻는다.			○	
	3. 규칙(차례, 약속)을 잘 지키는 편이다.			○	
	4. 어른께 존댓말을 사용한다.			○	
	5. 음식을 골고루 먹는다.			○	
	6. 낮잠을 잔다.				○
	7. 교사의 지시를 잘 이해하고 따른다.			○	
	8. 물건을 소중히 다루고 아껴 쓴다.			○	
	9. 고마워, 괜찮아, 미안해 등의 말을 적절하게 사용한다.			○	
	10. 혼자서 옷을 입을 수 있다.			○	
	11. 화장실 사용 후 뒤처리를 혼자 한다.			○	
신체발달	1. 자세가 바르다(앉을 때, 걸을 때, 서 있을 때).			○	
	2. 행동이 민첩하다.			○	
	3. 양 발을 바꾸어 가며 계단을 오르내릴 수 있다.			○	
	4. 바깥놀이에 활발히 참여한다.			○	
	5. 한 발로 깡총뛰기를 할 수 있다.			○	
	6. 공을 던지고 받을 수 있다.			○	
	7. 그네를 혼자 탈 수 있다.			○	
	8. 매트에서 구르기를 할 수 있다.			○	
	9. 손 사용에 있어서 선호도를 보인다(왼손, 오른손).			○	
	10. 손잡이나 병뚜껑을 쉽게 돌린다.			○	
	11. 주스나 우유를 흘리지 않고 따를 수 있다.			○	
	12. 지퍼를 열고 잠글 수 있다.			○	

행동발달 체크리스트			
	13. 단추를 열고 잠글 수 있다.	○	
	14. 작은 물건을 집을 수 있다(손바닥으로, 손가락으로).	○	
	15. 가위질을 할 수 있다.	○	
인지발달	1. 질문을 많이 한다.	○	
	2. 사물을 주의깊게 본다.	○	
	3. 상식이 풍부하다.	○	
	4. 문제 상황이 생겼을 때 다양한 방법으로 해결을 시도한다.	○	
	5. 자연현상에 대하여 관심이 있다(계절, 낮과 밤, 날씨, 동·식물의 변화).	○	
	6. 기본 도형의 이름을 안다.	○	
	7. 기본 색깔의 이름을 안다.	○	
	8. 사건을 순서에 따라 배열한다.	○	
	9. 사물을 한 가지 속성에 따라 분류한다(색, 모양, 크기).	○	
	10. 5까지의 수를 합리적으로 센다.	○	
	11. 하루 일과의 순서를 안다.	○	
	12. 하루 전에 무슨 일이 일어났는지를 안다.	○	
	13. 사물의 수량이 많고 적음으로 보고 변별한다.	○	
	14. 일대일 대응으로 두 집단의 수를 짝짓는다.	○	
	15. 자신을 중심으로 위, 아래, 앞, 뒤를 구별한다.	○	
	16. 일상생활에서 사용되는 수의 활용에 관심을 갖는다.	○	
	17. 자신을 중심으로 왼쪽, 오른쪽을 안다.	○	
언어능력	1. 주의깊게 듣는다.	○	
	2. 기초적인 낱말과 문장을 듣고 이해한다.	○	
	3. 분명한 발음으로 말한다.	○	
	4. 자신의 의견을 분명히 말한다.	○	
	5. 또래와 대화를 할 수 있다.	○	
	6. 상황에 따라 알맞게 말할 수 있다.	○	
	7. 이야기를 듣고 기억해 내어 이야기한다.	○	

행동발달 체크리스트			
	8. 교사가 나타내는 신호나 지시에 따른다.	○	
	9. 읽어준 글을 자기 생각대로 이해하여 순서대로 말한다.	○	
	10. 글자에 관심을 보인다.	○	
	11. 글자의 기초가 되는 모양을 그린다.	○	
	12. 자기 이름과 간단한 글자를 읽는다.	○	
	13. 어른의 도움 없이 혼자 책을 읽는다.	○	
	14. 책 읽기를 즐겨 한다.	○	
	15. 새로운 책에 관심을 갖는다.	○	
	16. 자기 이름과 간단한 글자를 쓴다.	○	
	17. 어른의 도움 없이 혼자 문장을 쓴다.	○	
	18. 연필을 바로 쥔다.	○	
	19 바르게 앉아서 쓴다.	○	
	20. 창의적으로 이야기를 꾸며 말할 수 있다.	○	
부적응행동	1. 자기 의사를 잘 표현하지 못한다.		○
	2. 다른 사람과 말할 때 마주 쳐다보지 못한다.		○
	3. 다른 사람과 이야기할 때 ‘예’, ‘아니오’라고만 대답한다.		○
	4. 용품(크레파스, 놀잇감)이 없어도 같이 쓰자는 말을 못한다.		○
	5. 친구들에게 자기 감정이나 의사를 나타내지 못한다.		○
	6. 낯선 사람 앞에서는 말을 못한다.		○
	7. 공연히 얼굴을 붉히거나 유난히 수줍음을 탄다.		○
	8. 남이 조금만 뭐라고 해도 당황하거나 쩔쩔맨다.		○
	9. 어른이 조금이라도 꾸중을 하기만 하면 울기부터 한다.		○
	10. 지명을 받았을 때 재촉 받고서야 마지못해 일어난다.		○
	11. 선생님의 질문에 알면서도 더듬거리거나 말을 하지 않는다.		○

행동발달 체크리스트			
자기 정체성	1. 엄마와 쉽게 떨어진다.	○	
	2. 교사에게 매달리거나 달라붙지 않는다.	○	
	3. 교사의 권유 없이 활동을 스스로 선택해서 논다.	○	
	4. 자신의 권리와 의견을 주장한다.	○	
	5. 자기가 하는 일에 열중한다(집중력이 있다).	○	
	6. 자기가 하는 일에 자신감을 보인다.	○	
	7. 자기가 시작한 일을 끝마친다.	○	
	8. 언어와 행동이 늘 긍정적이다.	○	
	9. 자신의 작품에 대체로 만족한다.	○	
사회 정서 발달	1. 자신의 감정을 말로 표현할 수 있다.	○	
	2. 새로운 환경이나 교구에 흥미를 보인다.	○	
	3. 성격이 명랑하다.	○	
	4. 감정이 쉽게 바뀌는 편이다.		○
	5. 혼자서 노는 편이다.		○
	6. 놀이에서 주로 지도자 역할을 한다.	○	
	7. 이미 진행되고 있는 놀이에 자연스럽게 끼여든다.	○	
	8. 문제상황이 생겼을 때 혼자서 잘 해결한다.	○	
	9. 문제상황이 생겼을 때 말로 해결한다.	○	
	10. 다양한 놀이에 참여한다.	○	
	11. 친구들의 활동을 방해하지 않는다.	○	
친사회성 발달	1. 다른 사람의 감정을 이해하고 그에 맞는 말이나 행동을 한다.	○	
	2. 친구와 나누어 쓸 수 있다.	○	
	3. 친구에게 양보할 줄 안다.	○	
	4. 놀이나 작업을 할 때 협동을 잘 한다.	○	
	5. 다른 사람의 부탁을 들어준다.	○	
	6. 친구나 교사를 잘 도와준다.	○	
공격적인 행동	1. 가만히 있는 친구를 공연히 툭툭 치거나 밀친다.		○

행동발달 체크리스트			
	2. 물건을 다른 사람에게 던진다.		○
	3. 다른 사람을 발로 차거나 때린다.		○
	4. 친구를 꼬집거나 깨문다.		○
	5. 다른 아이가 하는 일을 건드려서 망쳐 놓는다.		○
	6. 친구가 가지고 놀고 있는 장난감을 빼앗는다.		○
표현력과 창의력	1. 음악이나 악기소리에 맞추어 몸을 움직인다.	○	
	2. 악기를 연주하는 일에 관심을 보인다.		○
	3. 자신의 생각과 느낌을 그림으로 표현할 수 있다.	○	
	4. 독창적이고 다양한 형태의 표현을 시도한다.	○	
	5. 여러 가지 재료를 이용하여 다양한 방법으로 만들고 꾸밀 수 있다.	○	
	6. 역할놀이에서 맡은 역할을 잘 해낸다.	○	
	7. 놀이의 주제를 다양하게 선택한다.	○	

표 7-12 | 사회관계 영역 행동발달사항 체크리스트 서식사례

* 긍정적인 문항은 A로 갈수록, 부정적인 문항은 C로 갈수록 발달이 잘 이루어진 것을 뜻합니다.

	관 찰 내 용	만 3세		만 4세		만 5세	
		1학기	2학기	1학기	2학기	1학기	2학기
사회관계 영역 유아발달 상황	1. 신체적 욕구를 조절할 수 있다.						
	2. 엄마와 쉽게 떨어진다.						
	3. 교사에게 매달리거나 안아 달라고 한다.						
	4. 인사를 잘한다.						
	5. 다양한 놀이에 참여한다.						
	6. 혼자서 노는 편이다.						
	7. 친하게 지내는 친구가 있다.						
	8. 순서(차례)를 기다린다.						
	9. 함께 생활하면서 지켜야 할 약속을 지킨다.						
	10. 친구를 속상하게 하거나 괴롭힌다.						
	11. 자신의 감정을 행동보다 말로 표현한다.						
	12. 자기의 권리와 의견을 주장한다.						
	13. 다른 사람의 권리와 의견을 주장한다.						
	14. 주도적 역할을 한다.						
	15. 자신의 물건이나 장난감을 나누어 사용할 수 있다.						
	16. 친구에게 양보할 줄 안다.						
	17. 친구나 교사를 잘 도와주려고 한다.						
	18. 놀이시설이나 도구를 안전하게 다룬다.						
	19. 교사와 다른 사람에게 도움을 청할 수 있다.						
	20. 집단활동에 적극적으로 참여한다.						
	21. 사용한 후 정리정돈을 할 수 있다.						
	22. 물건을 아껴 쓸 줄 안다.						

출처: ○○기관 유아평가 현장사례자료.

표 7-13 | 기본생활습관 체크리스트

○○반 유아명(생년월일): (○○○○.○.○.)

구분	내용	평정척도	단계		비고
			1학기	2학기	
예절1	어른께 공손한 태도로 인사한다.	인사를 하지 않는다.	1	1	
		가르쳐 주면 마지못해 억지로 한다.	2	2	
		가르쳐 주면 공손한 태도로 인사한다.	3	3	
		가끔 공손한 태도로 인사한다.	4	4	
		항상 스스로 공손한 태도로 인사한다.	5	5	
예절2	친구들과 인사를 잘 한다.	친구들과 만났을 때 전혀 인사를 하지 않는다.	1	1	
		인사하도록 하면 마지못해 인사한다.	2	2	
		가르쳐 주면 인사한다.	3	3	
		친구들과 가끔 인사를 잘 한다.	4	4	
		친구들을 만나면 항상 반갑게 인사한다.	5	5	
예절3	웃어른께 물건을 두 손으로 받고 드린다.	가르쳐 주어도 하지 않는다.	1	1	
		가르쳐 주면 할 때도 있지만 그렇지 않은 경우가 많다.	2	2	
		가르쳐 주면 그대로 한다.	3	3	
		가르쳐 주지 않아도 가끔은 잘 하는 편이다.	4	4	
		언제나 두 손으로 받고 드린다.	5	5	
예절4	자기가 잘못한 일을 사과할 줄 안다.	전혀 사과하지 않는다.	1	1	
		주의를 주면 마지못해 사과한다.	2	2	
		가르쳐 주면 사과할 줄 안다.	3	3	
		가르쳐 주지 않아도 사과하는 편이다.	4	4	
		언제나 스스로 사과할 줄 안다.	5	5	
예절5	입 안에 음식물을 넣고 말하지 않는다.	가르쳐 주어도 지키지 않는다.	1	1	
		가르쳐 주면 마지못해 지킨다.	2	2	
		가르쳐 주면 그대로 지킨다.	3	3	
		잘 지키는 편이다.	4	4	
		언제나 잘 지킨다.	5	5	
예절6	바르게 앉아서 식사를 한다.	주의를 주어도 지키지 않는다.	1	1	
		가르쳐 주면 마지못해 따른다.	2	2	
		가르쳐 주면 바르게 앉아서 식사한다.	3	3	
		가끔 바르게 앉아서 식사를 한다.	4	4	
		언제나 바른 자세로 앉아서 식사를 한다.	5	5	

구분	내용	평정척도	단계		비고
			1학기	2학기	
절제1	다른 친구의 놀이를 방해하지 않는다.	주의를 주어도 다른 친구들의 놀이를 방해한다.	1	1	
		주의를 주면 마지못해 멈춘다.	2	2	
		주의를 주면 다른 친구의 놀이를 방해하지 않는다.	3	3	
		대체로 다른 친구의 놀이를 방해하지 않는 편이다.	4	4	
		언제나 다른 친구들의 놀이를 방해하지 않는다.	5	5	
절제2	상황에 따라 목소리를 조절하여 이야기한다.	주의를 주어도 조절하지 못한다.	1	1	
		주의를 줄 때만 적당한 소리로 이야기한다.	2	2	
		주의를 주면 목소리를 잘 조절하여 이야기한다.	3	3	
		대체로 목소리를 잘 조절하여 이야기하는 편이다.	4	4	
		항상 스스로 적당한 목소리로 이야기한다.	5	5	
절제3	말할 때 차례를 지킨다.	주의를 주어도 차례를 지켜서 말할 줄 모른다.	1	1	
		주의를 주어도 차례를 지켜서 말하지 못할 때가 있다.	2	2	
		주의를 주면 차례를 잘 지켜 말한다.	3	3	
		비교적 차례를 지켜서 말할 줄 안다.	4	4	
		항상 스스로 차례를 지켜서 말할 줄 안다.	5	5	
절제4	물을 사용한 후 수도꼭지를 잠근다.	주의를 주어도 수도꼭지를 잘 잠그지 않는다.	1	1	
		주의를 주면 수도꼭지를 잠그는 척한다.	2	2	
		주의를 주면 수도꼭지를 잘 잠근다.	3	3	
		가끔 스스로 수도꼭지를 잘 잠근다.	4	4	
		항상 스스로 수도꼭지를 잘 잠근다.	5	5	

<table>
<tr><th rowspan="2">구분</th><th rowspan="2">내용</th><th rowspan="2">평정척도</th><th colspan="2">단계</th><th rowspan="2">비고</th></tr>
<tr><th>1학기</th><th>2학기</th></tr>
<tr><td rowspan="5">절제5</td><td rowspan="5">함께 사용하는 물건을 아껴 쓴다.</td><td>주의를 주어도 아껴 쓰지 않는다.</td><td>1</td><td>1</td><td></td></tr>
<tr><td>주의를 주면 마지못해 아껴 쓴다.</td><td>2</td><td>2</td><td></td></tr>
<tr><td>주의를 주면 잘 아껴 쓴다.</td><td>3</td><td>3</td><td></td></tr>
<tr><td>비교적 아껴 쓰는 편이다.</td><td>4</td><td>4</td><td></td></tr>
<tr><td>항상 스스로 아껴 쓸 줄 안다.</td><td>5</td><td>5</td><td></td></tr>
<tr><td rowspan="5">절제6</td><td rowspan="5">사용 가능한 종이를 다시 쓸 줄 안다.</td><td>가르쳐 주어도 다시 쓰려고 하지 않는다.</td><td>1</td><td>1</td><td></td></tr>
<tr><td>가르쳐 주면 마지못해 다시 쓴다.</td><td>2</td><td>2</td><td></td></tr>
<tr><td>가르쳐 주면 다시 쓴다.</td><td>3</td><td>3</td><td></td></tr>
<tr><td>가르쳐 주지 않아도 가끔 사용하는 경우가 있다.</td><td>4</td><td>4</td><td></td></tr>
<tr><td>항상 스스로 사용 가능한 종이를 다시 쓰려고 한다.</td><td>5</td><td>5</td><td></td></tr>
</table>

구분	내용	평정척도	단계		비고
			1학기	2학기	
질서1	복도와 계단에서는 걸어 다닌다.	주의를 주어도 뛰어다닌다.	1	1	
		주의를 주면 마지못해 걷는다.	2	2	
		주의를 주면 걷는다.	3	3	
		대체로 걸어다니는 편이다.	4	4	
		언제나 걸어다닌다.	5	5	
질서2	신발을 바르게 신는다.	혼자서는 전혀 신지 못한다.	1	1	
		어른이 조금 도와 주면 신을 수 있다.	2	2	
		혼자 스스로 바르게 신으려고 애쓴다.	3	3	
		가끔 혼자 바르게 신는다.	4	4	
		항상 스스로 신발을 바르게 신는다.	5	5	
질서3	차례를 지켜 놀이한다.	언제나 차례를 지키지 않는다.	1	1	
		교사가 이야기하면 마지못해 차례를 지킨다.	2	2	
		교사가 말하면 차례를 잘 지킨다.	3	3	
		가끔 스스로 차례를 지키는 편이다.	4	4	
		언제나 스스로 차례를 잘 지킨다.	5	5	
질서4	소지품을 스스로 정리한다.	제자리에 정리하라고 해도 아무 곳에나 방치한다.	1	1	
		제자리에 정리하라고 하면 마지못해 정리한다.	2	2	
		제자리에 정리하라고 하면 잘 정리한다.	3	3	
		가끔 스스로 정리할 때도 있다.	4	4	
		항상 스스로 잘 정리한다.	5	5	
질서5	입었던 옷을 스스로 정리한다.	언제나 옷을 정리하지 않는다.	1	1	
		이야기하면 마지못해 정리한다.	2	2	
		이야기하면 스스로 정리한다.	3	3	
		가끔 스스로 바르게 정리할 때도 있다.	4	4	
		언제나 스스로 잘 정리한다.	5	5	

구분	내용	평정척도	단계		비고
			1학기	2학기	
질서6	의자에 바르게 앉는다.	바르게 앉으라고 얘기해도 바르게 앉지 않는다.	1	1	
		얘기하면 마지못해 바르게 앉는다.	2	2	
		바르게 앉으라고 얘기하면 바르게 앉는다.	3	3	
		가끔 스스로 바르게 앉는다.	4	4	
		언제나 의자에 바르게 앉는다.	5	5	
질서7	함께 정한 놀이 규칙을 지킨다.	어른이 지적해 주어도 규칙을 지키지 않는다.	1	1	
		어른이 지적을 하면 마지못해 지킨다.	2	2	
		어른이 지적을 해 주면 잘 지킨다.	3	3	
		대체로 잘 지키는 편이다.	4	4	
		항상 스스로 잘 지킨다.	5	5	

구분	내용	평정척도	단계		비고
			1학기	2학기	
청결1	이를 닦는다.	이를 전혀 닦지 않는다.	1	1	
		이를 닦으라고 하면 마지못해 닦는다.	2	2	
		이를 닦으라고 하면 이를 잘 닦는다.	3	3	
		말하지 않아도 가끔 잘 닦는다.	4	4	
		언제나 이를 스스로 잘 닦는다.	5	5	
청결2	콧물이나 침을 잘 처리한다.	콧물이나 침을 전혀 닦지 않는다.	1	1	
		닦으라고 하면 마지못해 닦는다.	2	2	
		콧물이나 침을 닦으라고 하면 닦는다.	3	3	
		콧물이나 침을 가끔 잘 처리한다.	4	4	
		언제나 스스로 잘 처리한다.	5	5	
청결3	흘린 음식물을 뒤처리한다.	흘린 음식물을 치우라고 해도 치우려 하지 않는다.	1	1	
		흘린 음식물을 치우라고 하면 치우기도 한다.	2	2	
		음식물 흘렸을 때 치우라고 하면 잘 치운다.	3	3	
		음식물을 흘렸을 때 잘 치우는 편이다.	4	4	
		항상 깨끗이 치운다.	5	5	
청결4	깨끗하게 화장실을 사용한다.	언제나 화장실을 깨끗하게 사용하지 않는다.	1	1	
		주의를 주면 깨끗하게 사용하기도 한다.	2	2	
		주의를 주면 깨끗하게 사용한다.	3	3	
		화장실을 깨끗하게 사용하는 편이다.	4	4	
		언제나 화장실을 깨끗이 사용한다.	5	5	
청결5	쓰레기는 분리하여 쓰레기통에 버린다.	언제나 쓰레기를 쓰레기통에 버린다.	1	1	
		가르쳐 주어도 분리하지 않은 채 버린다.	2	2	
		가르쳐 주면 분리하여 버린다.	3	3	
		가끔 쓰레기를 분리하여 버린다.	4	4	

구분	내용	평정척도	단계		비고
			1학기	2학기	
		언제나 쓰레기는 분리하여 쓰레기통에 버린다.	5	5	
청결6	벽이나 책상에 낙서하지 않는다.	언제나 벽이나 책상에 낙서를 한다.	1	1	
		주의를 주면 피하여 안하는 척 한다.	2	2	
		주의를 주면 낙서하지 않는다.	3	3	
		거의 낙서하지 않는 편이다.	4	4	
		전혀 낙서하지 않는다.	5	5	
청결7	주변을 깨끗이 정리한다.	시켜도 전혀 정리하지 않는다.	1	1	
		정리하자고 하면 겨우 정리하는 척한다.	2	2	
		정리하자고 하면 잘 따른다.	3	3	
		말하지 않아도 가끔 정리한다.	4	4	
		스스로 주변을 깨끗이 정리한다.	5	5	

출처: 서울시교육청 유아교육과(2017). 유치원과정 및 유아평가.

4) 일화기록(Anecdotal Records)

한 가지 행동이나 상황에 초점을 맞춰서 사건에 대해 서술적으로 기록하는 방법이다.

표 7-14 | 일화기록

아동 이름: KIM	나이: 5세
성별: 여	날짜: 1997.12.14
시간: 오전 09시 5분	장소: 참관실
관찰자: JEON	
지시: 관찰한 것을 관찰란에 정확히 기록하고, 해석란에 해석을 기록하시오.	

▶ 관찰: 유치원 안의 여러 영역을 돌아다닌다. 극놀이 영역에 갔다가 조작 영역에 가서 의자 2개를 들고 와서 대그룹집단활동 대형을 만든다.

- 바닥에 앉아서 선생님의 노래에 맞추어 율동을 따라 한다. 손을 무릎에 얹은 채 겨울에 대해 설명하는 선생님을 쳐다본다.
- 오늘 생일을 맞은 친구의 생일축하 노래를 함께 부른다. 손을 바구니 안에 넣어서 이름이 적힌 코팅종이를 뽑는다. 뽑고 들어와 앉은 후 생일을 맞은 친구에게 다가가 손을 내밀어 생일을 축하해 준다.
- 노란색 도화지 한 장을 들고 일어나 미술 영역으로 간다. 의자를 테이블 앞에 놓고서 색연필을 꺼내 그림을 그리기 시작한다.

▶ 해석: 유치원에 도착한 지 얼마 안되서인지 처음에는 어리둥절한 모습으로 교실 안을 돌아다닌다. 대집단활동이 시작되어 선생님을 중심으로 모여 앉은 자리에서 한 번도 주의를 흩트리지 않고 선생님의 말씀에 주의를 집중한다. 또한 친구들과의 별다른 상호작용도 없다. 다만 자신이 하고 싶은 놀이에 몰두할 따름이다.

<사례> 유아 개인별 일화기록

유아명	송△△	성별: 남
생년월일	○○○○. ○. ○.	기록자: 최※※
관찰내용		교사의견
○. ○.(○) 09:20~09:30 등원 시간	지난 주 금요일에 전 세계에는 다양한 사람이 살고 있다는 주제로 '우리는 서로 달라요'라는 동화를 들었다. '순희'라는 황인종 아이와 '제시카'라는 백인종 아이, '삼보'라는 흑인종 아이가 각자 살고 있는 나라를 말하며, 자신의 옷, 집, 음식 등을 소개하는 내용이었다. 아이들이 제시카와 삼보를 보면서 우리들의 생김새와 다른 점에 흥미를 많이 보였다. 그런데 삼보의 생김새에 대한 인상이 깊었는지 △△이가 오늘 오자마자 "선생님, 나 지난 주에 엄마랑 이마트 갔는데 거기서 삼보같이 생긴 사람 봤어요"라고 교사에게 말한다. "오, 그래? 모습이 어땠는데?"하고 교사가	평소 교사에게 자신이 선물한 그림과 편지를 교사가 잘 보관하고 있는지 확인할 정도로 기억력과 관찰력이 뛰어난 △△이는 동화를 듣고 삼보의 생김새에 많은 흥미를 느꼈는데, 마침 우연히 만난 흑인을 통해 △△이의 관심이 더욱 커진 것 같다. △△이의 사고를 다문화적 측면에서 교사로서 도움을 줄 필요가 있으므로 관련 도서 소개 등을 통해 올바른 인식을 갖도록 도와주어야겠다.

	묻자 "얼굴이 삼보처럼 새까맣고 머리도 곱슬거렸어요"라고 자신이 관찰한 사람의 생김새를 자세하게 말한다.	
○. ○.(○) 11:30~11:40 정리정돈 시간	정리하자는 교사의 말을 듣지 않고 △△이가 혼자 계속 놀이를 하고 있어 교사가 다시 정리하자고 이야기하니 싫다면서 떼를 쓰기 시작했다. "난 조금 밖에 못 놀았는데…. 정리하기 싫어요"라면서 화난 표정으로 놀이를 계속 하고 있다. 교사가 "지금 인사 나누기 하고 계획하기 한 후 다시 놀 수 있으니까 얼른 정리하자" 라고 타이르니 △△이는 여전히 자신의 의견을 굽히지 않고 있다. 교사가 "△△아, 너 표정 너무 보기가 안 좋아. 너무 예쁜 우리 △△이의 원래 얼굴이 너무나 미워 보여서 선생님이 너무 속상하네"라고 말하니 △△이는 자신의 표정을 더욱 찡그린다. "△△이는 네 표정이 어떤지 거울 한 번 보고 와야겠다"라고 말하자 △△이가 얼른 거울 앞으로 간다. 거울 앞에서 자신의 표정을 한참 보면서 뭔가를 생각하는 △△이에게 교사가 "△△아, 지금 △△이 표정 어때?"라고 묻자 "보기가 안 좋아요"하고 대답한다. "그러면 △△아, △△이 예쁘게 한 번 웃어볼까?"라고 말하니 수줍은 듯 미소를 띠면서 혼잣말로 "웃기다"라고 말한다.	만 3세의 경우 자기중심성이 강하고 아직 자신의 만족지연능력이 많이 부족하다. 다른 사람과의 공동생활에서는 공동의 약속을 위해서 또는 다른 사람을 위한 배려를 하기 위해 자신의 욕구를 조금씩 양보하고 참을 필요가 있음을 지속적으로 지도해야겠다. 또한 평소 화가 나거나 기분이 속상하면 얼굴을 찡그리면서 화난 표정을 짓는 △△이에게 교사로서 유아의 마음을 읽어주고, 자신의 감정을 스스로 조절하는 방법도 점차 배워나갈 수 있도록 해야겠다.

출처: 서울시교육청 유아교육과(2017). 유치원과정 및 유아평가.

(1) 평정척도법(Rating Scale Method)

연구 대상의 행동을 관찰한 후 일정한 위치에 평정하도록 하여 수량화된 점수를 부여한다.

유아의 자조성 평정척도					
관찰아동:	생년월일:		성 별: 남, 여		
관 찰 자:	관찰기간:				
지 시: 유아의 자조성에 대해서 다음과 같이 1~5로 평가하여 해당 숫자에 ○표를 하시오.					
	아주 못함	못함	보통	잘함	아주 잘함
1. 옷 입기	1	2	3	4	5
2. 간식 먹은 후 책상 치우기	1	2	3	4	5
3. 화장실 가기	1	2	3	4	5
4. 손 씻기	1	2	3	4	5
5. 자신의 의사 표현하기	1	2	3	4	5
6. 활동을 스스로 선택하기	1	2	3	4	5
7. 갈등상황 해결하기	1	2	3	4	5

(2) 유아의 친사회적 행동척도

이름: BSW 성별: 남 나이: 만 4세

번호	문항	매우 그렇다	그저 그렇다	전혀 그렇지 않다
1	친구의 물건(크레파스, 연필 등)이 바닥에 떨어지면 자발적으로 집어서 준다.		V	
2	학용품을 안가지고 온 다른 아동들에게 자기 학용품을 나누어 준다.	V		
3	또래집단에서 친구들과 함께 놀이를 할 수 있다.	V		
4	다친 사람을 도와준다.		V	
5	친구가 울고 있거나 기분이 상해 있을 때 다가가서 달래준다.		V	
6	놀이에 참여하지 않고 옆에서 보고만 있는 아동에게 함께하자고 이야기한다.		V	
7	만들기를 할 때 어려워서 힘들어 하는 친구를 도와준다.	V		
8	다른 친구가 자신의 물건을 사용하려고 하면 빌려준다.	V		
9	다른 아동이 어지럽혀 놓은 것을 치우는 일을 자발적으로 돕는다.			V
10	다른 아동의 잘못으로 넘어지더라도 그 아이에게 화를 내지 않는다.		V	
11	다른 친구가 도와달라고 할 때 도와주려고 애쓴다.			
12	다른 아동과 함께 학용품(칼, 가위, 크레파스 등)을 사용한다.	V		
13	공동작업을 친구와 함께 협력해서 한다.		V	
14	다른 아동이 발표나 노래를 잘했을 때 박수치거나 웃어준다.		V	
15	놀이시설을 차례대로 사용한다.	V		
16	친구가 필요한 물건을 달라고 하면 아까워하지 않고 준다.	V		
17	학교(유치원)에서 청소 등과 같은 모든 일에 협조적이다.		V	
18	화가 나 있는 친구가 있으면 재미있는 이야기를 해서 그 친구를 기쁘게 해준다.		V	
19	놀던 장난감을 함께 정리하여 제자리에 둔다.	V		
20	잘못된 행동을 하면 스스로 사과한다.	V		

(3) 유아의 사회적 기술척도

유아교육기관명: ○○ 유치원 (반명: 다람쥐반)
유아명: **성별:** (남, 여) **조사일시:**

1. 전혀 그렇게 하지 않는다.
2. 그렇게 하지 않는 편이다.
3. 보통(반반)이다.
4. 그렇게 하는 편이다.
5. 항상 그렇게 한다.

사회 적응기술

이 어린이는 …..					
1. 친구들과 놀이할 때, 자기가 먼저 어떤 놀이를 하자고 제안한다.	1	2	③	4	5
2. 프로그램이나 영역활동에 기꺼이 참여한다.	1	2	3	④	5
3. 자기가 놀고 있을 때 다른 아이를 잘 끼워준다.	1	②	3	4	5
4. 친구들과 놀 때 친구에게 장난감을 갖고 노는 방법을 알기 쉽게 설명해 준다.	1	2	3	④	5
5. 다른 아이들에게 게임방법을 가르쳐 준다.	1	2	3	④	5
6. 여럿이 함께 하는 활동을 자기가 먼저 생각해 낸다.	1	2	③	4	5
7. 긍정적인 방법으로 다른 아이에게 접근한다.	1	2	③	4	5
8. 자신의 권리와 요구를 적절히 주장한다.	1	2	3	④	5
9. 놀이나 작업할 때 새로운 것을 고안해 낸다.	1	2	3	④	5
10. 좌절과 분노를 효율적으로 표현하며 다른 사람, 자기 자신, 물건 등을 해하지 않는다.	1	2	3	4	⑤
11. 놀이와 작업이 진행되고 있는 그룹에 접근할 때 거부당하지 않는다.	1	2	3	④	5
12. 다른 사람들과 적절하게 타협한다.	1	2	3	④	5

이 어린이는					
13. 다른 사람의 놀이와 작업을 방해하지 않는다.	1	2	3	④	5
14. 다른 아이가 제안하는 놀이도 잘 따라 잡는다.	1	2	3	④	5
15. 친구들과 놀 때 다른 아이에게 지시를 한다.	1	2	3	④	5
16. 친구들에게 자기 집에서 놀자고 제안한다.	1	②	3	4	5
17. 처음 보는 어린이들과도 어울려서 잘 논다.	1	②	3	4	5

(4) 사례연구법

유아의 다양한 사례들을 개별적으로 기록하여 면담에 사용하거나 연구자료로 활용할 수 있다. 일반화하기는 어렵지만 개인의 특성을 파악하고 그에 적절한 교육과 치료를 할 수 있다는 장점이 있다.

1. 아동이름: 김○○
2. 연　령: 8세
3. 전화번호: 02-911-****
4. 주　소: 서울시 노원구 ***********
5. 출 생 지: 서울
6. 성　별: 남
7. 학　교: ** 초등학교
8. 연구자: 김□□
9. 연구일자: 2007.9.16
10. 자료 수집 장소: (예: 개인적 관찰, 아동과의 면접, 부모, 친구, 친척 등)
11. 자료 수집 날짜: 2007.9.14
12. 연구의 목적: 철수가 또래친구들과 어울리지 못하는 원인을 알아내는 것
13. 자료
    ① 직계 가족구성원: 김○○(부) 30세, 박○○(모) 30세, 기독교
    ② 건강과 신체적 특징: 엄지손가락이 구부러져 있다.
    ③ 교육: 부모 학력(대졸), 교육에 대한 태도

④ 사회적 · 경제적 지위: 부모 두 분이 카페를 운영, 수입

⑤ 가정의 사회적 · 정서적 분위기: 가부장적 체제, 훈육 담당자는 엄마

⑥ 건강 상태와 신체적 발달: 출생 당시의 체중과 몸무게, 아동의 수술 역사, 아동의 이유 시기, 처음으로 기고, 앉고, 서고, 걷고, 말하고, 대소변 통제가 가능했던 시기, 이가 나온 시기, 키와 몸무게, 아동의 수면 습관, 식사 습관, 특별한 문제행동, 아동의 체격, 힘, 아동의 최근 건강 상태, 아동의 건강 진단기록정보, 아동이 다니고 있는 학교의 환경, 학과목의 성적, 아동의 학습습관과 학교에 대한 태도, 아동이 좋아하는 과목과 싫어하는 과목

⑦ 아동과 부모 및 형제자매의 관계, 아동 놀이 친구, 아동의 성격

14. 수집된 정보의 타당성을 검증하는 작업이 이루어진 후, 수집한 정보들을 해석하여 문제행동의 원인을 찾아내고 아동의 성취와 잠재능력의 실현 및 성장에 도움을 준다.

마음열기-함께 생각해 봅시다.

유아 또는 성인(또래친구, 직장 동료 등)의 사회적 행동들을 관찰한 내용을 일화기록 양식을 작성한 후 관찰대상의 사회적 행동을 분석해 보고 자신의 생각을 이야기해 봅시다.

PART 04

유아사회교육의 실제

Chapter 08 현장적용 가능한 유아사회교육의 실제

Chapter

08

현장적용 가능한 유아사회교육의 실제

1. 기본생활습관지도 실제

<table>
<tr><td>생활주제</td><td colspan="2">나와 유치원</td><td>주제</td><td>유치원에서 지켜야 할 약속</td></tr>
<tr><td>활동명</td><td colspan="4">선생님, 친구들과 인사하고 소개해요(사회성)</td></tr>
<tr><td>활동목표</td><td colspan="4">1. 인사말을 듣고 뜻을 이해해본다.
2. 바르게 공수 인사를 할 수 있다.
3. 친구들에게 인사하고 자신을 소개할 수 있다.</td></tr>
<tr><td>누리과정
관련요소</td><td colspan="4">의사소통 > 듣기 > 낱말과 문장 듣고 이해하기 > 일상생활과 관련된 낱말과 문장을 듣고 뜻을 이해한다.
의사소통 > 말하기 > 상황에 맞게 바른 태도로 말하기 > 상대방을 바라보며 말한다.</td></tr>
<tr><td>활동자료</td><td colspan="4">토끼, 사자 손인형, 인사 장면 그림자료, 모형 마이크</td></tr>
<tr><td>사전활동</td><td colspan="4">여러 가지 인사 방법의 사진을 보고 이야기 나눈다.</td></tr>
<tr><td colspan="2">활동과정</td><td colspan="2">내용</td><td>자료 및
유의점</td></tr>
<tr><td rowspan="2">본
활
동</td><td>도
입</td><td colspan="2">1. 우리가 인사할 때 사용할 수 있는 인사말에 대해 알아본다.
–도입 시 토끼와 여자 아이 손인형을 활용한다.
• 사자: 있잖아 토끼야, 우리 지난번에 여러 가지 인사방법에 대해 알아보았던 거 기억나니?
• 토끼: 그럼! 그니까, (고민하는 말투로) 안녕 하고 이야기하는 게 인사지.
• 사자: 안녕 말고도 인사는 많이 있단다. ○○반 친구들아~ 친구들이 알고 있는 인사말에는 어떤 것이 있는지 토끼에게 알려줄 수 있나요? (안녕, 반가워, 고마워, 잘가 등)
• 토끼: 히히. 고마워 ○○반 친구들아. 그런데 선생님이나 할머니, 할아버지 같은 어른께 인사를 할 때는 뭐라고 이야기하지? 선생님 알려주세요.
–어른께 인사를 할 때는 ‘안녕’ 하고 인사하지 않고 어떻게 인사할까요?
–맞아요. ‘안녕하세요’ 하고 인사를 하지요.</td><td>토끼, 사자 손인형</td></tr>
<tr><td>전
개</td><td colspan="2">1. 대상과 상황에 따라 달라지는 인사법에 대해 이야기 나눈다.
–(친구와 인사하는 장면의 그림을 보며) 친구를 만났을 때 어떻게 인사할까요?
–(선생님과 인사하는 장면의 그림을 보며) 선생님이나 어른</td><td>인사 장면, 자기소개하는 모습의 그림자료, 모형 마이크</td></tr>
</table>

		을 만났을 때 어떻게 인사하고 어떻게 나를 소개할 수 있을까요? -(헤어질 때 인사하는 그림을 보며) 헤어질 땐 어떤 말로 인사할 수 있을까요? 2. 친구, 선생님과 직접 인사를 나누고 자신을 소개한다. -선생님, 친구들과 직접 인사를 나누고 자기를 소개해볼까요? -유치원에서 선생님을 만났어요. 어떻게 인사해야 할까요? -집으로 갈 때 친구와 어떻게 인사할까요? -유치원에서 다른 선생님을 만났다고 생각하고 이름, 나이, 반을 소개할 수 있나요?	*유아들이 자신을 소개할 때 부끄러워하는 경우 교사가 옆에서 유아가 자신감을 가질 수 있도록 격려해준다.
	마무리	1. 인사를 나눈 느낌에 대해 이야기 나눈다. -인사를 주고받을 때 어떤 기분이 들었나요? -서로의 기분을 좋게 만드는 또 다른 인사말이 있을까요? -유치원/어린이집에서 친구들과 어른들을 만났을 때 바르게 인사할 수 있나요?	
활동사진			

<table>
<tr><td colspan="2">생활주제</td><td>건강과 안전</td><td>주제 건강한 음식과 깨끗한 환경</td></tr>
<tr><td colspan="2">활동명</td><td colspan="2">음식을 골고루 먹으면 몸이 건강해져요(건강한 식습관)</td></tr>
<tr><td colspan="2">활동목표</td><td colspan="2">1. 음식의 중요성에 대해 안다.
2. 음식을 골고루 먹어야 하는 이유에 대해 관심을 갖는다.</td></tr>
<tr><td colspan="2">누리과정 관련요소</td><td colspan="2">신체운동·건강 > 건강하게 생활하기 > 바른 식생활하기 > 음식을 골고루 먹는다.
자연탐구 > 탐구하는 태도 기르기 > 탐구과정 즐기기 > 궁금한 점을 알아보는 과정에 흥미를 갖는다.</td></tr>
<tr><td colspan="2">활동자료</td><td colspan="2">여러 가지 음식 그림자료(몸에 좋은 음식 그림, 몸에 좋지 않은 음식 그림)</td></tr>
<tr><td colspan="2">사전활동</td><td colspan="2">식사 시간 예절에 대해 알아본다.</td></tr>
<tr><td colspan="2">활동과정</td><td>내용</td><td>자료 및 유의점</td></tr>
<tr><td rowspan="2">본활동</td><td>도입</td><td>1. 여러 가지 음식 그림자료를 보며 음식에 대해 이야기를 나눈다.
–(음식 그림을 보여 주며) 어떤 그림이 보이나요?
–이런 음식을 먹어본 적이 있나요?
–어떤 맛이었나요?
–○○이는 이 음식 중에서 어떤 음식을 좋아하나요?
–선생님이 이 음식 중에서 가장 좋아하는 음식은 시금치무침이에요.
왜냐하면 우리 몸을 건강하게 해주기 때문에 시금치무침을 좋아해요.
–우리 ○○반 친구들이 좋아하는 음식을 이야기해 볼까요?
–왜 그 음식을 좋아하나요?</td><td>여러 가지 음식 그림 제시</td></tr>
<tr><td>전개</td><td>1. 음식을 골고루 먹어야 하는 이유에 대해 알아본다.
– 음식은 우리에게 어떤 도움을 줄까요?
– 만약 음식이 없다면 어떻게 될까요?
– 음식을 어떻게 먹어야 할까요?
– 어떤 음식이 좋은 음식일까요?
– 몸에 좋지 않은 음식에는 어떤 것들이 있을까요?
c: 초콜릿, 사탕, 과자요.
– 만약 몸에 좋지 않은 음식을 많이 먹으면 어떻게 될까요?
c: 아파요. / 이가 썩어서 병원에 가요.
– 식사 시간에 지켜야 할 식사 예절에는 무엇이 있을까요?
c: 친구들과 떠들지 않아요. / 골고루 먹어요. / 김치를 먹어요. / 조금이라도 노력해서 먹어보아요.</td><td>*몸에 좋은 음식에 대해 지나친 강조로 유아들이 음식에 대한 부정적인 마음이 들지 않도록 한다.

*식사 시간 전 오늘의 급식 메뉴에 대해</td></tr>
</table>

<table>
<tr><td></td><td></td><td>–방금 이야기한 식사 예절을 지키면서 점심 식사를 해보도록 할까요?</td><td rowspan="2">알려주며 영양 교육을 할 수 있도록 한다.</td></tr>
<tr><td></td><td>마무리</td><td>1. 활동에 대해 평가를 한다.
– 음식에 대해 알아보니까 어땠나요?
– 어떤 점을 새롭게 알게 되었나요?
– 앞으로 몸에 좋은 음식을 골고루 먹을 수 있나요?</td></tr>
<tr><td colspan="2">활동사진</td><td colspan="2"> </td></tr>
</table>

<table>
<tr><td>생활주제</td><td>생활도구</td><td>주제</td><td>다양한 생활도구</td></tr>
<tr><td>소 주 제</td><td>생활도구 유용하게 활용하기</td><td>활 동 명
(활동유형)</td><td>젓가락 사용하기(게임)</td></tr>
<tr><td>활동목표</td><td colspan="3">1. 생활 속에서 활용하는 식사도구를 안다.
2. 눈과 손을 협응하여 소근육을 조절하며 젓가락을 사용한다.
3. 식사도구를 바르게 사용하는 태도를 기른다.</td></tr>
<tr><td>누리과정
관련요소</td><td colspan="3">자연탐구 > 과학적 탐구하기> 간단한 도구와 기계 활용하기
신체운동·건강 > 신체 조절과 기본운동하기> 신체 조절하기</td></tr>
<tr><td>활동자료</td><td colspan="3">젓가락, 작은 뽕뽕이 여러 개, 그릇 4개, 신호 악기</td></tr>
<tr><td>사전활동</td><td colspan="3">올바른 젓가락 사용방법을 알아본다.</td></tr>
<tr><td>활동과정</td><td colspan="3">내용</td></tr>
<tr><td rowspan="2">본활동</td><td>도입</td><td colspan="2">1. 수수께끼를 통해 활동에 필요한 자료 중 한 가지를 알아본다.
–나는 몸이 길쭉해요. 나는 짝꿍이 있어요. 밥을 먹을 때 사용해요. 나는 누구일까요?
2. 젓가락을 사용하는 방법에 대해 이야기 나눈다.</td></tr>
<tr><td>전개</td><td colspan="2">1. 활동자료를 보며 오늘의 활동을 알아본다.
–여기에 어떤 물건들이 보이나요?
–이 물건들을 사용해서 무엇을 할 수 있을까요?
–오늘은 이 젓가락을 이용해서 뽕뽕이를 옮기는 게임을 해 볼거에요.
2. 활동방법을 알아본다.
–두 팀으로 나누어 앉는다.
–출발선에 서서 교사의 출발신호에 맞추어 출발한다.
–반환점에 위치한 책상 위에 있는 젓가락을 사용하여 그릇에 담겨있는 뽕뽕이를 빈 그릇에 옮긴다.
–출발점으로 다시 돌아와 교사의 손바닥을 친다.
3. 활동에 필요한 규칙을 정한다.
–이 게임을 할 때 어떤 약속을 지켜야 할까요?
–젓가락으로 집은 뽕뽕이가 떨어졌을 때는 어떻게 할까요?
–뽕뽕이를 손으로 잡았을 때는 어떻게 할까요?
–게임을 하지 않고 앉아서 응원을 하고 있는 친구들은 어떤 약속을 지키면 좋을까요?
–다리를 뻗고 앉으면 어떤 일이 생길 수 있을까요?
–우리가 함께 정한 약속을 지키며 게임을 해보도록 해요.
4. 시범을 보인다.
5. 게임 결과를 알아본다.</td></tr>
</table>

	마무리	-젓가락을 이용하여 뽕뽕이를 옮겨보니 어땠나요? -음식을 먹기 위해 젓가락을 사용하는 것과 어떻게 달랐나요? -또 어떤 것을 젓가락으로 옮길 수 있을까요?
활동사진		

생활주제	유치원과 친구	주제	유치원에서 보내는 하루
소 주 제	유치원에서의 안전 약속	활 동 명 (활동유형)	차례차례 줄을 서요
활동목표	1. 줄을 서야 하는 이유를 안다. 2. 한 줄 서기 규칙을 실천하는 태도를 기른다.		
누리과정 관련요소	신체운동·건강 > 안전하게 생활하기 > 안전하게 놀이하기 사회관계 > 다른 사람과 더불어 생활하기 > 사회적 가치를 알고 지키기 사회관계 > 다른 사람과 더불어 생활하기 > 친구와 사이좋게 지내기		
활동자료	한 줄 서기 그림자료, 줄 서기 줄, 융판, 보드마카, 막대인형		
사전활동	다양한 장소 이동해보기		
활동과정	내용		
본활동 도입	1. 막대인형으로 동화를 감상하며 주의집중한다. -야~ 내가 먼저 왔어, 저리가! -우와 놀이시간이다! 우리 쌓기 영역가자! 우르르르르~ 으앙~ 넘어져서 너무 아파.		
본활동 전개	1. 동화 내용을 회상한다. -무슨 일이 벌어진 것 같나요? -이 친구는 왜 울었을까요? -이 친구는 무슨 일 때문에 다친 것 같나요? 2. 줄서기에 대해 이야기 나눈다. -한꺼번에 가서 다치거나 하지 않으려면 어떻게 해야 할까요? -친구들은 줄 서기를 해 본 적 있나요? -언제 줄 서기를 해 보았나요? -사람들은 왜 줄 서기를 할까요? -어떻게 줄을 서는 것을 줄 서기라고 할까요? -줄을 서지 않으면 어떤 일이 생길까요? 3. 유치원에서 줄을 서야 하는 상황에 대해 이야기 나눈다. -유치원에서는 언제 줄을 서야 할까요? 4. 줄을 서는 방법을 알아본다. -줄을 설 때는 앞사람의 머리를 보고 서야 해요. 옆이 아니라 뒤로 줄을 서야 해요. -앞사람이 움직이지 않을 때는 어떻게 해야 할까요? -앞사람이 움직이면 어떻게 해야 할까요? 5. 줄을 서본다. -줄을 한 번 서보도록 해요. -줄을 서서 이동해보아요.		

<table>
<tr><td colspan="2">마무리</td><td>1. 앞으로도 줄을 잘 서기로 약속한다.
–오늘 줄 서기에 대해 알아보았는데, 왜 줄을 서야 하는지 알겠나요?
–유치원에서 언제 줄을 서야 했나요?
–안전하게 유치원에서 생활하기 위해서 줄 서기 규칙을 꼭 지키도록 해요.</td></tr>
<tr><td colspan="2">활동사진</td><td>
</td></tr>
</table>

<table>
<tr><td colspan="2">생활주제</td><td>유치원과 친구</td><td>주제</td><td>유치원에서의 하루</td></tr>
<tr><td colspan="2">활동명</td><td colspan="3">놀이터에서 놀이할 때 차례를 지켜요</td></tr>
<tr><td colspan="2">활동목표</td><td colspan="3">1. 우리 유치원에서 함께 사용하는 공간을 안전하게 이용하는 방법에 대해 안다.
2. 안전 약속을 정해본다.
3. 안전 약속을 지키며 친구들과 함께 즐겁게 놀이에 참여한다.</td></tr>
<tr><td colspan="2">누리과정 관련요소</td><td colspan="3">신체운동·건강 > 안전하게 생활하기 > 안전하게 놀이하기
사회관계 > 다른 사람과 더불어 생활하기 > 공동체에서 화목하게 지내기
사회관계 > 나와 다른 사람의 감정 알고 조절하기 > 나와 다른 사람의 감정 알고 표현하기
사회관계 > 다른 사람과 더불어 생활하기 > 친구와 사이좋게 지내기</td></tr>
<tr><td colspan="2">활동자료</td><td colspan="3">우리 유치원의 실외놀이터 시설물 사진(미끄럼틀, 시소, 그네 등)</td></tr>
<tr><td colspan="2">사전활동</td><td colspan="3">유치원에서 지켜야 할 약속 알아보기, 실외활동(실외놀이터활동)</td></tr>
<tr><td colspan="2">활동과정</td><td colspan="3">내용</td></tr>
<tr><td rowspan="2">본활동</td><td>도입</td><td colspan="3">1. 우리 유치원의 안전 약속활동에 대해 회상한다.
–어제 우리가 이야기 나누기 시간에 무엇을 했나요?
–어떤 약속을 정해 보았나요?
–유치원에서 안전 약속이 필요한 곳은 어디일까요?
2. 실외놀이터에서 놀이했던 경험에 관해 이야기 나눈다.
–실외놀이터에서 어떤 놀이가 재미있나요?
–친구와 함께 어떻게 놀이했나요?</td></tr>
<tr><td>전개</td><td colspan="3">1. 실외놀이터 사진을 보며 이야기 나눈다.
–(미끄럼틀 사진을 보며) 이 기구의 이름은 무엇인가요?
–우리 친구들은 미끄럼틀(암벽타기, 그네)을 어떻게 사용했나요?
–미끄럼틀(암벽타기, 그네)을 타다 다쳤거나 위험했던 경험이 있었나요?
–어떻게 하다 그랬나요?
2. 실외놀이터 안전 약속을 정한다.
–실외놀이터에서 즐겁게 놀이하기 위해선 어떤 안전 약속이 필요할까요?
–실외놀이터에 가기 전에는 어떻게 가면 좋을까요?
–미끄럼틀은 어떻게 이용하면 좋을까요?
–암벽 등반하기, 그네타기를 할 때 왜 줄을 잡아야 할까요?
–줄을 서서 활동을 하면 어떤 점이 좋을까요?
3. 정해진 약속을 지킬 수 있도록 다시 한 번 이야기 나눈다.
–우리가 어떤 안전 약속을 정해 보았나요?
–(실외놀이터 갈 때 줄 서기, 미끄럼틀은 계단으로 올라가기, 미끄럼틀 차례로 내려오기 등)</td></tr>
</table>

<table>
<tr><td></td><td>마무리</td><td>1. 오늘의 활동을 평가한다.
-오늘은 실외놀이터 안전 약속을 정해보았어요.
-우리 친구들이 직접 약속을 정해보니 기분이 어땠나요?
-어떤 점이 가장 기억에 남았나요?
-혹시 약속을 지키지 않는 친구가 있다면 어떻게 하면 좋을까요?</td></tr>
<tr><td colspan="2">활동사진</td><td>
</td></tr>
<tr><td colspan="2">유의점</td><td>놀이기구 이용 시 안전에 유의해서 이용할 수 있도록 사전에 유아들과 충분한 상호작용을 반복적으로 나눈다.</td></tr>
</table>

<table>
<tr><td colspan="2">생활주제</td><td>유치원과 친구</td><td>주제</td><td>유치원에서의 하루</td></tr>
<tr><td colspan="2">활동명</td><td colspan="3">음식을 골고루 먹어요</td></tr>
<tr><td colspan="2">활동목표</td><td colspan="3">1. 음식을 골고루 먹어야 하는 이유에 대해 관심을 가진다.
2. 다양한 음식을 골고루 먹어 보는 경험을 한다.
3. 몸에 좋은 음식을 골고루 먹을 수 있다.</td></tr>
<tr><td colspan="2">누리과정 관련요소</td><td colspan="3">신체운동·건강 > 건강하게 생활하기 > 바른 식생활하기
신체운동·건강 > 건강하게 생활하기 > 건강한 일상생활하기</td></tr>
<tr><td colspan="2">활동자료</td><td colspan="3">농사하는 농부아저씨·영양선생님 사진, 여러 가지 야채·음식 사진,
점심시간에 음식을 깨끗이 먹은 식판 사진 또는 식사하는 모습 사진</td></tr>
<tr><td colspan="2">사전활동</td><td colspan="3">내가 좋아하는 음식과 싫어하는 음식 알아보기</td></tr>
<tr><td colspan="2">활동과정</td><td colspan="3">내용</td></tr>
<tr><td rowspan="2">본활동</td><td>도입</td><td colspan="3">1. 좋아하는 음식과 싫어하는 음식에 대해 이야기 나눈다.
–우리 친구들이 좋아하는 음식은 무엇인가요? 또 싫어하는 음식은 무엇인가요?
–좋아하는 음식(싫어하는 음식)을 먹으면 기분이 어땠나요?
–좋아하는 음식만 먹으면 몸이 어떻게 될까요?</td></tr>
<tr><td>전개</td><td colspan="3">1. 음식과 우리 몸의 관계에 대해 알아보고, 골고루 먹어야 하는 이유에 대해 알아본다.
–밥이 우리 몸속으로 들어가면 어떤 일을 할까요? (불끈 불끈 힘을 나게 해 준다.)
–생선은 어떤 일을 할까요? (몸의 근육과 살을 만든다.)
–시금치는 어떤 일을 할까요? (감기에 걸리지 않게 하고, 아픈 곳이 없도록 병을 이기게 만든다.)
–멸치는 어떤 일을 할까요? (키가 쑥쑥 커지고, 뼈를 튼튼하게 만들어준다.)
–땅콩은 어떤 일을 할까요? (추울 때나 더울 때 잘 견디게 해준다.)
2. 음식을 먹을 때 바른 태도와 식습관에 대해 알아본다.
–음식을 골고루 먹을 수 있는 방법은 없을까요? 어떻게 하면 골고루 먹을 수 있을까요?
–음식을 남기면 어떻게 될까요? 음식을 남김없이 먹을 수 있는 방법은 없을까요?
–음식을 천천히 꼭꼭 씹어 먹을 수 있는 방법은 없을까요?
–어떻게 하면 천천히 먹을 수 있을까요?
3. 음식을 만드는 사람은 누구인지 알아본다.
–우리가 먹는 음식은 누가 만들었을까요?
–음식이 오기까지의 과정을 이야기해 본다.
–농부아저씨가 우리가 먹는 음식을 자라게 하도록 키운다.
–영양선생님이 우리가 먹을 수 있도록 조리하시는 것을 이야기해 본다.</td></tr>
</table>

		4. 음식을 골고루 먹어야 하는 이유에 대해 알아보면서 이야기 나누어 본다. –음식을 골고루 먹어야 하는 이유는 무엇일까요? 1) 키는 쑥쑥 커지고, 뼈는 튼튼해진다. 2) 병을 이기게 해준다. 3) 추울 때나 더울 때 견딜 수 있게 해준다. 4) 불끈불끈 힘이 나게 해준다. 5. 우리가 음식을 남기고 버리게 되면 농부아저씨, 영양선생님이 속상해 할 것을 이야기해 본다. –쌀 하나도 힘들게 만들었는데. 그것을 먹지 않고 남기면 농부아저씨 마음은 어떨까요? –영양선생님께서 맛있게 음식을 만들어 주셨는데 남겨 놓으면 영양선생님 마음은 어떨까요?
	마무리	1. 점심 시간에 음식을 골고루 먹기로 약속해본다. –오늘 점심 시간에 식사할 때 감사한 마음을 가지고 음식을 골고루 먹어 볼 수 있도록 해요. 2. 활동에 대해 평가해 본다. –활동을 하면서 어려운 점은 없었나요?
활동사진		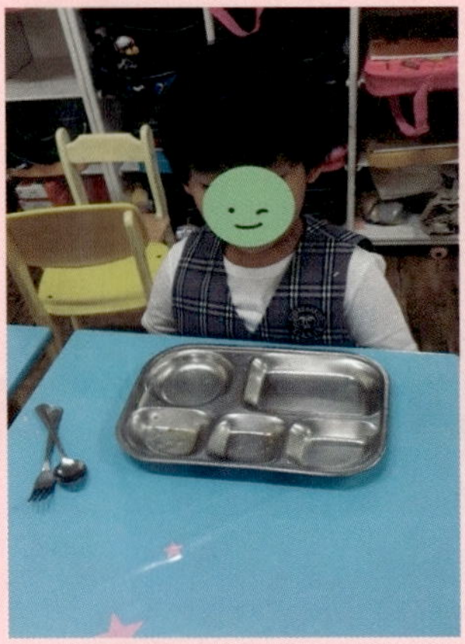 
유의점		유아기는 기본생활습관이 형성되는 중요한 시기이므로 지속적, 반복적으로 지도한다.

2. 나를 알고 소중히 여기기

<table>
<tr><td>생활주제</td><td colspan="2">나와 가족</td><td>주제</td><td>소중한 나</td></tr>
<tr><td>소 주 제</td><td colspan="2">소중한 곳의 이름을 알아요</td><td>활 동 명
(활동유형)</td><td>이야기 나누기
(나를 알고 존중하기)</td></tr>
<tr><td>활동목표</td><td colspan="4">1. 내 몸의 소중함에 대해 안다.
2. 내 몸의 이름을 몰랐을 때의 상황을 경험한다.
3. 내 몸의 이름을 알고 소중히 여기는 태도를 기른다.</td></tr>
<tr><td>누리과정
관련요소</td><td colspan="4">의사소통 > 듣기 > 동요, 동시, 동화 듣고 이해하기
의사소통 > 말하기 > 느낌, 생각, 경험 말하기
사회관계 > 나를 알고 존중하기 > 나를 알고, 소중히 여기기</td></tr>
<tr><td>활동자료</td><td colspan="4">'소중한 곳의 이름을 알아요' 영상자료, 활동지</td></tr>
<tr><td>사전활동</td><td colspan="4">자유선택활동 시 역할놀이 영역에서 자유롭게 역할놀이, 내 몸 여러 부위를 움직이는 신체활동</td></tr>
<tr><td colspan="2">활동과정</td><td colspan="3">내용</td></tr>
<tr><td rowspan="2">본
활
동</td><td>도
입</td><td colspan="3">1. 내 몸의 아는 이름에 대해 이야기 나눈다.
–내 몸의 아는 이름이 있나요?
–(가슴을 가리키며) 여기는 어떤 이름이 있을까요?
–(엉덩이를 가리키며) 여기는 어떤 이름으로 불릴까요?
2. 오늘의 안전교육활동을 소개한다.
–소중한 내 몸은 모두 이름이 있어요.
–'소중한 곳의 이름을 알아요' 멀티교수자료를 함께 봐요.
3. '소중한 곳의 이름을 알아요' 멀티교수자료를 보며 이야기 나눈다.</td></tr>
<tr><td>전
개</td><td colspan="3">[위기상황]
–OO에게 어떤 일이 있었나요?
–선생님의 물음에 OO는 어떻게 했나요?
–내 몸의 정확한 이름을 몰랐던 OO의 마음은 어땠을까요?
–OO가 걱정된 □□는 어떤 말을 했나요?
–OO는 □□에게 왜 화가 났을까요?
–내 몸의 정확한 이름을 알아야 할까요?

[대처방법]
–우리 몸의 이름을 몰라도 될까요? 우리 몸의 이름을 알아야 될까요?
–선택해볼까요?</td></tr>
</table>

		* 몰라도 된다. –만약 몸이 아파서 병원에 갔다고 생각해보아요. –OO는 의사선생님의 물음에 어떻게 대답했나요? –왜 대답을 할 수 없었나요? –OO는 빠르게 치료를 받을 수 있었을까요? –왜 그렇게 생각했나요? –알아야 돼요. –만약 몸이 아파서 병원에 갔다고 생각해보아요. –OO는 의사선생님의 물음에 어떻게 대답했나요? –우리 몸은 어떤 이름들이 있을까요? –남자의 생식기의 이름은 무엇이라고 했나요? –여자의 생식기의 이름은 무엇이라고 했나요? –몸의 이름을 정확히 알고 있었던 OO는 어떻게 되었을까요? –왜 그렇게 생각했나요? [안전약속] –내 몸에는 이름이 있어요. –가슴, 엉덩이, 배꼽, 항문. –그리고 소중한 곳에도 이름이 있어요. –남자의 생식기는 음경, 여자의 생식기는 음순이라는 이름이 있어요. 1. '소중한 곳의 이름을 알아요' 안전교육활동지를 한다. –(활동지를 보며) 우리 몸의 이름에 대해 알아볼까요? –여자 친구의 몸부터 볼까요? –이곳의 이름은 무엇일까요? –남자 친구의 몸도 살펴보아요. 2. 내 몸의 이름을 알고 소개하는 역할극을 한다. –내 몸의 한 곳을 정해 역할을 정해보아요. –누가 엉덩이가 되어볼까요?
	마무리	1. 활동을 평가하고 마무리한다. –'소중한 곳의 이름을 알아요' 활동을 해보니 어땠나요? –어떤 점을 새롭게 알게 되었나요? –내 몸, 소중한 곳의 이름에 대해 잘 알게 되었나요? –만약 몸이 아프면 의사선생님이나 부모님께 내 몸의 이름을 말할 수 있나요?

참고사진

키드키즈 안전교육
소중한 곳의 이름을 알아요
소중한 곳이 아파요
알아야 된다
알아야 된다
이름을 알아야 할까요?
몰라도 된다
알아야 된다
소중한 곳의 이름을 알아요
음경
음순
내 몸의 이름을 알아요

<table>
<tr><td>생활주제</td><td colspan="2">나와 가족</td><td>주제</td><td>소중한 나의 몸과 마음</td></tr>
<tr><td>소 주 제</td><td colspan="2">나의 몸을 인식하고 조절해요</td><td>활 동 명
(활동유형)</td><td>나의 몸으로 콩주머니 옮기기</td></tr>
<tr><td>활동목표</td><td colspan="4">1. 나의 신체 각 부분에 관심을 가지고, 힘을 조절한다.
2. 나의 몸을 움직일 수 있음을 알고 자신을 소중히 여긴다.
3. 친구와 함께하는 게임에 즐겁게 참여한다.</td></tr>
<tr><td>누리과정
관련요소</td><td colspan="4">신체운동·건강 > 신체 인식하기 > 신체를 인식하고 움직이기
신체운동·건강 > 신체 조절과 기본운동하기 > 신체 조절하기
사회관계 > 나를 알고 존중하기 > 감각능력 기르고 활용하기
사회관계 > 다른 사람과 더불어 생활하기 > 친구와 사이좋게 지내기</td></tr>
<tr><td>활동자료</td><td colspan="4">그물망, 콩주머니, 출발선, 신호악기, 몸 부분 카드, 의자</td></tr>
<tr><td>사전활동</td><td colspan="4">몸의 각 부분 명칭 알아보기</td></tr>
<tr><td colspan="2">활동과정</td><td colspan="3">내용</td></tr>
<tr><td rowspan="3">본
활
동</td><td>도
입</td><td colspan="3">1. 우리 몸의 각 부분의 이름을 이야기 해본다.
–카드 속 그림은 무엇일까요?
–이 곳은 어떤 일을 할까요?</td></tr>
<tr><td>전
개</td><td colspan="3">1. 게임자료와 게임 방법을 알아본다.
–앞에 무엇이 보이나요?
–콩주머니를 우리 몸을 이용해서 옮겨보아요. 먼저 손바닥으로는 어떻게 옮길 수 있을까요?
–그럼 발로 옮기려면 어떻게 하면 좋을까요?
–허리로 옮기기 위해서는 어떤 자세를 해야 할까요?
–어깨로 옮길 수도 있을까요?
–선생님이 카드를 한 장 뽑아서 보여주면 너희들이 여기 있는 콩주머니를 옮겨줄 수 있겠나요?
2. 게임을 할 때 지켜야 할 규칙에 대해 이야기 나눈다.
–출발은 어디에서 하면 좋을까요?
–만약 콩주머니를 옮기다가 떨어뜨렸을 때는 어떻게 하면 좋을까요?
–콩주머니를 옮기는 자세가 너무 힘들면 어떻게 하면 좋겠나요?
–친구들이 콩주머니를 옮길 때 앉아 있는 친구들은 어떻게 하면 좋을까요?
3. 콩주머니 옮기기 게임을 한다.
–우와~ 우리 ○○이는 머리 위에 콩주머니를 올리고 팔을 쭉 뻗고 걷네요.</td></tr>
<tr><td>마
무
리</td><td colspan="3">1. 게임을 평가한다.
–콩주머니를 우리 몸으로 옮겨보니 어땠나요?
–어떤 부분으로 옮기는 게 가장 재미있었나요?</td></tr>
</table>

		-선생님이 보여 준 우리 몸 카드 말고 또 어떤 부분으로 옮기면 재미있을까요? -우리들 몸에는 이렇게 여러 부분이 있어. 내 몸을 내가 스스로 움직여 볼 수도 있고 움직이지 못하도록 멈출 수도 있어요. -게임을 열심히 한 우리 몸에게 수고했다 박수쳐주어요. (박수)
활동사진		 

<table>
<tr><td colspan="2">생활주제</td><td>나와 유치원</td><td>주제</td><td>소중한 나의 몸과 마음</td></tr>
<tr><td colspan="2">소 주 제</td><td>나의 몸이 있어요</td><td>활 동 명
(활동유형)</td><td>블록으로 만든
나와 친구의 몸</td></tr>
<tr><td colspan="2">활동목표</td><td colspan="3">1. 나의 몸의 각 부분에 관심을 갖는다.
2. 친구들과 함께 하는 구성놀이에 즐겁게 참여한다.
3. 나의 몸을 소중히 여기는 태도를 기른다.</td></tr>
<tr><td colspan="2">누리과정
관련요소</td><td colspan="3">신체운동 · 건강 > 신체 인식하기 > 신체를 인식하고 움직이기
사회관계 > 나를 알고 존중하기 > 감각능력 기르고 활용하기
사회관계 > 다른 사람과 더불어 생활하기 > 친구와 사이좋게 지내기</td></tr>
<tr><td colspan="2">활동자료</td><td colspan="3">나의 몸 각 부분 사진, 4D블록</td></tr>
<tr><td colspan="2">사전활동</td><td colspan="3">나의 몸 각 부분 명칭 알아보기</td></tr>
<tr><td colspan="2">활동과정</td><td colspan="3">내용</td></tr>
<tr><td rowspan="3">본
활
동</td><td>도
입</td><td colspan="3">1. ‘내 몸’ 노래를 부르며 율동한다.
–끄덕끄덕 끄덕끄덕 왼쪽 오른쪽! 빙글빙글 빙글빙글 움직이는 내목
까딱까딱 까딱까딱 왼쪽 오른쪽! 빙글빙글 빙글빙글 돌아가는 손목
쫑긋쫑긋 쫑긋쫑긋 위로 아래로! 빙글빙글 빙글빙글 움직이는 발목
끄덕끄덕 까딱까딱 내 몸 신기해 쫑긋쫑긋 빙글빙글 건강한 내 몸</td></tr>
<tr><td>전
개</td><td colspan="3">1. 활동자료와 활동방법을 알아본다.
–앞에 무엇이 보이나요?
–4D블록으로 나와 친구의 몸을 만들 수 있을까요?
–어떻게 만들 수 있을까요?
2. 블록으로 나와 친구의 몸을 만들 때 지켜야 할 약속에 대해 이야기 나눈다.
–나의 몸과 친구의 몸을 만들 때 지켜야 할 약속은 무엇이 있을까요?
–친구의 몸 위에 블록을 뿌리거나 던지면 될까요?
3. 블록으로 나와 친구의 몸을 만든다.
4. 우리가 만든 친구의 몸과 나의 몸을 감상한다.
–이것은 누구의 몸인가요?
–어떻게 만들었나요?
–이 몸에 이름을 붙여준다면 뭐라고 하면 좋을까요?
–이것은 몸의 한 부분 같은데 어떤 부분일까요?</td></tr>
<tr><td>마
무
리</td><td colspan="3">1. 우리의 몸을 블록으로 구성해 본 것을 평가한다.
–우리 몸을 블록으로 만들어보니 어땠나요?
–친구의 몸을 만들 때 어려운 점은 없었나요?
–우리 몸, 친구 몸을 모두 소중히 여기도록 해요.</td></tr>
</table>

활동사진	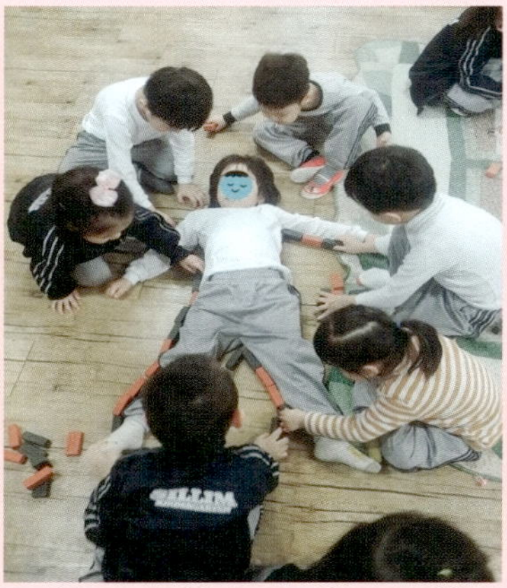 

3. 가족을 소중히 여기기

<table>
<tr><td colspan="2">생활주제</td><td>나와 가족</td><td>주제</td><td>사랑하는 우리가족</td></tr>
<tr><td colspan="2">소 주 제</td><td>가족과 화목하게 지내기</td><td>활 동 명
(활동유형)</td><td>가족에게 편지쓰기
(언어)</td></tr>
<tr><td colspan="2">활동목표</td><td colspan="3">1. 가족에게 고마운 마음을 가진다.
2. 가족에게 사랑하는 마음을 전할 수 있는 말에 대해 안다.
3. 가족에게 편지를 써본다.</td></tr>
<tr><td colspan="2">누리과정
관련요소</td><td colspan="3">의사소통 > 말하기 > 느낌, 생각, 경험 말하기
의사소통 > 쓰기 > 쓰기 도구 사용하기
사회관계 > 가족을 소중히 여기기 > 가족과 화목하게 지내기</td></tr>
<tr><td colspan="2">활동자료</td><td colspan="3">편지지, 쓰기도구 등</td></tr>
<tr><td colspan="2">사전활동</td><td colspan="3">가족에게 고마운 점 이야기 나누기</td></tr>
<tr><td colspan="2">활동과정</td><td colspan="3">내용</td></tr>
<tr><td rowspan="3">본
활
동</td><td>도
입</td><td colspan="3">1. 가족에게 고마운 마음과 사랑하는 마음을 전할 수 있는 방법과 말에 대해 이야기 나눈다.
–가족에게 사랑하는 마음을 전할 수 있는 방법에는 무엇이 있을까요?
–가족에게 사랑하는 마음을 전할 수 있는 말은 무엇일까요?</td></tr>
<tr><td>전
개</td><td colspan="3">1. 편지를 써본 경험에 대해 이야기 나눈다.
–편지를 써본 적이 있나요?
–누구에게 편지를 썼나요?
–편지를 썼더니 어떤 기분이 들었나요?

2. 어떤 가족에게 편지를 쓰고 싶은지 이야기 나눈다.
–어떤 가족에게 편지를 쓰고 싶나요?
–편지에 어떤 내용을 적고 싶나요?

3. 가족에게 편지를 쓴다.
–오늘은 가족들을 위해 고맙고 사랑하는 마음을 담아 편지를 써보도록 해요.
–편지를 쓸 때 처음 시작하는 말은 무엇을 써야 할까요?
–편지를 마칠 때는 날짜와 자기 이름을 써보아요.</td></tr>
<tr><td>마
무
리</td><td colspan="3">–고마운 마음을 담아 편지를 써보았는데 어땠나요?
–가족이 편지를 받았을 때 기분이 어떨 것 같나요?
–앞으로 더 우리 가족에 소중함과 고마움을 느끼는 친구들이 될 수 있도록 해요.</td></tr>
</table>

활동사진	

<table>
<tr><td>생활주제</td><td colspan="2">나와 가족</td><td>주제</td><td>가족의 생활과 문화</td></tr>
<tr><td>소 주 제</td><td colspan="2">가족이 먹는 음식</td><td>활 동 명
(활동유형)</td><td>가족과 함께 음식을 먹어요</td></tr>
<tr><td>활동목표</td><td colspan="4">1. 가족을 소중히 여기는 태도를 기른다.
2. 아시아의 가족들이 함께 먹는 음식에 대해 관심을 갖는다.
3. 음식의 소중함을 알고 감사하는 마음을 갖는다.</td></tr>
<tr><td>누리과정
관련요소</td><td colspan="4">신체운동·건강 > 건강하게 생활하기 > 바른 식생활하기
사회관계 > 가족을 소중히 여기기 > 가족과 화목하게 지내기
사회관계 > 사회에 관심 갖기 > 세계와 여러 문화에 관심 가지기</td></tr>
<tr><td>활동자료</td><td colspan="4">다양한 음식 만들기 도구, 음식 모형, 아시아의 주식 그림(빵, 국수, 쌀)</td></tr>
<tr><td>사전활동</td><td colspan="4">우리 집 밥상 그림 그리기</td></tr>
<tr><td>활동과정</td><td colspan="4">내용</td></tr>
<tr><td rowspan="3">본
활
동</td><td>도입</td><td colspan="3">1. 내가 그린 우리 집 밥상 그림을 감상한다.
–친구들이 그린 그림 속에 꼭 들어있는 것이 있는데, 무엇일까요?
–우리는 주로 무엇을 먹을까요?</td></tr>
<tr><td>전개</td><td colspan="3">1. 음식에 대한 경험과 요리해본 경험에 대해 이야기 나눈다.
–가족과 우리는 주로 밥을 함께 먹네요.
–가족과 함께 요리해 본 적 있나요?
2. 가족과 함께 식사할 때의 기분에 대해 이야기 나눈다.
–가족과 함께 식사하면 기분이 어때요?
–요리하신 부모님과 다른 가족들은 마음이 어떨까요?
3. 다른 나라 가족들의 음식에 대해 알아본다.
–다른 나라 가족들은 무엇을 먹고 살까요?
–우리와 같이 쌀을 먹을까요? 쌀 말고 먹을 수 있는 것은 무엇이 있을까요?
4. 아시아의 여러 나라의 주식을 알아보고 체험해본다.
–자, 이곳에는 무엇이 있을까요? 어떤 음식을 만들 수 있을까요?
–국수는 무엇으로 만들 수 있을까요?
–저기에 있는 우리 가족에게 음식을 만들어준다면 어떤 것을 만들어주고 싶나요?
–우리 가족을 초대하기로 하고 음식을 만들어보아요.
–가족에게 음식을 주면서 어떤 말을 하면 좋을까요?</td></tr>
<tr><td>마무리</td><td colspan="3">1. 음식 만들기 체험과 아시아의 음식에 대해 알아본 것을 평가한다.
–음식 만들기를 해보니 어땠나요?
–아시아의 다른 나라들은 모두 쌀을 먹나요? 다른 나라의 음식에 대해 알아보니 어땠나요?</td></tr>
</table>

	-가족과 함께 음식을 먹는다고 생각하니 어떤 생각이 들었나요? -우리를 위해 열심히 요리해주시는 부모님께 어떤 마음이 드나요? -열심히 만들어주신 음식 골고루 맛있게 먹도록 해요.
활동사진	 

<table>
<tr><td colspan="2">생활주제</td><td>나와 가족</td><td>주제</td><td>가족사진 소개하기
(다양한 가족의 모습)</td></tr>
<tr><td colspan="2">소 주 제</td><td>가족의 명칭과 다양한 가족의 형태</td><td>활 동 명
(활동유형)</td><td>대·소집단활동
(이야기나누기)</td></tr>
<tr><td colspan="2">활동목표</td><td colspan="3">1. 다양한 가족의 형태에 대해 관심을 가진다.
2. 역할 머리띠를 하고 자신의 역할에 맞게 행동한다.</td></tr>
<tr><td colspan="2">누리과정
관련요소</td><td colspan="3">사회관계 > 가족을 소중히 여기기 > 가족과 화목하게 지내기
의사소통 > 말하기 > 느낌, 생각, 경험 말하기</td></tr>
<tr><td colspan="2">활동자료</td><td colspan="3">다양한 형태의 가족사진, 다양한 가족그림자료(한부모가족, 조손가족, 다문화가족 등), 가족관계도, 가족 역할 머리띠</td></tr>
<tr><td colspan="2">사전활동</td><td colspan="3">여러 가지 다양한 형태의 가족사진들을 알아보기</td></tr>
<tr><td colspan="2">활동과정</td><td colspan="3">내용</td></tr>
<tr><td rowspan="2">본
활
동</td><td>도
입</td><td colspan="3">1. 가족구성원에 대해 이야기 나눈다.
–우리 가족을 소개해볼까요?
○○이 가족은 몇 명인가요?
2. 다양한 형태의 가족사진을 보며 이야기 나눈다.
–사진 속 가족은 누가 있나요?
–이런 가족 형태를 무엇이라고 할까요?
3. 가족의 형태는 다르지만 모두 사랑하는 가족임을 이야기 나눈다.
–구성원은 다르지만 서로 함께 살아가며 닮아가고 사랑을 키워나가는 가족이에요.
4. 가계도를 보며 가족 명칭에 대해 이야기 나눈다.
–한 집에서 함께 살고 있는 사람을 무엇이라고 부를까요?
–그럼 가족을 부를 때 뭐라고 부르는지 알고 있나요?
–아빠의 가족과 엄마의 가족을 부를 때 이름이 달라요.
–친척들은 어떻게 불러야 할까요?
5. 그림자료를 보며 다양한 가족 형태에 대해 이해한다.
–이 그림에 있는 가족은 몇 명인가요?
–우리 가족과 다른 점은 무엇인가요?
–많은 가족이 한 집에서 살기도 하고, 가족이지만 떨어져서 살 수도 있어요.
–부모님이 한 명만 있을 수도 있고, 할머니나 할아버지와 사는 가족도 있어요.</td></tr>
<tr><td>전
개</td><td colspan="3">1. 다양한 형태의 가족사진을 보며 이야기 나눈다.
–사진 속 가족은 누가 있나요?
–이런 가족 형태를 무엇이라고 할까요?
2. 가족의 형태는 다르지만 모두 사랑하는 가족임을 이야기 나눈다.</td></tr>
</table>

		–구성원은 다르지만 서로 함께 살아가며 닮아가고 사랑을 키워나가는 가족이에요. 3. 그림자료를 보며 다양한 가족 형태에 대해 이해한다. –이 그림에 있는 가족은 몇 명인가요? –우리 가족과 다른 점은 무엇인가요? –많은 가족이 한 집에서 살기도 하고, 가족이지만 떨어져서 살 수도 있어요. –부모님이 한 명만 있을 수도 있고, 할머니나 할아버지와 사는 가족도 있어요. 4. 가족 역할 머리띠를 하고 다양한 가족 형태를 만든다. –할머니, 할아버지와 사는 가족의 모습을 구성해 볼까요? –엄마가 외국인인 가족의 모습은 누가 나와서 해볼까요? 5. 형태는 다르지만 모두 같은 가족이라는 것에 대해 이야기 나눈다. –친구들과 다양한 가족의 모습을 구성해보니 느낌이 어땠나요? –구성원은 다르지만 모두 똑같이 소중한 가족이에요. <활동의 유의점> • 한부모가족, 조손가족, 다문화가족 등 유아들에게 상처가 될 만한 단어에 유의하며 활동을 진행한다. • 다양한 가족 형태가 있음을 인식하고, 다르지만 틀린 것은 아니라는 점에 대해 충분히 이해할 수 있도록 지도한다.
	마무리	–다양한 형태의 가족사진을 보며 어떤 느낌이 들었나요? –활동을 하면서 어려운 점은 없었는지 이야기해 본다. –확장활동으로 사진을 본 후 어떤 친구의 가족사진인지 맞춰보는 놀이를 해볼까요? –확장활동으로 가족머리띠를 이용해 역할놀이를 해볼까요?
활동사진		 

4. 다른 사람과 더불어 생활하기

생활주제	유치원과 친구	주제	유치원에서 만난 친구
소 주 제	친구와 사이좋게 지내요.	활 동 명 (활동유형)	친구에게 마음을 전해요 (친구사랑데이)
활동목표	1. 유치원의 친구에게 관심을 갖고 사랑을 표현한다. 2. 친구를 사랑하는 마음을 갖는다.		
누리과정 관련요소	사회관계 > 다른 사람과 더불어 생활하기 > 친구와 사이좋게 지내기 사회관계 > 다른 사람과 더불어 생활하기 > 공동체에서 화목하게 지내기 예술경험 > 예술적 표현하기 > 미술활동으로 표현하기		
활동자료	하트 종이, 꾸미기 재료(색연필, 크레파스, 스티커), 색종이, 빨대, 테이프, PDP화면		
사전활동	선물 받침 만들기(색종이 아이스크림 접기)		
활동과정	내용		
본활동 - 도입	1. 퀴즈를 내며 주의집중한다. –동그란 눈, 누구일까요? 나는 노란 옷을 입고 있어요. 나는 남자 친구에요. 내 이름에 "박"이 들어가요. 그건그건 바로 ○○○!		
본활동 - 전개	1. 유치원 친구들과 함께 생활해본 경험을 이야기 나눈다. –유치원 친구들과 함께 지내보니 어때요? –내게 고마운 친구, 좋은 친구가 있나요? 2. 친구에게 마음을 전하는 방법에 대해 이야기 나눈다. –좋아하는 친구에게, 고마운 친구에게 어떻게 마음을 전할 수 있을까요? –사랑한다고 말할 수 있네요. 안아줄 수 있네요. 편지를 줄 수도 있네요. 선물도 할 수 있네요. 3. 친구사랑데이 진행방법에 대해 알아본다. –우리가 만든 받침에 사랑을 쏙쏙 담아 볼거에요. 먼저, 하트 종이를 줄테니 너희들이 멋지게 꾸미고 빨대를 붙여줄래요? –다 만든 사랑의 하트는 친구에게 칭찬의 말을 해준 뒤에 고마운 친구의 하트 받침에 쏙쏙 넣어 주도록 해요. 4. 하트 종이를 꾸민다. 5. 동그랗게 앉아 차례대로 사랑의 하트를 전달하며 친구에게 칭찬의 말을 건넨다. –□□이는 누구에게 칭찬의 말을 해주고 싶나요? –어떤 말을 해주면 좋을까요? –사랑의 하트를 받은 친구는 어떻게 하면 좋을까요?		

	마무리	1. 자신이 받은 사랑의 하트를 보며 이야기 나눈다. –친구에게 하트를 받으니 어때요? –더 주고 싶은 친구들은 어떻게 하면 좋을까요? 2. 친구에게 칭찬의 말을 건네고 앞으로도 사이좋게 지내기로 약속한다. –친구에게 칭찬의 말을 건네보니 어떤 기분이 들었나요? –앞으로도 친구들에게 사랑의 말, 기분 좋은 말을 해서 서로 사이좋게 지내도록 해요.
활동사진		  

<table>
<tr><td>생활주제</td><td colspan="2">유치원과 친구</td><td>주제</td><td>유치원에서 만난 친구</td></tr>
<tr><td>소 주 제</td><td colspan="2">친구와 함께 놀이해요.</td><td>활 동 명
(활동유형)</td><td>친구와 스카프놀이 해요</td></tr>
<tr><td>활동목표</td><td colspan="4">1. 친구와 함께 하는 즐거움을 느낀다.
2. 힘을 조절하여 스카프로 표현한다.</td></tr>
<tr><td>누리과정
관련요소</td><td colspan="4">신체운동 · 건강 > 신체 조절과 기본운동하기 > 신체 조절하기
사회관계 > 나를 알고 존중하기 > 감각능력 기르고 활용하기
사회관계 > 다른 사람과 더불어 생활하기 > 친구와 사이좋게 지내기</td></tr>
<tr><td>활동자료</td><td colspan="4">스카프, 음원(동물의 사육제)</td></tr>
<tr><td>사전활동</td><td colspan="4">음악 감상하며 리본 막대 또는 스카프로 표현하기</td></tr>
<tr><td colspan="2">활동과정</td><td colspan="3">내용</td></tr>
<tr><td rowspan="3">본
활
동</td><td>도
입</td><td colspan="3">1. 음악을 감상한다.
–음악을 들으니 어떤 느낌이 드나요?
–음악을 듣고 음악처럼 움직여보아요.</td></tr>
<tr><td>전
개</td><td colspan="3">1. 활동자료를 알아본다.
–이것은 무엇일까요? 스카프를 본 적이 있나요?
–스카프로 무엇을 하면 좋을까요?
–오늘은 친구와 짝꿍이 되어서 음악을 듣고 스카프를 움직여 볼거에요.
2. 친구와 스카프를 움직여본다.
–먼저 친구와 양 끝을 잡아보아요. 개미가 움직이는 것처럼 조금만 움직여 볼까요?
–바람이 쌩~ 하고 불면 어떻게 움직일까요?
–쿵쿵쿵 코끼리처럼 움직이는 것은 어떻게 하면 좋을까요?
–파도가 치는 것처럼 움직이려면 어떻게 해야 할까요?
3. 음악을 듣고 친구와 스카프로 표현할 때 지켜야 할 약속을 알아본다.
–스카프는 친구와 함께 사용하도록 해요.
–또 어떤 약속이 필요할까요?
4. 음악을 감상하며 스카프를 움직여 표현한다.
–자, 그럼 이제 친구와 같이 음악을 듣고 마음껏 표현해보아요.
–우와~ 우리 ○○이랑 □□이는 머리 위로 스카프를 들고 같이 흔들고 있네요.
–음악이 빨라졌네. 어떻게 하면 좋을까요?</td></tr>
<tr><td>마
무
리</td><td colspan="3">1. 친구들의 움직임을 감상한다.
–우리들이 친구들에게 보여줄 수 있어요! 하는 어린이 있나요?
–○○이와 □□이는 어떤 것을 표현한 것 같나요?</td></tr>
</table>

		2. 활동을 평가한다. –친구와 함께 스카프로 표현해보니까 어땠나요? –어려운 점도 있었나요? –다음에 다시 한다면 어떤 것이 더 있었으면 좋을까요?
활동사진		 

5. 사회에 관심갖기

1) 사회 현상과 환경교육의 실제

<table>
<tr><td colspan="2">생활주제</td><td>환경과 생활</td><td>주제</td><td>빛과 우리생활</td></tr>
<tr><td colspan="2">소 주 제</td><td>빛이랑 놀이하기</td><td>활 동 명
(활동유형)</td><td>그림자놀이</td></tr>
<tr><td colspan="2">활동목표</td><td colspan="3">1. 그림자 모양을 보고 신체로 표현해 본다.
2. 빛과 물체의 거리와 위치에 따라 그림자가 달라짐을 관찰한다.
3. 신체를 통한 창의적인 표현력을 기른다.</td></tr>
<tr><td colspan="2">누리과정
관련요소</td><td colspan="3">자연탐구 > 과학적 탐구하기 > 자연현상 알아보기
자연탐구 > 탐구하는 태도 기르기 > 탐구기술 활용하기
자연탐구 > 탐구하는 태도 기르기 > 호기심을 유지하고 확장하기</td></tr>
<tr><td colspan="2">활동자료</td><td colspan="3">전지, 손전등, 그림자 사진자료</td></tr>
<tr><td colspan="2">사전활동</td><td colspan="3">그림자가 생기는 이유에 대해 이야기 나누기</td></tr>
<tr><td colspan="2">활동과정</td><td colspan="3">내용</td></tr>
<tr><td rowspan="2">본
활
동</td><td>도
입</td><td colspan="3">1. 그림자 수수께끼를 내어본다.
–이것은 검정색이에요. 이것은 비가 오거나 흐린 날에는 볼 수 없고 햇빛이 쨍쨍한 날에 볼 수 있어요.
–햇빛이 있는 날에 길을 걷다 보면 항상 나를 따라 다녀요.
–그런데 내가 햇빛이 없는 건물에 들어가면 이것이 없어져버려요.
–이것은 무엇일까요?</td></tr>
<tr><td>전
개</td><td colspan="3">1. 그림자에 대해 이야기 나눈다.
–그림자는 어떤 색인가요?
–그림자를 만질 수 있을까요?
–그림자는 무엇이 있을 때 나타나는 것일까요?
2. 오늘의 활동과 준비된 자료를 알아본다.
–오늘은 그림자를 이용한 활동을 할거에요.
–선생님이 준비한 것들을 이용해서 어떤 그림자활동을 할 것 같나요?
3. 활동방법을 소개한다.
–앞에 한 명의 친구가 나오면 선생님이 그 친구에게 그림자 카드를 보여 줄 거에요. 그러면 그 친구가 몸을 움직여 그림자로 친구들에게 무엇인지 표현할거에요.</td></tr>
</table>

		–앉아 있는 친구들 중에서 정답을 아는 친구는 어떤 것인지 맞추어보도록 해요. 4. 활동을 하며 지켜야 하는 약속에 대해 이야기 나눈다. –앞에 나와서 표현하는 친구가 말과 함께 설명하면 어떻게 될까요? –친구가 앞에 나와 그림자로 표현하는데 다른 친구들이 같이 나와 움직인다면 어떻게 될까요? –그림자의 크기를 작게 또는 크게 하려면 어떻게 해야 하나요? 5. 약속을 지키며 활동을 한다.
	마무리	–그림자를 이용하여 활동해보았는데 느낌이 어땠나요? –어떤 것을 표현한 것이 가장 기억에 남았나요? –어떤 것을 표현하기 가장 어려웠나요?
활동사진		  

생활주제	환경과 생활	주제	자연의 소중함
소 주 제	환경오염과 지구온난화	활 동 명 (활동유형)	함께 행복하기 (새 노래)
활동목표	1. 사람과 자연이 더불어 살아가야 함을 안다. 2. 자연과 더불어 살아가기 위한 방법을 찾아본다. 3. 자연의 소중함을 느낀다.		
누리과정 관련요소	예술경험 > 예술적 표현하기 > 음악으로 표현하기 예술경험 > 아름다움 찾아보기 > 음악적 요소 탐색하기 자연탐구 > 과학적 탐구하기 > 생명체와 자연환경 알아보기		
활동자료	환경오염 사진자료, 새 노래판, 악보, 키보드, 동요 ‘함께 행복하기’ 환경오염과 지구온난화 영상자료, 공기오염사진		
사전활동	음률 영역에 가사판을 제시해서 유아들이 자유롭게 노래불러보고 동작활동		
활동과정	내용		
본활동 - 도입	1. 인간의 잘못으로 환경오염이 된 그림자료를 보여 준다. –아름답고 소중한 자연이 왜 이렇게 더러워졌을까요? –우리가 사는 집이 이렇게 더럽다면 우리는 어떻게 될 것 같나요? 2. 우리가 소중한 동식물들을 보호하기 위해 할 수 있는 행동에 대해 이야기 나눈다. –동물들은 우리에게 어떤 도움을 주나요? –식물들은 우리에게 어떤 도움을 주나요?		
본활동 - 전개	1. 오늘 배울 새노래를 소개한다. –오늘은 자연과 사람이 함께 잘 살 수 있는 방법이 있어서 노래로 들려줄게요. 잘 들어볼까요? 2. 노랫말을 함께 읽으며 가사에 대한 이야기를 나눈다. –노랫말 속에 사람들만 행복하고 편하게 사는 마음은 어떤 마음이라고 했나요? –함께 잘 살려면 어떤 마음이 필요할까요? –우리는 어떤 마음이 필요할까요? 3. 노래를 들어본다. –이 노래가 어떤 음으로 되어 있는지 함께 들어볼까요? 4. 한 가지 소리(아, 하, 해 등)로 불러본다. –이번에는 한 가지 음으로 불러 볼거에요. –어떤 음으로 부르면 좋을까요? 5. 노래를 함께 불러본다. –피아노 반주에 맞추어 가사를 보면서 함께 불러 볼 수 있을까요? –나의 경험을 생각하면서 불러 보면 더 즐겁게 부를 수 있겠지요?		

		6. 노래 가사를 바꾸어 노래를 불러본다. –아껴주고 지켜주고 더불어 사는 것 말고 또 어떤 행동으로 동식물에게 도움을 줄 수 있을까요? –가사를 바꿔서 불러 볼까요? <동요> 함께 행복하기 (노인희) 이기적인 사람들 행동에 자연은 힘이 들어요. 더불어 아끼고 지키며 함께 행복해져요. 높은 하늘 깊은 바다 넓은 숲 속에 모든 생명에 소중한 맘 모두 나눠요. 함께 행복하기
	마무리	1. 오늘 활동에 대해 평가하며 활동을 마무리한다. –소중한 동식물들을 위한 노래를 불러보았어요. 어떤 기분이 들었나요?
참고사진		  

2) 전통문화교육의 실제

생활주제	세계 속의 우리나라	주제	세계 여러 나라의 생활과 전통문화
소 주 제	세계 여러 나라의 생활문화	활 동 명 (활동유형)	국립민속박물관(어린이박물관)견학 체험활동
활동목표	1. 세계 여러 나라의 문화에 대해 이해하고 관심을 갖는다. 2. 세계 여러 나라의 같은 점과 다른 점을 구분하여 말할 수 있다. 3. 세계 여러 나라의 다양한 음식에 관심을 가진다. 4. 세계 여러 나라의 음식의 특징에 대해 안다.		
누리과정 관련요소	사회관계 > 사회에 관심 갖기 > 세계와 여러 문화에 관심 가지기 의사소통 > 말하기 > 느낌, 생각, 경험 말하기		
활동자료	비상구급약, 유아이름표, 비상연락망, 휴대전화, 카메라 등		
사전활동	PPT 자료로 세계 여러 나라의 생활문화, 전통음식에 대해 알아본다.		
활동과정	내용		
본활동 – 도입	1. 국립민속박물관(어린이박물관)에 대해 이야기 나눈다. –국립민속박물관(어린이박물관)은 어떤 곳일까요? –어느 나라에 대해 알고 싶나요? –무엇을 알고 싶나요? 2. 국립민속박물관(어린이박물관) 견학 시 지켜야 할 약속을 정한다. –국립민속박물관(어린이박물관)에 가서 어떻게 관람해야 할까요?		
본활동 – 전개	1. 국립민속박물관(어린이박물관)으로 견학을 간다. 2. 국립민속박물관(어린이박물관) 주변을 탐색한다. –주변에 무엇이 있을까요? 3. 국립민속박물관(어린이박물관)에서의 약속에 대해 다시 한 번 이야기 나누고 오늘 활동할 곳에 대해 소개한다. 4. 세계 여러 나라의 전통의상, 화폐, 음식, 건축물, 소품, 악기 등에 대해 알아본다. –세계 여러 나라의 음식에 대해서 영상자료도 있고 모형으로 된 소품도 있으니 함께 살펴보아요. –어떤 나라는 밥 대신 국수로 밥을 먹어요. 어느 나라일까요? –어떤 나라는 밥 대신 빵을 먹어요. 어느 나라일까요? 5. 세계 여러 나라의 문화를 직접 경험해 본다(음식모형을 만져보고 관찰해보기). –국수의 모형, 다른 나라 음식의 모형들을 살펴보며 만져본다. 6. 가보고 싶었던 나라의 음식모형을 살펴보고 다양한 음식을 만들어본다.		

	마무리	1. 견학을 다녀온 느낌을 이야기 나눈다. –국립민속박물관(어린이박물관)에는 무엇이 있었나요? –새롭게 알게 된 사실은 무엇인가요? –다른 나라의 문화를 관찰하면서 어떤 점이 좋았나요? –어떤 나라가 가장 기억에 남았나요?
활동사진		  

<table>
<tr><td>생활주제</td><td colspan="2">우리나라</td><td>주제</td><td>우리나라의 자랑거리</td></tr>
<tr><td>소 주 제</td><td colspan="2">우리나라의 예술</td><td>활 동 명
(활동유형)</td><td>풍속화 반쪽 그림 그리기
(미술)</td></tr>
<tr><td>활동목표</td><td colspan="4">1. 우리나라 전통 미술작품에 관심을 가진다.
2. 풍속화와 풍경화에 대해 알아본다.
3. 풍속화와 풍경화를 경험한 느낌과 생각을 자유롭게 표현한다.</td></tr>
<tr><td>누리과정
관련요소</td><td colspan="4">예술경험 > 예술 감상하기 > 다양한 예술 감상하기
의사소통 > 말하기 > 느낌, 생각, 경험 말하기
사회관계 > 사회에 관심 갖기 > 우리나라에 관심 갖고 이해하기</td></tr>
<tr><td>활동자료</td><td colspan="4">김홍도의 ‘씨름’, 풍속화와 풍경화 반쪽 그림, 색연필 등</td></tr>
<tr><td>사전활동</td><td colspan="4">다양한 풍경화와 풍속화 감상</td></tr>
<tr><td>활동과정</td><td colspan="4">내용</td></tr>
<tr><td rowspan="2">본
활
동</td><td>도
입</td><td colspan="3">1. 김홍도의 ‘씨름’ 풍속화를 수수께끼 퍼즐로 제공하여 유아들의 주의를 집중시킨다.
–친구들이 여기 있는 조각들을 모아 퍼즐을 완성해 볼까요?
–(절반만 맞춘 후)어떤 그림이 나올 것 같나요?
–(퍼즐을 다 맞춘 후)무엇을 하는 모습인 것 같나요?
–이 그림의 제목은 무엇일 것 같나요?</td></tr>
<tr><td>전
개</td><td colspan="3">1. 풍속화의 의미에 대해 이야기를 나눈다.
–우리가 맞추었던 퍼즐 그림을 ‘풍속화’라고 해요.
–풍속화는 무엇일까요?
–풍속화는 우리가 방금 퍼즐로 맞추어보았던 ‘씨름’처럼 사람들이 무언가를 하고 있는 생활 속 모습을 그린 것을 풍속화라고 해요.
2. 김홍도에 대해 이야기를 나눈다.
–이 그림은 누가 그린 걸까요?
–이 그림은 김홍도라는 분이 그렸어요.
–김홍도는 여기 있는 그림뿐만 아니라 다른 여러 풍속화도 그렸어요.
3. 다양한 풍속화들을 살펴보며 이야기를 나눈다.
–이 풍속화에서 무엇이 보이나요?
–무엇을 하고 있는 모습 같나요?
4. 반쪽 그림을 제시하며 활동방법을 이야기한다.
–여기 보면 다양한 풍속화들이 반만 나와 있어요.
–비어 있는 반쪽에는 무엇이 있을 것 같나요?
–비어 있는 흰 부분을 나의 생각대로 자유롭게 그려보도록 해요.
5. 반쪽 그림 그리기활동을 진행한다.</td></tr>
</table>

	마무리	–친구들이 반쪽 그림을 어떻게 그렸는지 한 번 살펴볼까요? –원래의 그림과 비교해보았을 때 무엇이 비슷한가요? –이 그림에 제목을 지어준다면 뭐라고 짓고 싶나요?
활동사진		 

3) 역사교육의 실제

<table>
<tr><td colspan="2">생활주제</td><td>여름과 건강</td><td>주제</td><td>우리나라의 역사</td></tr>
<tr><td colspan="2">소 주 제</td><td>제헌절에 대해 알아보아요.</td><td>활 동 명
(활동유형)</td><td>제헌절과 헌법</td></tr>
<tr><td colspan="2">활동목표</td><td colspan="3">1. 제헌절의 의미와 유래를 이해한다.
2. 법을 지켜야 하는 이유를 알고, 약속과 규칙을 실천하는 태도를 기른다.
3. 법과 관련된 공공기관에 관심을 가지고 극놀이로 표현한다.</td></tr>
<tr><td colspan="2">누리과정
관련요소</td><td colspan="3">예술경험 > 예술적 표현하기 > 극놀이로 표현하기
사회관계 > 사회에 관심 갖기 > 우리나라에 관심 갖고 이해하기
사회관계 > 다른 사람과 더불어 생활하기 > 사회적 가치를 알고 지키기</td></tr>
<tr><td colspan="2">활동자료</td><td colspan="3">판사봉, 책상, 의자, 검사복, 판사복, 법원 그림, 제헌절 PPT, 법 관련 기관 사진</td></tr>
<tr><td colspan="2">사전활동</td><td colspan="3">우리 반 헌법 정하기</td></tr>
<tr><td colspan="2">활동과정</td><td colspan="3">내용</td></tr>
<tr><td rowspan="2">본
활
동</td><td>도
입</td><td colspan="3">1. 제헌절 노래를 감상한다.
-이 노래는 제헌절 노래라고 해요.</td></tr>
<tr><td>전
개</td><td colspan="3">1. 제헌절에 대해 이야기 나눈다.
-제헌절은 무슨 날을 이야기하는 것일까요?
-우리나라의 헌법이 생긴 날이에요. 즉, 우리나라 법의 생일이에요.
2. 헌법에 대해 이야기 나눈다.
-헌법이 무엇인지 기억나나요?
-헌법은 법 중의 왕이라고 했었지요. 법들의 기본이 되는 가장 중요한 법이에요.
3. 법과 관련된 기관들을 알아본다.
-우리나라에서는 국회, 행정부, 법원에서 관련지어서 일을 해요.
-국회는 법을 만들고, 행정부는 그 법에 따라서 일을 해요.
-법원은 법이 잘 지켜지고 있는지 판단하고 심판하는 일을 해요. 그것을 재판이라고 해요.
4. 법원과 재판에 대해 알아본다.
-법원에서 재판을 할 때는 누가 있을까요?
-판사는 무엇을 하는 사람일까요? 검사는 무슨 일을 할까요? 변호사는 무엇을 할까요?
5. 우리 반 헌법에 대해 이야기 나눈다.
-우리 반 헌법을 정했었는데, 기억나나요?
-우리 반 헌법은 어떤 내용이 있었나요?</td></tr>
</table>

		6. 모의재판을 열어본다. －오늘 우리 놀이시간에 어떤 일이 생겼었나요? －그럼 우리 ○○이에 대해서 재판을 열어보도록 해요. －판사와 검사, 변호사가 필요한데 누가 해볼 수 있을까요?
	마무리	1. 재판을 회상한다. －판사님들은 어떤 결정을 내렸나요? －그럼 ○○이는 이제 어떻게 해야 할까요? 2. 법을 지키는 이유에 대해 생각해보고 약속을 지키기로 한다. －법을 지키지 않으면 어떤 일이 생길까요? －약속을 꼭 지키면서 생활하도록 해요.
활동사진		 

<table>
<tr><th colspan="2">생활주제</th><td>우리 동네</td><th>주제</th><td>호국 보훈의 달</td></tr>
<tr><th colspan="2">소 주 제</th><td>나라를 위해 희생하신 분들이 있어요</td><th>활 동 명
(활동유형)</th><td>나라를 위해 일하신 분들께 감사해요</td></tr>
<tr><th colspan="2">활동목표</th><td colspan="3">1. 우리나라를 위해 헌신하신 분들과 나라를 위해 일하시는 분들께 감사한 마음을 갖는다.
2. 나라를 사랑하는 마음을 갖는다.
3. 나라를 위해 할 수 있는 일을 실천하는 태도를 갖는다.</td></tr>
<tr><th colspan="2">누리과정
관련요소</th><td colspan="3">사회관계 > 다른 사람과 더불어 생활하기 > 공동체에서 화목하게 지내기
사회관계 > 사회에 관심 갖기 > 우리나라에 관심 갖고 이해하기
사회관계 > 사회에 관심 갖기 > 지역사회에 관심 갖고 이해하기</td></tr>
<tr><th colspan="2">활동자료</th><td colspan="3">색연필, 사인펜, 나무 조형 만들기, 태극기</td></tr>
<tr><th colspan="2">사전활동</th><td colspan="3">현충일에 대해 이야기 나누기</td></tr>
<tr><th colspan="2">활동과정</th><th colspan="3">내용</th></tr>
<tr><th rowspan="3">본활동</th><th>도입</th><td colspan="3">1. 우리나라에 대해 이야기 나눈다.
−우리나라를 생각하면 친구들은 어떤 생각이 드나요?
−우리나라를 어떻게 생각해야 할까요?</td></tr>
<tr><th>전개</th><td colspan="3">1. 현충원에 대해 이야기 나눈다.
−현충원은 무엇을 하는 곳일까요?
2. 우리나라를 위해 희생하신 분들에 대해 알아본다.
−우리가 안전하고 좋은 대한민국에서 살 수 있도록 노력하신 분들이 있어요.
−이 그림 속 여자는 누구일까요? 이 분은 무슨 일을 하셨을까요?
3. 우리나라를 위해 희생하신 분들께 감사인사를 한다.
−우리를 위해 열심히 싸우고 일하신 분들께 감사인사를 하도록 해요.
−참배를 할 때는 어떻게 해야 하는지 알아보아요.
4. 우리나라를 위해 어떤 일을 하셨는지 전시관을 둘러보며 알아본다.
5. 여전히 우리나라를 위해 열심히 일하시는 분들에 대해 이야기 나눈다.
−그럼 지금은 우리나라를 위해 일하시는 분들이 없을까요?
−나라를 위해 열심히 일하고 계시는 분들은 누가 있을까요?
−그분들께 어떤 마음이 드나요?
6. 우리가 나라를 지키는 방법에 대해 알아본다.
−소중한 우리나라를 열심히 지키시는 분들이 계신데, 우리는 나라를 위해서 어떤 일을 할 수 있을까요?</td></tr>
<tr><th>마무리</th><td colspan="3">1. 나라를 위해 할 수 있는 일을 회상한다.
2. 나라를 위해 일하시는 분들께 다시 한 번 감사하는 마음을 갖는다.</td></tr>
</table>

<table>
<tr><td></td><td></td><td>–오늘 나라를 위해 일하신 분들에 대해 알아보고 감사인사를 전해보았는데 어땠나요?
3. 나라를 사랑하는 마음을 간직하기로 이야기 나눈다.
–우리나라를 소중히 여기지 않으면 어떤 일이 생길까요?
–우리나라를 사랑하면서 우리나라를 응원하는 마음으로 바르게 생활하도록 해요.</td></tr>
<tr><td colspan="2">활동사진</td><td>
</td></tr>
</table>

<table>
<tr><td colspan="2">생활주제</td><td>우리 동네</td><td>주제</td><td>우리 동네의 전통과 문화</td></tr>
<tr><td colspan="2">소 주 제</td><td>6.25전쟁에 대해 알아보아요</td><td>활 동 명
(활동유형)</td><td>전쟁기념관 체험학습</td></tr>
<tr><td colspan="2">활동목표</td><td colspan="3">1. 6.25전쟁에 대해 알아본다.
2. 나라를 위하여 목숨을 바친 분들에게 감사하는 마음을 갖고, 나라 사랑의 정신을 새겨본다.
3. 공공질서를 지키며 현장학습을 한다.</td></tr>
<tr><td colspan="2">누리과정
관련요소</td><td colspan="3">사회관계 > 사회에 관심 갖기 > 우리나라에 관심 갖고 이해하기
사회관계 > 다른 사람과 더불어 생활하기 > 사회적 가치를 알고 지키기</td></tr>
<tr><td colspan="2">활동자료</td><td colspan="3">비상연락망, 휴지, 비상약품, 사진기, 이름표 등</td></tr>
<tr><td colspan="2">사전활동</td><td colspan="3">한국전쟁에 대한 이야기 나누기</td></tr>
<tr><td colspan="2">활동과정</td><td colspan="3">내용</td></tr>
<tr><td rowspan="3">본
활
동</td><td>도
입</td><td colspan="3">1. 체험학습을 가는 장소에 대해 이야기 나눈다.
–오늘 우리가 어디로 체험학습을 가는지 알고 있나요?
–그곳에 가면 어떤 것들을 알 수 있을까요?
2. 체험학습을 가며 지켜야 하는 약속에 대해 이야기 나눈다.</td></tr>
<tr><td>전
개</td><td colspan="3">1. 전쟁기념관, 어린이박물관 체험활동을 한다.
2. 전쟁기념관 외부 전시물을 관람한다.</td></tr>
<tr><td>마
무
리</td><td colspan="3">–전쟁기념관, 어린이박물관에 체험학습을 다녀왔는데 어떤 것들을 체험할 수 있었나요?
–어떤 것이 가장 기억에 남나요?
–체험활동을 하며 어떤 생각, 느낌이 들었나요?</td></tr>
<tr><td colspan="2">활동사진</td><td colspan="3"></td></tr>
</table>

<table>
<tr><td colspan="2">생활주제</td><td>세계 속의 우리나라</td><td>주제</td><td>우리나라</td></tr>
<tr><td colspan="2">소 주 제</td><td>자랑스러운 우리나라</td><td>활 동 명
(활동유형)</td><td>역사교육 & 견학활동
(이야기나누기)</td></tr>
<tr><td colspan="2">활동목표</td><td colspan="3">1. 우리나라의 역사에 대해 관심을 가진다.
2. 우리나라에 대해 자긍심을 가진다.</td></tr>
<tr><td colspan="2">누리과정
관련요소</td><td colspan="3">사회관계 > 사회에 관심 갖기 > 우리나라에 관심 갖고 이해하기
의사소통 > 말하기 > 낱말과 문장으로 말하기</td></tr>
<tr><td colspan="2">활동자료</td><td colspan="3">그림자료
우리나라를 나타내는 것(태극기 외 13장), 우리나라를 빛낸 사람들(동영상)</td></tr>
<tr><td colspan="2">사전활동</td><td colspan="3">그림자료를 게시판에 붙여주고 탐색하게 해 준다.</td></tr>
<tr><td colspan="2">활동과정</td><td colspan="3">내용</td></tr>
<tr><td rowspan="2">본
활
동</td><td>도
입</td><td colspan="3">1. 유아들과 5분 동안 자신을 친구들에게 자랑하는 시간을 가진다.
–지금부터 ‘나’를 자랑하는 시간을 가질거에요.
–가장 자신 있는 것, 친구들에게 보여 주고 싶은 것을 표현해 보세요.
2. (현충원) 체험 견학활동시 지켜야 할 약속을 정한다.</td></tr>
<tr><td>전
개</td><td colspan="3">1. 친구들 앞에서 자신을 자랑한 기분이 어떤지 물어본다.
–○○는 친구들 앞에서 내가 가장 잘하는 것을 이야기하니 기분이 어때요?
–○○의 기분이 어땠을까?
2. 그림자료를 보면서 이야기를 나눈다.
–여기에 무엇이 있나요?
–여기에 있는 것들은 우리나라에 무엇을 나타내는 걸까요?
–옛날 사용했던 물품들이나 태극기 같은 것을 보면 어떤 생각이 드나요?
3. ‘우리나라’에 대해서 어떤 생각을 갖고 있는지 이야기 나눈다.
–우리나라를 어떻게 생각하고 있나요?
–우리나라의 문화, 역사, 미술, 한글, 경제 등등 이야기를 해보아요.
–우리나라는 바다가 가까이 있어서 좋아요.
–우리나라는 운동을 잘 해요, 올림픽에서 금메달도 많이 땄어요.
–우리나라 사람들은 착하고 친절해요.
–우리나라 김치는 세계 최고 맛이래요.
4. 현충원으로 견학을 다녀온다.
1) 묵념에 대한 의미를 알아보고 우리나라를 위해 힘쓴 사람들을 위해서 묵념을 실천한다.
2) 유품전시관에 가서 만들 재료를 받아 만드는 방법을 알아보고 만들어본다.
3) 옛날에 사용했던 물품들이 전시되어 있는 것을 눈으로 살펴본다.</td></tr>
</table>

	마무리	1. 자랑스러운 우리나라의 문화나 전통, 민족성 등을 어떻게 이끌어 가야 하는지 이야기를 나눈다. –사랑스러운 우리나라를 지속하려면 우리가 어떻게 해야 할까요? –나라를 사랑하는 마음을 가져야 해요. –다른 나라 사람들을 만나면 도망가지 말고 예쁘게 인사해요. –공원이나 박물관, 전시관에 가서 예의바른 행동을 해야 해요.
활동사진		  

4) 지리교육의 실제

생활주제	유치원과 친구	주제	유치원의 환경
소 주 제	우리 유치원 둘러보기	활 동 명 (활동유형)	보물을 찾아라! (실외활동–게임)
활동목표	1. 지도의 의미를 이해한다.		

		2. 보물지도에 관심을 가지고 직접 지도를 보고 보물을 찾을 수 있다. 3. 보물찾기활동에 즐겁게 참여한다.
누리과정 관련요소		사회관계 > 사회에 관심 갖기 > 지역사회에 관심 갖고 이해하기 신체운동·건강 > 신체활동에 참여하기 > 자발적으로 신체활동에 참여하기 자연탐구 > 탐구하는 태도 기르기 > 탐구기술 활용하기
활동자료		지도, 보물지도, 보물종이
사전활동		'포포와 보물지도' 동화 감상하고 우리 유치원 실외환경지도 그려보기
활동과정		내용
본활동	도입	1. 지도에 대해 이야기 나눈다. –선생님이 준비한 지도에 어떤 그림이 보이나요? –이 그림은 어떤 것을 나타내는 것일까요? –지도는 언제 사용하는 것일까요?
	전개	1. 보물찾기에 대해 이야기 나눈다. –보물찾기를 해본적이 있나요? –어떻게 하는 놀이인가요? –어떤 보물을 찾아보았나요? 2. 보물지도를 소개하고 유아들에게 나눠준다. –이것은 무엇일까요? –여기에 무엇이 표시되어 있나요? –보물이 있는 곳은 어디일까요? –왜 그렇게 생각하나요? 3. 활동을 할 때 지켜야 할 약속에 대해 이야기 나눈다. –보물을 찾을 때 어떻게 찾아야 할까요? –친구와 싸우지 않고 보물을 찾기 위해서는 어떻게 해야 할까요? –보물이 많이 숨겨져 있는데 그 보물들을 나 혼자서 다 찾으면 어떻게 될까요? –한 사람당 몇 개의 보물을 찾으면 좋을까요? 4. 보물 표시가 있는 곳을 찾아가서 보물을 찾는다. –표시가 되어 있는 곳은 어디일까요? –어느 쪽으로 가야 할까요?
	마무리	–보물찾기를 해 보았는데 어땠나요? –보물찾기를 하는 데 무엇이 도움이 되었나요? –보물지도의 무엇을 보고 보물을 찾을 수 있었나요? –보물을 찾으며 유치원에 있는 어떤 자연물들을 볼 수 있었나요?

활동사진		 보물찾았다!

5) 경제교육의 실제

<table>
<tr><td>생활주제</td><td>우리 동네</td><td>주제</td><td>우리 동네 사람들</td></tr>
<tr><td>소 주 제</td><td>다양한 직업이 있어요</td><td>활 동 명
(활동유형)</td><td>여러 가지 직업이 있어요</td></tr>
<tr><td>활동목표</td><td colspan="3">1. 우리 동네에는 다양한 직업을 가진 사람들이 있음을 알아본다.
2. 다양한 직업과 그 역할에 대해 관심을 가지고 알아본다.</td></tr>
<tr><td>누리과정
관련요소</td><td colspan="3">사회관계 > 사회에 관심 갖기 > 지역사회에 관심 갖고 이해하기
사회관계 > 다른 사람과 더불어 생활하기 > 공동체에서 화목하게 지내기
사회관계 > 다른 사람과 더불어 생활하기 > 사회적 가치를 알고 지키기</td></tr>
<tr><td>활동자료</td><td colspan="3">여러 가지 상황 그림, 다양한 직업에 종사하는 사람들의 그림자료</td></tr>
<tr><td>사전활동</td><td colspan="3">내가 어른이 되면 하고 싶은 직업에 대해 이야기 나누기</td></tr>
<tr><td>활동과정</td><td colspan="3">내용</td></tr>
<tr><td>본활동 도입</td><td colspan="3">1. 여러 가지 상황 그림을 보며 그 상황에서 필요한 직업에 대해 이야기 나눈다.
－이 사람은 지금 왜 이렇게 하고 있을까요?
－지금 이 사람에게 도움을 줄 수 있는 사람은 누구일까요?
－만약에 우리 주변에 이런 직업을 가진 사람들이 없다면 어떨까요?</td></tr>
<tr><td>본활동 전개</td><td colspan="3">1. 활동자료를 보며 우리 동네 사람들의 다양한 직업에 대해 알아본다.
－사진 속 사람은 무엇을 하는 사람일까요?
－머리카락을 예쁘게 손질해주는 직업은 무엇일까요? (미용사)
－미용사가 되면 어떤 점이 좋을까요?
－상황에 맞는 멋진 사진을 찍어주는 직업은 무엇일까요? (사진사)
－사진사가 되면 어떤 점이 좋을까요?
－피부를 건강하고 예쁘게 가꿔주는 직업은 무엇일까요? (피부관리사)
－피부관리사가 되면 어떤 점이 좋을까요?
－동물이 아플 때 진료와 치료를 해주는 직업은 무엇일까요? (수의사)
－수의사가 되면 어떤 점이 좋을까요?
－향긋한 커피를 다양한 방법으로 만들어주는 직업은 무엇일까요? (바리스타)
－바리스타가 되면 어떤 점이 좋을까요?
－아픈 환자들을 진료하고 치료해주는 직업은 무엇일까요? (의사, 간호사)
－의사, 간호사가 되면 어떤 점이 좋을까요?
－맛있는 요리를 만들어 주는 직업은 무엇일까요? (요리사)
－요리사가 되면 어떤 점이 좋을까요?
－아픈 사람들에게 약을 제조해주는 직업은 무엇일까요? (약사)
－약사가 되면 어떤 점이 좋을까요?</td></tr>
</table>

		2. 우리에게 많은 것들을 제공해주시는 우리 동네의 다양한 직업을 가진 분들에게 감사한 마음을 갖는다. –머리카락이 많이 길어서 잘라야 하는데 우리 동네에 미용사가 없다면 어떻게 될까요? –우리 집에 있는 동물이 아픈데 수의사가 없다면 어떻게 될까요? –열이 나고, 배가 아픈데 의사, 간호사가 없다면 어떻게 될까요? –우리 동네에서 우리들에게 많은 것들을 제공해주시고 도와주시는 분들에게 우리는 어떤 마음을 가져야 할까요?
	마무리	–우리 동네 사람들의 다양한 직업에 대해 알아보니 어땠나요? –더 알아보고 싶은 직업이 있었나요? –우리 동네에서 다양한 직업을 가진 사람들을 만난다면 어떻게 해야 할까요?
활동사진		 머리카락을 예쁘게 손질해 주는 미용사  아픈 환자들을 진료하고 치료해주는 의사, 간호사  맛있는 요리를 만들어 주는 요리사

6) 다문화교육의 실제

<table>
<tr><td colspan="2">생활주제</td><td>세계 여러 나라</td><td>주제</td><td>세계 여러 나라의 자랑거리</td></tr>
<tr><td colspan="2">소 주 제</td><td>세계 여러 나라의 건축</td><td>활 동 명
(활동유형)</td><td>나도 건축가</td></tr>
<tr><td colspan="2">활동목표</td><td colspan="3">1. 세계 여러 나라의 건축물에 관심을 가진다.
2. 건축물의 특징을 안다.
3. 친구와 협동하여 건축물을 만들어본다.</td></tr>
<tr><td colspan="2">누리과정
관련요소</td><td colspan="3">사회관계 > 사회에 관심 갖기 > 세계와 여러 문화에 관심 가지기
자연탐구 > 수학적 탐구하기 > 공간과 도형의 기초개념 형성하기
사회관계 > 다른 사람과 더불어 생활하기 > 친구와 사이좋게 지내기</td></tr>
<tr><td colspan="2">활동자료</td><td colspan="3">세계 유명 건축물 사진자료, 4D블록</td></tr>
<tr><td colspan="2">사전활동</td><td colspan="3">세계 여러 나라의 건축물에 대해 이야기 나누기</td></tr>
<tr><td colspan="2">활동과정</td><td colspan="3">내용</td></tr>
<tr><td rowspan="3">본
활
동</td><td>도
입</td><td colspan="3">1. 세계 여러 나라의 건축물에 대해 이야기 나눈다.
–이 건축물의 이름은 무엇일까요?
–어느 나라에서 볼 수 있을까요?
–건축물의 모양이 어떻게 생겼나요?</td></tr>
<tr><td>전
개</td><td colspan="3">1. 활동자료를 보며 활동을 소개한다.
–오늘은 4D블록을 이용하여 세계 여러 나라의 건축물 중 한 가지를 만들어 볼거에요.
–어떤 건축물을 만들어보면 좋을까요?
–오늘은 옛날에 중국에서 적을 막기 위해 세운 성벽인 만리장성을 만들어보도록 해요.
2. 두 팀으로 나눈다.
3. 활동에 필요한 약속을 정한다.
–만든 건축물이 중간에 쓰러지면 어떻게 할까요?
–건축물을 높이 쌓는 것으로 할지 길게 만드는 것으로 할지 정해야 할 것 같아요.
만리장성은 어떻게 만들어야 할까요?
4. 활동 약속을 지키며 세계의 건축물을 친구들과 함께 만들어본다.</td></tr>
<tr><td>마
무
리</td><td colspan="3">–어느 나라의 건축물을 만들어 보았나요?
–그 건축물의 이름은 무엇이었나요?</td></tr>
</table>

		–건축물을 어떻게 만들었더니 무너지지 않고 튼튼하게 만들 수 있었나요? –실제 건축물과 어떤 점이 비슷했나요?
활동사진		 

7) 안전교육의 실제

생활주제	우리 동네		주제	우리 동네 모습과 생활
소 주 제	우리 동네의 이웃 동네에서는		활 동 명 (활동유형)	지진이 났어요
활동목표	1. 지진에 대해 이해한다. 2. 지진이 발생했을 때 대처하는 방법을 안다.			
누리과정 관련요소	신체운동·건강 > 안전하게 생활하기 > 비상 시 적절히 대처하기 자연탐구 > 과학적 탐구하기 > 자연현상 알아보기 사회관계 > 사회에 관심 갖기 > 지역사회에 관심 갖고 이해하기			
활동자료	지진 사진, 지진 피해상황 사진, 지진 발생 시 대피 방법 ppt, 책상, 방석, 사이렌 소리			
사전활동	우리 동네의 자연재해에 대해 이야기 나눈다.			
활동과정		내용		
본 활동	도입	지진 관련 뉴스를 감상하며 이야기 나눈다. －뉴스에서 어떤 이야기가 나왔나요? －우리나라에서 아주 큰 지진이 일어났어요. 포항이랑 울진이라는 곳에서 지진이 발생했었어요.		
	전개	1. 지진에 대해 이야기 나눈다. －지진이 무엇인지 알고 있나요? －지진은 우리가 사는 지구의 에너지가 밖으로 나오고 싶어서 땅이 갈라지면서 흔들리는 것을 말해요. 2. 지진의 피해에 대해 알아본다. －지진이 일어나면 어떤 모습일까요? －이 집의 주인은 어떤 마음이 들까요? －자동차는 어떻게 되었나요? 3. 지진이 발생했을 때 대처방법에 대해 이야기 나눈다. －그럼 우리가 지진이 발생했을 때 어떻게 해야 할까요? －땅이 흔들려서 무섭다고 장롱 안이나 깊숙한 곳에 숨으면 될까요? －왜 문을 열어두어야 할까요? －지진이 발생했을 때는 건물이나 서랍장 위의 물건들이 아래로 떨어져요. 그래서 머리를 보호하는 것이 매우 중요해요. －머리를 보호하기 위해서는 어떻게 해야 할까요? －맞아요, 지진이 발생했을 때는 책상 밑으로 들어가서 방석이나, 가방, 인형, 배게 등으로 머리를 보호하고, 엎드려서 흔들리는 게 멈출 때까지 기		

		다려야 해요. –흔들림이 멈추면 얼른 일어나서 공원이나 놀이터 같이 주변에 높은 건물이 없는 곳으로 얼른 대피해야 해요. –그럼 집이나 유치원이 아닌 마트에서 지진이 일어나면 어떻게 해야 할까요? –바구니를 머리에 써서 머리를 보호하고 얼른 진열대를 피해 벽 옆으로 대피해야 해요. 4. 지진으로 피해 입은 사람들을 떠올려본다. –지진으로 피해 입은 사람들은 어떤 마음일까요? –우리가 도와줄 수 있는 방법이 있을까요?
	마무리	–지진에 대해 알아보니 어땠나요? –지진이 발생했을 때 해야 할 일들을 꼭 기억하도록 해요.
활동사진		

<table>
<tr><td>생활주제</td><td colspan="2">유치원과 친구</td><td>주제</td><td>불이야! 불!</td></tr>
<tr><td>소 주 제</td><td colspan="2">불이 났을 때 안전하게 대피해요(소방)</td><td>활 동 명
(활동유형)</td><td>안전교육(소방대피훈련)</td></tr>
<tr><td>활동목표</td><td colspan="4">1. 화재의 의미와 화재가 나는 원인에 대해 알아보면서 위험성에 대해 안다.
2. 화재가 발생했을 때 대피하는 방법에 대해 알아보고 이를 실천한다.</td></tr>
<tr><td>누리과정
관련요소</td><td colspan="4">신체운동·건강 > 안전하게 생활하기 > 비상 시 적절히 대처하기
의사소통 > 듣기 > 이야기 듣고 이해하기</td></tr>
<tr><td>활동자료</td><td colspan="4">안전교육 동영상, 소방안전 슬라이드 ppt자료, 불이야! 불!(동영상)</td></tr>
<tr><td>사전활동</td><td colspan="4">-화재의 의미와 화재가 나는 원인에 대해 예측해보면서 이야기 나눈다.
-화재가 났을 때 연기의 위험성과 대피방법에 대해 알아보면서 이야기 나눈다.</td></tr>
<tr><td colspan="2">활동과정</td><td colspan="3">내용</td></tr>
<tr><td rowspan="2">본
활
동</td><td>도
입</td><td colspan="3">[화재의 의미와 원인에 대해 알아보기]
1. 화재의 의미와 화재가 나는 원인에 대해 예측해보면서 이야기 나눈다.
-화재에 대해 들어본 적이 있나요? 화재하면 가장 먼저 생각나는 것이 무엇인가요?
-화재는 무엇일까요?
(화재는 불을 잘못 사용하면 무서운 불이 되어 한순간에 우리의 모든 것을 앗아가 버린다)
-화재가 나는 원인은 무엇일까요?
1) 전선의 합선, 과부하로 인한 전기
2) 석유난로와 같은 유류 화재
3) 담뱃불로 인한 화재
4) 라이터나 성냥 등 불장난으로 인한 화재
-한 개의 콘센트에 여러 개의 전기 제품을 꽂아 사용하면 어떤 일이 일어날까요? (한 개의 콘센트에 여러 개의 전기제품을 꽂아 이용하여, 큰 전류가 흐르면 열이 나서 화재가 날 수 있다)
-콘센트에 꽂힌 전기 플러그를 뺄 때 어디를 잡고 빼야 할까요?
(몸체를 잡고 빼야 함. 전선을 잡고 당기면 플러그 연결선이 끊어져 화재가 날 수 있다)
-석유난로와 같이 기름으로 인한 화재가 일어나는 이유는 무엇일까요?
-주위에 담배를 피는 사람이 있나요? 담뱃불을 아무데나 버리면 어떤 일이 일어날까요?
-혼자서 라이터나 성냥을 켜본 적이 있나요? 불장난을 하면 어떤 일이 일어날까요?</td></tr>
<tr><td>전
개</td><td colspan="3">[화재가 나면 어떻게 해야 할까요?]
1. 화재가 났을 때 연기의 위험성과 대피방법에 대해 알아보면서 이야기 나눈다.</td></tr>
</table>

		-불이 났다는 것을 어떻게 알 수 있을까요? -연기를 마시면 어떻게 될까요? -연기 속 해로운 물질들이 우리 몸의 기도와 폐에 손상을 주거나, 생명을 잃을 수 있기 때문에 연기를 마시면 아주 위험해요. -연기를 어떻게 피할 수 있을까요? -불이 났을 때 무섭다고 화장실 또는 책상 밑에 숨으면 어떻게 될까요? -불이 나면 빨리 밖으로 나가야 하는 이유는 무엇일까요? -다른 사람들에게 불이 났다고 알리는 이유는 무엇일까요? -한 손으로 코와 입을 막고 낮은 자세로 나오는 이유는 무엇일까요? -급하다고 엘리베이터를 타면 어떤 일이 일어날까요? -문을 열기 전에 문손잡이를 만져봐야 하는 이유는 무엇일까요? -119로 전화를 할 때 어떤 내용을 알려야 할까요? (신고한 사람의 이름과 전화번호, 주소, 주소를 모를 때는 주변의 큰 건물을 알려줘야 함) [연기 대피게임] 2. 화재가 났을 때 대피하는 안전한 자세에 대해 알아본 다음, 친구들과 함께 연기 대피게임을 해본다. 1) 연기가 조금 날 때 2) 연기가 많이 날 때 -연기가 조금 날 때는 어떻게 해야 할까요? (연기가 많지 않을 경우에는 옷가지를 사용하여 코와 입을 막고 빨리 뛰어나가야 함) -연기가 많이 날 때는 어떻게 해야 할까요? (연기가 보이면 한 손으로 코를 막고, 다른 손과 무릎을 이용하여 기어서 밖으로 나옴) -긴 천을 바닥에서 60cm 높이에 펴 들고, 그 밑으로 손과 무릎을 이용하여 기어서 지나간다.
	마무리	1. 불이 났을 때의 대피방법에 대해 다시 한 번 설명해준다. 2. 불이 났을 때 대피하는 장소에 대해 이야기 나눈다. 3. 불이 났을 때 대피하는 비상구에 대해 이야기 나눈다. 4. 비상구에 불이 붙어 건물 밖으로 나가지 못할 경우의 대처방법에 대해 이야기 나눈다.
활동사진		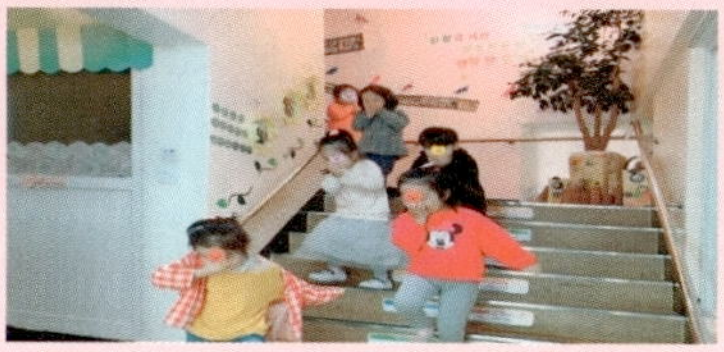 

<table>
<tr><td>생활주제</td><td colspan="2">나와 가족</td><td>주제</td><td>소중한 나</td></tr>
<tr><td>소 주 제</td><td colspan="2">나를 소중히 여겨요.</td><td>활 동 명
(활동유형)</td><td>좋은느낌! 싫은 느낌!
(이야기 나누기)</td></tr>
<tr><td>활동목표</td><td colspan="4">1. 자신의 몸을 소중히 여긴다.
• 좋은 느낌과 싫은 느낌을 구별해본다.
• 타인으로부터 내 몸을 보호하는 방법을 안다.</td></tr>
<tr><td>누리과정
관련요소</td><td colspan="4">신체운동·건강 > 안전하게 생활하기 > 비상 시 적절히 대처하기
의사소통 > 듣기 > 이야기 듣고 이해하기</td></tr>
<tr><td>활동자료</td><td colspan="4">좋은 느낌과 나쁜 느낌 PPT, 부모님께 말해요 영상</td></tr>
<tr><td>사전활동</td><td colspan="4">나의 몸을 소중히 보호하는 방법에 대해 이야기 나누어 본다.</td></tr>
<tr><td colspan="2">활동과정</td><td colspan="3">내용</td></tr>
<tr><td rowspan="2">본
활
동</td><td>도
입</td><td colspan="3">1. 기분 좋은 느낌이 들 때는 언제인지 알아보고, 그때 느껴지는 기분에 대해 이야기 나눈다.
－기분 좋은 느낌이란 어떤 느낌일까?
1) 엄마와 안는 모습
－엄마와 안았을 때를 생각해보자. 어떤 느낌(기분)이 드니?
2) 아빠와 뽀뽀하는 모습
－아빠와 뽀뽀할 때를 생각해보자. 어떤 느낌(기분)이 드니?
3) 동생이랑 함께 목욕하는 모습
－동생이나 형, 또는 언니와 목욕을 할 때 생각해보자. 어떤 느낌(기분)이 드니?
4) 친구와 손잡는 모습
－친구와 손잡을 때 어떤 느낌(기분)이 드니?
5) 친구와 함께 병원놀이를 하는 모습
－친구와 병원놀이를 할 때, 친구가 나의 몸을 만질 때 어떤 느낌(기분)이 드니?
－가족이나 친구를 안아주거나 뽀뽀 한 적이 있니? 그때 어떤 기분이 드니?</td></tr>
<tr><td>전
개</td><td colspan="3">[활동 1: 나쁜 느낌이나 기분이 들 땐 어떻게 해야 할까요?]
2. (성교육-좋은 느낌과 나쁜 느낌) 교수자료를 보면서, 나쁜 느낌이나 기분이 들 땐 어떻게 해야 하는 지를 알아보고, 함께 해본다.
1) 부모님이랑 아닌 다른 사람이 껴안고 뽀뽀했을 때
－다른 사람이 껴안고 뽀뽀했을 때 느낌(기분)이 들 땐 어떠니? 봄이는 어떤 기분이 들었다고 했니?
－봄이처럼 기분이 좋지 않거나 나쁠 때는 어떻게 해야 할까?</td></tr>
</table>

		–부모님께 꼭 알려야 하는 이유는 무엇일까? 2) 동네 형이랑 병원놀이를 할 때 내 몸을 만지고, 고추를 보여 달라고 할 때 –다른 사람이 내 몸을 만지고, 중요한 부위를 보여 달라고 한 적이 있니? –그 때, 찬이는 어떤 기분(느낌)이 들었다고 했니? 너희라면 어떤 기분이 들었을 거 같니? –부모님께 꼭 알려야 하는 이유는 무엇일까? 3) 싫어요, 안돼요를 외쳐요. –누군가 우리 몸을 만졌을 때, 또 우리 몸을 볼 때, 기분이 이상하거나 나쁘면 어떻게 이야기해야 할까? –(싫어요. 안돼요) –그리고 이 일을 누구에게 가장먼저 알려야 할까?
	마무리	3. 좋은 느낌과 나쁜 느낌을 다시 구별해보고, 나쁜 느낌이 들 때, 싫어요. 안돼요를 큰 소리로 외쳐본다.

활동사진

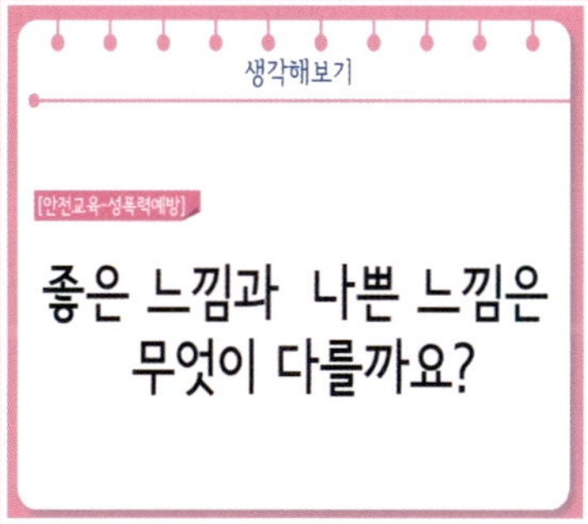

8) 생태환경교육의 실제

<table>
<tr><td colspan="2">생활주제</td><td>동식물('나무' 문학적 프로젝트)</td><td>주제</td><td>달팽이 관찰</td></tr>
<tr><td colspan="2">소 주 제</td><td>달팽이 만들기</td><td>활 동 명
(활동유형)</td><td>달팽이집을 만들어요
(현장체험활동)</td></tr>
<tr><td colspan="2">활동목표</td><td colspan="3">1. 달팽이를 관찰해 본다.
2. 달팽이의 생김새를 알아본다.
3. 달팽이를 만들어본다.</td></tr>
<tr><td colspan="2">누리과정
관련요소</td><td colspan="3">사회관계 > 사회에 관심 갖기 > 우리나라에 관심 갖고 이해하기
사회관계 > 다른 사람과 더불어 생활하기 > 사회적 가치를 알고 지키기</td></tr>
<tr><td colspan="2">활동자료</td><td colspan="3">비상구급약, 비상연락망, 유아명찰, 카메라, 돋보기, 달팽이 실물자료, 지점토, 나뭇잎</td></tr>
<tr><td colspan="2">사전활동</td><td colspan="3">달팽이의 생김새에 대해 이야기 나눠보고 달팽이의 몸의 구조는 어떻게 생겼는지 사진으로 먼저 알아본다.</td></tr>
<tr><td colspan="2">활동과정</td><td colspan="3">내용</td></tr>
<tr><td rowspan="2">본활동</td><td>도입</td><td colspan="3">1. 달팽이에 관련된 책을 읽으며 이야기 나눈다.
−달팽이는 주황색 당근을 먹으면 어떤 똥 색깔이 나올까요?
−달팽이 더듬이는 어디에 있나요?
2. 숲체험 견학활동 시 지켜야 할 약속을 정한다.
−숲체험활동을 할 때 질서를 지키며 활동해야 해요.</td></tr>
<tr><td>전개</td><td colspan="3">1. 숲체험장 주변을 탐색한다.
−주변에 무엇이 있을까요?
2. 달팽이 생김새 사진을 보여주며 달팽이에 관련된 책을 읽어보고 달팽이에 대해 알아본다.
−(움직이는 달팽이를 직접 보여 주며) 어떻게 생겼는지 함께 살펴보아요.
−(작은 달팽이를 직접 보여 주며) 어떻게 생겼는지 만지지 않고 눈으로만 살펴보도록 해요.
3. 달팽이 모형을 만들어본다.
−달팽이의 생김새 사진을 보여 준다.
−달팽이의 생김새 사진을 보며 재료를 나누어 주고 방법을 알려줄테니 함께 만들어보아요.
4. 달팽이 모형 만드는 방법
1) 흰색점토를 나누어 갖는다.
2) 흰색점토로 달팽이 몸통을 만든 후 철사 2개를 가지고 달팽이(등껍데기) 집을 만든다.</td></tr>
</table>

		3) 달팽이집을 만든 후에 주변에 나뭇잎 2개를 찾아 나뭇잎 줄기 꼬다리를 이용하여 달팽이 더듬이를 만들어본다. 4) 나뭇잎 위에 만든 달팽이를 올려놓으면 완성
	마무리	1. 숲체험장에 다녀온 느낌을 이야기 나눈다. −숲체험장에는 무엇이 있었나요? −새롭게 알게 된 사실은 무엇인가요? −달팽이를 관찰할 수 있어서 어떤 점이 좋았나요?
활동사진		

<table>
<tr><td>생활주제</td><td colspan="2">봄과 동식물</td><td>주제</td><td>동물과 우리의 생활</td></tr>
<tr><td>소 주 제</td><td colspan="2">유치원 동물과 함께 생활해요</td><td>활 동 명
(활동유형)</td><td>유치원 동물과 함께 하는 방법</td></tr>
<tr><td>활동목표</td><td colspan="4">1. 동물의 소중함을 알고 함께 살아간다는 것을 이해한다.
2. 동물을 지키는 방법과 성장에 관심을 갖고 동물을 사랑하는 마음을 갖는다.</td></tr>
<tr><td>누리과정
관련요소</td><td colspan="4">자연탐구 > 과학적 탐구하기 > 생명체와 자연환경 알아보기
사회관계 > 다른 사람과 더불어 생활하기 > 사회적 가치를 알고 지키기
자연탐구 > 탐구하는 태도 기르기 > 호기심을 유지하고 확장하기</td></tr>
<tr><td>활동자료</td><td colspan="4">토끼 먹이, 닭 먹이, 융판, 보드마카</td></tr>
<tr><td>사전활동</td><td colspan="4">다양한 동물 이름 및 특징 알아보기</td></tr>
<tr><td>활동과정</td><td colspan="4">내용</td></tr>
<tr><td rowspan="3">본
활
동</td><td>도
입</td><td colspan="3">1. 부분 그림을 보며 무엇인지 맞춰본다.
-나는 동물이야. 나는 ○○유치원에 살고 있지.
-나는 점프하듯이 뛰어. 털옷을 입고 있지. 나는 당근이나 배춧잎을 좋아해. 나는 누구일까요?</td></tr>
<tr><td>전
개</td><td colspan="3">1. 유치원 동물에 대해 이야기 나눈다.
-우리 유치원에서는 어떤 동물을 볼 수 있을까요?
-그 동물 친구들의 이름을 알고 있나요?
2. 유치원 동물에 대한 경험을 이야기 나눈다.
-유치원 동물들과 이야기 해본 적 있나요?
-유치원 동물들이 무엇을 하는 것을 보았나요?
3. 토끼와 닭에 대해 알아본다.
-토끼는 무엇을 먹고 살까요?
-닭은 무엇을 먹을까요?
4. 유치원 동물들과 함께 지내는 방법에 대해 이야기 나눈다.
-유치원 동물들과 함께 지내기 위한 방법은 무엇이 있을까요?
-먹이를 줄 때는 어떻게 해야 할까요?
-동물들이 살고 있는 곳에 손을 넣으면 동물들은 어떤 생각을 할까요?
-동물들은 어떤 말을 좋아할까요?
5. 유치원 동물들에게 하고 싶은 말을 생각해본다.
-유치원에 살고 있는 동물들에게 어떤 말을 해주고 싶나요?
-왜 그런 말을 하고 싶었나요?</td></tr>
<tr><td>마
무
리</td><td colspan="3">1. 밖으로 나가 동물 친구들에게 먹이를 주고 전하고 싶은 말을 전한다.
-우리가 직접 동물 친구들을 만나서 먹이도 주고 내가 하고 싶은 말도 전해 보도록 해요.</td></tr>
</table>

		2. 유치원 동물 친구들과 함께 잘 생활하기로 약속한다. −앞으로도 유치원에 살고 있는 동물 친구들에게 먹이도 주고, 좋은 말도 많이 전해주면서 지낼 수 있나요?
활동사진		 

참고문헌

서울특별시교육청 유아교육진흥원(2020). 제 5주기('20~'22년) 유치원 평가 기본 계획.

교육부(2019). 2019 개정 누리과정 고시문(교육부 고시 제2019-189호).

교육부 · 보건복지부(2019). 「2019 개정 누리과정」 해설서.

서울특별시교육청(2019). 유치원 4주기 평가지표.

서울특별시교육청 유아교육과(2017). 유치원과정 및 유아평가.

고정곤 · 이영희 · 김인석 · 김운삼 · 류혜원(2014). **유아사회교육**. 경기: 양서원.

금수향(2017). 유치원 실외공간을 활용한 유아환경생태교육 프로그램 개발 및 적용. 이화여자대학교 교육대학원 석사학위논문.

김영옥(2014). **유아사회교육.** 경기: 양서원.

김애영(2017). 유아교사의 다문화수용성과 다문화교수효능감이 다문화교육 태도에 미치는 영향. 인천대학교 교육대학원 석사학위논문.

김혜금 · 송영주 · 임양미 · 김현자 · 김진숙(2013). **유아사회교육**. 서울: 학지사.

마지순 · 안라리 · 고지민 · 곽정인(2013). **예비교사를 위한 유아사회교육**. 경기: 공동체.

민혜영 · 김영희 · 유은석 · 임경령(2017). **유아사회교육**. 경기: 공동체.

박미진(2015). 전통문화교육활동이 유아의 전통문화에 대한 태도에 미치는 영향. 한국교원대학교 대학원 석사학위논문.

박찬옥 · 서동미 · 엄은나(2013). **유아사회교육**. 경기: 정민사.

보건복지부(2013). 3차 표준보육과정.

양옥승 · 이옥주 · 이정란 · 손복영(2014). **유아사회교육**. 서울: 신정.

이정아 · 장석경 · 고연경 · 박은주 · 남규(2016). **영유아를 위한 보육과정**. 서울: 동문사.

장은석 · 장석경 · 고연경(2019). **아동안전관리**. 경기: 양성원.

조순옥 · 이경화 · 배인자 · 이정숙 · 김정원(2013). **유아사회교육**. 경기: 창지사.

최진희(2015). 만3-5세 혼합연령학급 유아의 인성발달을 위한 그림책 활용 생태환경교육의 효과. 한국성서대학교 보육대학원 석사학위논문.

하수연·신현경·이해정·정재은·김보경(2015). **유아사회교육: 3-5세 연령별 누리과정에 의거한**. 경기: 공동체.

한국유아특수교육학회 발달 및 사회 정서 문제 선별을 위한 K-ASQ와 K-ASQ:SE의 결과 분석. 『유아특수교육연구』 15권 1호, 101~132.

현민숙(2001). 지도 그리기 활동이 유아의 위상학적 이해에 미치는 영향. 중앙대학교 교육대학원 석사학위청구논문.

George W. Maxim.(2004). 살아있는 사회와 교육(최용규 외 공역). 서울: 학지사.

Melendez, W. R. Beck, V., & Fletcher, M.(2000). Teaching social studies in early education. NY: Delmer Norman J. Graves.(1984). 지리교육학개론(이희연 역). 서울: 교학연구사.

Seefeldt, C.(2005). *Social strategies for the preschool/primary child*(9th ed.). New Jersey: Merrill Prentice Hall.

Welton, D. A., & Mallan, J. T.(1999). *Children and their world : Strategies for teaching social studies*(6th ed). Boston, MA: Houghton Mifflin Co.

찾아보기

저자 소개

안영진

현 한양여자대학교 유아교육과 교수
교육학 박사(유아교육 전공)
한양여자대학교 유아교육과 초대 학과장
한양여자대학교 아동심리 교육센터 초대 교육 센터장
교육부 연구(프로젝트 스펙트럼−유아의 사회적 능력 발달 교육활동 자료)
건국대학교 박사 우수 논문상 수상
한양여자대학교 우수 저술상
전문대학협의회 “교수−학습 프로그램” 연구−개발: 한국 직업능력 원장상 수상
교육부장관상 수상
(AP)부모교육 전문가
한국 영유아보육행정학회 부회장 역임
서울대학교, 숙명여자대학교, 경희대학교 등 대학원 강의
한국몬테소리연구학회 이사
한국 영유아보육행정학회 이사, 여성심리학회 이사, 한국심리학회 회원
서울·경기 스펙트럼 연구회 수십 기관 교육 자문위원
한국 프로젝트 스펙트럼 연구회 회장
몬테소리·미술 치료사 전문가
북부 유치원 장학지도 역임
광진구 보육정보센터 자문위원, 성동구 보육정보센터 자문위원
아동심리전문가·청소년 상담 연구원(교육부 산하 한국교육연수원)
우리들은 1학년 교과부 심의위원 및 정책자문
한국 프로젝트 스펙트럼 제2저작권 소유(다중지능에 의한 아동 연구교육 프로그램 I, II, III)
: <하버드 대학연구>
Building on Children’s Strengths : Project Spectrum(1)
(다중지능에 의한 아동의 다양한 능력 개발 프로젝트, 창지사)
Project Spectrum : Early Learning Activities(Project Spectrum 2)
(다중지능에 의한 아동의 다양한 능력 개발을 위한 프로그램, 창지사)
Project Spectrum : Preschool Assessment Handbook(Project Spectrum 3)
(다중지능에 의한 아동의 다양한 능력 개발을 위한 평가, 창지사)

• 저서

영유아발달. 동문사. 2019
영유아 생활지도 및 상담. 동문사. 2019
부모교육. 동문사. 2019
교육심리학. 동문사. 2018
교육학개론. 동문사. 2018
유아발달. 정민사. 2015

정신건강론. 양서원. 2015
부모교육. 나경. 2014
영아발달. 나경. 2014
누리과정에 따른 새 유아 사회교육. 교육과학사. 2013
누리과정에 따른 생활 지도 및 상담. 창지사. 2013
교육학개론. 창지사. 2012
다중지능에 의한 유아교육프로그램 평가: 한국적 스펙트럼 프로젝트의 활동과 평가 2. 창지사. 2011
다중지능에 의한 유아교육프로그램 평가: 한국적 스펙트럼 프로젝트의 이론과 활동편. 창지사. 2010
인성교육. 창지사. 2010
신 교육심리학. 정민사. 2010
가치로운 삶을 위한 리더십. 정민사. 2009
교육심리. 정민사. 2009
21세기 적응하는 부모교육. 양서원. 2008
새로운 유아교육과정에 따른 유아사회교육. 2008
세계화와 민주시민 양성을 위한 유아생활지도. 창지사. 2007
현대인의 정신건강. 창지사. 2007
아동발달. 공동체. 2006
아동상담. 동문사. 2006
다중지능에 의한 아동의 다양한 능력 개발을 위한 평가. 창지사. 2005
다중지능에 의한 아동의 다양한 능력개발 프로젝트. 창지사 2004
아동심리와 부모교육. 꾸벅. 2002
새 아동발달 연구. 꾸벅. 2002
다중지능에 의한 아동의 다양한 능력 개발을 위한 프로그램. 창지사. 2001
교육심리학. 창지사. 2001
아동상담. 동문사. 2001
유아의 사회적 능력 발달 교육활동자료. 교육인적자원부. 2000
유아생활지도. 삼광출판사. 1998
아동 심리의 발달과 이해. 정일. 1997
특수 아동 교육. 정일. 1997
新 영유아 발달 총서. 정일. 1997
부모교육 총론. 정일. 1996
특수아동지도. 길안사. 1996
新 아동발달 심리. 길안사. 1996

• 논문

행복의 통합 교육 프로그램 수강과 실행을 통한 영유아교사의 인식 질적 연구. 한국영유아보육학회. 2017

누리과정에 기초한 인성교육활동을 통한 유아 인성 행동변화와 친사회성 행동변화와의 관계. 2015
유보통합에 대비한 사립유치원의 바람직한 운영 모델안 연구. 2015
유보통합에 대비한 사립유치원의 정보공시 방법론적 제안. 2015
사례분석활동이 유아교사의 지식변화에 미치는 영향: '유아생활지도' 개념도를 중심으로. 한국영유아교원교육학회. 2011
다중지능 강점영역과 유아의 정서지능과의 상관관계분석. PECERA. 2010
프로젝트 스펙트럼 사회적 이해활동이 유아의 자아효능감과 친사회성에 미치는 영향. 2009
전문대학 혁신 프로그램: 교수-학습 개선지원 사업 자료집. 2008
다중지능에 기초한 프로젝트 스펙트럼에 따른 유아의 강점 확인과 과정 고찰. 2007
다중지능에 기초한 프로젝트 스펙트럼에 따른 유아의 강점 구체화와 부모인식 변화과정 고찰. 한국유아교육보육정보학회. 2007
A Study on the day care program to enhance the social and emotional development of Children. PECERA. 2006
종일제 유아교육 프로그램 모형개발-프로젝트 스펙트럼 프로그램을 중심으로. 한국유아교육보육행정학회. 2006
다중지능에 의한 프로젝트 스펙트럼 바람 활동을 통한 유아의 자연탐구과정 조망. 한양여대 논문집. 2006
다중지능에 의한 스펙트럼 연구-'그림자'프로젝트&'거북선'프로젝트. 서울초등다중지능교육연구회. 2005
Multiple Intelligence by Project Spectrum Activities: Prospect of assembly activities process. PECERA. 2005
다중지능 적용수업의 이론과 실제. 한국영유아보육행정학회. 2004
유아교육의 새로운 방향제시 및 평가 방법 모색. 한국영유아보육행정학회. 2004
한일 예비교사의 다중지능과 친사회적 행동의 관계연구. 한국영유아보육행정학회. 2004
프로젝트 스펙트럼에 의한 영역별 교육 연구 프로그램. 한국 영유아보육행정학회. 2003
프로젝트 스펙트럼에 의한 사회성 능력발달 프로그램이 유아의 정서지능에 미치는 효과. 한양여대 논문집. 2002
프로젝트 스펙트럼에 의한 유아의 사회적 능력 발달 프로그램. 교육인적자원부. 2001
다중지능이론에 의한 프로젝트 스펙트럼 활동 유아의 사회적 능력발달 교육활동자료. 교육인적자원부. 2000
유아의 사회적 능력발달 프로그램 연구. 교육부. 2000
다중지능 이론에 의한 프로젝트 스펙트럼 활동 유아의 사회적 능력발달 교육활동자료. 교육인적자원부. 2000
갈등상황 토론학습이 아동의 추론 능력과 조망수용능력에 미치는 효과. 1998
청소년의 도덕성 발달 수준과 내외 통제성 측정에 관한 연구. 1987
유아교사 다문화신념도 인식분석. 열린보육연구 제24권 제5호. 한국유아교육학회. 2019
예비교사의 미디어리터러시, 교사효능감이 인공지능 활용 학습인식에 미치는 영향-학습자중심. 교과교육학회 제19권 제18회. 2019

이영미

현 한양여자대학교 유아교육과 교수
이화여자대학교 사범대학 유아교육학과 졸업(문학사)
이화여자대학교 사범대학 대학원 유아교육전공 졸업(석사)
보스톤대학교 대학원 유아교육전공 졸업(Ed. D)

• 저서
유아교육기관 운영관리(공저, 양서원)
현장에서 필요한 유아교사의 상호작용(공저, 공동체)
유아교사를 위한 교직실무(공저, 양서원) 외 다수

이옥자

현 한양여자대학교 유아교육과 겸임교수
대한민국 클린콘텐츠운동본부 클린유아교육 위원장
한국유아교육발전재단 이사

교육학 석사(유아교육 전공)
유치원 원장 및 원감, 교사 37년 경력
서울시 및 경기도 유치원 평가위원-컨설팅 장학 요원
대한민국 인성 클린콘텐츠운동본부 공로상 및 표창장 수상-UCC 공모전 수상(유아교육부분)
유아 법 교육 인성부분 현장연구 법무부 장관상 수상
교육과학기술부 장관상 수상
서울시 기본생활습관지도 금상 수상
교구전시회 우수 교육장상 및 교육감상 수상, 우수교원 모범표창 교육감상 수상 및 공개수업 모범표창 외 다수 수상
Neuro-Linguistic Progamming Practitioner

• 저서
유아사회교육(공저, 동문사)
법 교육 '솔로몬 박사와 법 나라 여행' 구연동화(공저, 글로세움)

• 논문
유아교육기관 원장의 지도성과 교사의 직무만족과의 관계 연구
Vygotsky와 Piaget 발달연구

유아사회교육

초판 1쇄 인쇄 / 2020년 2월 10일
초판 1쇄 발행 / 2020년 2월 15일

•

공저자 / 안영진 · 이영미 · 이옥자
발행인 / 이 중 수
발행처 / **동 문 사**

•

서울특별시 서대문구 홍제원 1길 12
(홍제동 137-8)
Tel: 02)736-3718(대), 736-3710, 3720
Fax: 02)736-3719
등록번호: 1974.4.27. 제9-17호
가격: 20,000원

•

ISBN: 979-11-6328-130-6 (93370)
E-mail: dong736@naver.com
www.dongmunsa.com